滇版精品出版工程项目

口述云南

科学家系列

KOUSHU YUNNAN KEXUEJIA XILIE

云南广播电视台　编著

YNK 云南科技出版社
·昆明·

图书在版编目（CIP）数据

口述云南：科学家系列 / 云南广播电视台编著 .
昆明：云南科技出版社 , 2024. 6. -- ISBN 978-7-5587-
5583-5

Ⅰ. K826.1

中国国家版本馆 CIP 数据核字第 20240CH771 号

口述云南——科学家系列
KOUSHU YUNNAN ———— KEXUEJIA XILIE

云南广播电视台　编著

出　版　人：温　翔
策　　　划：胡凤丽　杨　雪
责任编辑：唐　慧　张羽佳　王首斌　朱莉丽
助理编辑：周怡君
封面设计：长策文化
责任校对：秦永红
责任印制：蒋丽芬

书　　　号：ISBN 978-7-5587-5583-5
印　　　刷：昆明亮彩印务有限公司
开　　　本：889mm×1194mm　1/32
印　　　张：20
字　　　数：420 千字
版　　　次：2024 年 6 月第 1 版
印　　　次：2024 年 6 月第 1 次印刷
定　　　价：128.00 元

出版发行：云南科技出版社
地　　　址：昆明市环城西路 609 号
电　　　话：0871-64190886

编著委员会名单

主 任
和亚宁

总 编
孔维华

副总编
李晓风

主 编
尹 凡

执行主编
卢 钢　盛雪梅

成 员
盛雪梅　杨维涵　李冬梅　李 倩
武志敏　马雁南　牛 峰　霍 慧
赵小强　李晋春

科学顾问
杨宇明

出品单位

云南广播电视台

支持单位

中国科学院昆明分院

特别鸣谢

中国科学院昆明动物研究所

中国科学院昆明植物研究所

中国科学院西双版纳热带植物园

云南省林业和草原科学院

云南省文物考古研究所

云南省农业科学院

云南大学

昆明理工大学

云南农业大学

撰　稿

盛雪梅　杨维涵　李冬梅　李丽萍

胡　滨　陈　婕　杨进取　洪晓霞

杨晓薇　杨韧洲　张潇匀　魏千怀

邱鼋勉　盛夏雨　程潇然　杨　旭

摄　影

邱鼋勉　盛夏雨　刘　阳　杨　旭

程潇然　魏千怀　王江平　李响文

和优秀科学家的命运交响

（代序）

卢　钢

《口述云南》策划人，中国新闻奖、中国广播电视大奖得主

（一）

仰望星空，识北斗璀璨。

这是22位科学家的人生故事，记录了他（她）们从学生时代迈入科学大门，逐渐成长为一代巨匠的故事。

大家知道云南是"植物王国""动物王国""世界花园"，但你知道这些称号的科学依据是怎么来的吗？

是一次次的发现，一株株的标本，一个个的数据，一轮轮的论证……而这背后，是一代代的科学家，一次次的科考，一本本的笔记，一年年的坚守，是"把论文写在祖国大地上"的豪情壮志和躬耕笃行。

"把论文写在祖国大地上"，是从谁开始的？

1932年，植物学家蔡希陶到云南开展植物调查，揭开了"植物王国"的面纱，之后，他筹建现在的中国科学院昆明植物所、中国科学院西双版纳热带植物园，成为云南植物研究的拓荒者和奠基人，被称为"大地之子"。

1958年，大学毕业生叶智彰来到昆明，参与"放射性物质对人体的影响"研究，由于存在较大风险，科学家们到还是一片荒山的西郊花红洞开始了艰辛的创业，后来，从红花洞起步

的动物所的两个研究室走出了三位院士。

1984年，古生物研究员侯先光在帽天山一锤敲下，揭开了"寒武纪生命大爆发"的秘密，帽天山成为"二十世纪最惊人的发现之一"。

2015年，朱有勇院士到拉祜族村寨扶贫，他带领村民们探索出了一条依托农业生物多样性向绿水青山要金山银山的绿色发展之路，被称为"农民院士"。

······

从蔡希陶开展植物调查到现在，90多年光阴一瞬而过，一代又一代的科学家们走遍云岭大地，一个又一个"把论文写在祖国大地上"，奠定了云南"植物王国""动物王国""世界花园"的科学基础。

（二）

仰望星空，识北斗璀璨；躬行大地，自沐浴星光。

经认真调研、详细策划、反复论证，《口述云南》融媒体栏目由云南广播电视台于2021年创立，由我任策划人，作品曾获中央网信办中国正能量"五个一百"的盛雪梅任总制片人、总编导，当年推出的《口述云南·党史篇》获选全国党史学习教育优秀作品，之后相继推出《口述云南·成就篇》《口述云南·生态篇》，收集、整理、记录了云南百年以来大量历史影像，入选第七届、第八届中国口述历史国际周，全网点击过2亿。

2022年，《口述云南·科学家系列》项目启动，在这22集短视频中，我们记录了发现寒武纪生命大爆发、拯救滇池金线鲃，保护滇金丝猴、绿孔雀、亚洲象，开发天麻、重楼、三七等的多位科学家，发掘了他（她）们穿谷越林、翻山涉河、爬冰卧雪、住石洞睡树下、被雪埋被火烧、遇野兽掉泥潭的科考故事。

一个个采访，一天天拍摄，在记录过程中，团队陆续得到老科学家李恒、周铉离世的消息，盛雪梅回忆："拍摄期间，有一些科学家离开了我们，随着老人家的去世，很多回忆也被带走了，我们非常难过，但同时，也庆幸自己做了采访和拍摄，留下了十分珍贵的影像资料。"

记录22位科学家的命运交响，截至目前，《口述云南·科学家系列》短视频已获得国家广电总局优秀网络视听作品、中国口述历史国际周"年度口述历史项目"等诸多荣誉，此次受云南科技出版社邀请集结成书，相信也将是非常好的科普读物。

（三）

躬行大地，自沐浴星光。

科普作品的要求是"弘扬科学家精神"，从这些科学家身上，我们能学到什么精神？

"2021年中科院年度感动人物"李恒说自己曾经也做过一段时间"撞钟和尚"，但被老领导吴征镒"咬定青山不放松"的精神感召，进入植物研究领域后，她坚持了一辈子，发现并命名了我国181种天南星科植物中的41种，61岁时还在大雪封山前进入独龙江进行科学考察。

带李恒入行的吴征镒被称为"中国植物活词典"，世上大多植物种类都在他脑子里，赴英国邱园交流时，英国同行为了考他，拿出一些植物的碎片，吴征镒立即准确辨认出了植物的种属。

吴征镒为什么这么厉害？他的学生张敖罗回忆：吴老有个

习惯，做小卡片，他凭着十年磨一剑的毅力，编制了3万多张植物卡片。

人的一生大概也就3万多天，以吴征镒为代表的科学家们，就是把自己人生的绝大部分时间和精力，用在了工作上。

"中国植物画第一人"曾孝濂在采访中说自己痴于工作，自得其乐："寂寞是人生的必修课，一旦尝到了甜头，你会明白它不是度日如年，而是人生的财富。"

极小种群野生植物专家孙卫邦等华盖木开花等了30年，最终，华盖木从最初仅在野外发现6株，到如今回归自然1.5万余株。

中国科学院院士孙汉董在采访中表示："我们这个行当是动手科学，不能单纯按照八小时来计算上下班，需要全身心投入。"

……

躬行大地，才能沐浴星光。很多科学家年事已高，《口述云南·科学家系列》拍摄不易，过程中也有人打退堂鼓，但更多的小伙伴想起走遍云岭大地的蔡希陶，想起"把论文写在祖国大地上"的朱有勇……顿时又充满了激情和力量。

"日拱一卒"，这是可贵的科学家精神；《口述云南·科学家系列》，这是可贵的科学口述史和科普读物，现在你读到了，这是你和科学家的命运交响！

极命山川，原本草木；

万物有情，尽著风流。

科学家系列

目

CONTENTS

录

李恒

中国科学院昆明植物研究所研究员
植物学家

李恒（2023年1月12日去世），女，汉族，九三学社社员。

1929年3月9日，出生于湖南省衡阳市一个农民家庭。

1956年，毕业于北京外国语学院俄语系。

1956—1961年，在中国科学院地理研究所任翻译，期间（1958—1961年）在北京大学地理系进修。

1961年4月，调入中国科学院昆明植物研究所工作，从事植物分类学、植物地理学、植物生态学和植物资源学研究工作，历任研究实习员、助理研究员、副研究员和研究员。

2023年1月12日，在昆明因病去世，享年94岁。

第三世界女科学家组织成员。先后主持和参加了"重楼属植物综合研究""独龙江地区越冬考察——独龙江植物区系研究""高黎贡山生物多样性特征及其评价"等20余项基金项目，参与了《中国植物志》、Flora of China、《云南植物志》等36个卷册的编研工作，主持编写了《重楼属植物》《高黎贡山植物》《独龙江地区植物》《云南湿地》《云南湿地植物》《中国植物志·第十三卷第二分册·被子植物门·单子叶植物纲·天南星科》6部专著，在国内外学术期刊上发表了220余篇论文，并先后15次应邀出席国际植物学大会等国际学术会议。

1987年至2014年，科研成果共获得国家、省部级奖励18次，其中"独龙江植物越冬考察及独龙江种子植物区系"获中国科学院自然科学奖（一等奖），"天南星科芋属植物的种质资源与分类学研究"获云南省自然科学奖（一等奖），"广义百合科关键类群的系统演化""重楼属植物研究"和"高黎贡山植物多样性特征研究及其评价"3项成果获云南省自然科学奖（二等奖）。

先后被全国总工会、全国妇联和云南省人民政府授予"全国优秀科技工作者"、"全国三八红旗手"、云南省"有突出贡献的优秀专业技术人才"和云南省"特级劳动模范"等荣誉称号，并荣获全国五一劳动奖章。2014年，荣获2013年度H. W. Schott奖（国际天南星植物学会最高荣誉斯科特奖）。2017年，获九三学社中央授予的"九三楷模"称号。2021年，荣获中国科学院"年度感动人物"。

在北京做翻译工作

问 请您给我们讲一下您在北京的工作。

李恒：我1951年进入中国科学院图书馆，岗位是办事员，从事收发、报账、登记图书等杂务工作。1952年，我进入俄语学院，后来改称"外语学院"，学俄语。1956年，我从外语学院毕业，按规定又回到了中国科学院，被安排在中国科学院的专家工作处从事俄语翻译工作。

1956—1961年，我的身份是俄语翻译。1958年，苏联专家已经回国。接下来的工作是文献翻译，下放劳动锻炼。做专家的翻译实际只有两年多。那时年轻，头脑简单，工作积极负责，兢兢业业。最初在中国科学院专家工作处工作，那里汇集了不少翻译精英，他们都是老师，我学到许多翻译技术。1956年4月，我被通知去火车站迎接一个苏联专家，名字是萨莫伊洛夫，来华职务是中国科学院副院长竺可桢院士的顾问，主要项目是中国自然区划。我就是他们的翻译人员之一，真正的翻译生涯由此开始。我热爱这份工作，全力投入。中苏专家大都是德高望重的精英，从工作中我学到了许多自然科学知识，也提高了外语能力。当翻译很累，也很愉快。

那两年，我的主要工作是中国自然地理区划的翻译，包括综合自然地理区划、地质区划、地貌区划、气候区划、水文区划、土壤区划、动物区划、植被区划等，每一种区划都要反复讨论，文本要译成俄文，寄给苏联有关专家审查修改，经过3

1953年，李恒（右）夫妻和女儿

1957年，李恒在上海

年的来回折腾，到1959年定稿，出版时还是《区划草案》。

1958年，苏联专家回国。我继续翻译各种区划。

1959年，下放到安徽来安县劳动锻炼。

1960年，进入地理所主办的《地理知识》编辑部，做编译、校对工作。这时，俄语翻译基本成了编外人员。我主要是读书，翻译介绍苏联的先进学科和论文。

举家迁往云南

（问）今年（2021年）您来到云南整整60年了，当时为什么会来？

李恒：有60年了。1961年，我们举家迁到云南昆明植物研究所。（19）61年4月份，那个时候正是国家困难时期。1961年春，地理所所长黄秉维先生和蔼地问我："昆明植物研究所要调王今维（我的先生，在北京植物所的植物园从事园林设计工作）到云南西双版纳工作，你们全家都可以去云南，你愿意去吗？"蔡希陶先生指定要我的先生来西双版纳植物园做规划。

我当时是在《地理知识》编辑部工作，事情不多，看看稿子，有时帮所长给苏联专家写写信，一个撞钟和尚而已，没有责任，也无理想。我自己（想去），因为我当翻译的过程中，就知道云南有很多奥秘，有很多的民族、美丽的山水。有一个《勐垅沙》电影就是讲西双版纳物种很丰富。因此，我就很向往云南。

于是，我立即回答："我愿意去云南，但不知如何办理手续。"黄先生说："你可以去人事处问一下。"我就到人事处，对人事处处长李青林说："我要去云南工作了，如何办理手续？""你把工作证交给我就行了，我给你开个介绍信。"没有任何犹豫，我交出了工作证，李青林立即为我开了调动证明，凭此证明可以办理户口迁移等手续。一切就很顺了，要办户口转移、银行的账户转移，这些东西，都是我一个人去办的。从我决定要来云南，到地理所同意我来云南，只用了半个小时的时间。

拿到调动证明后，黄秉维先生带我去见曾在云南工作多年的蕨类（植物）学家秦仁昌院士。一开始，秦先生感到惊奇，说黄先生竟同意放走他的得力助手！接着就热情地介绍云南的情况。他说，云南环境甲天下。家家户户喝的是长年流淌的清泉水，水果遍地，可以随时采摘。鸡蛋串起来卖，一分钱一个。云南人非常善良，门不闭户，道不拾遗。人与人之间，亲密无间，没有嫉妒和猜疑……令人神往。

那时，北京已经进入困难时期，粮食紧缺，菜蔬供应不足。过年时，一片生姜、一瓣大蒜都是按户口分配，连夜排长队购买，几乎没有鱼、肉和鸡蛋，水果很少。秦先生的介绍，无疑非常让人向往这个世外桃源。其实，没有秦先生的宣讲，云南我也是要来的，因为我做翻译时已经知道云南这个地方是"植物王国"，非常神秘，欣赏云南的大自然早已成了我心中的夙愿。

黄秉维先生是我走进科学世界的引路人，自我进入地理所那天起，他就在培养我的专业能力，辅导我学习地理科学，委托各科专家对我进行启蒙指导，给我机会到北京大学地理系去系统学习。他那一丝不苟的工作态度，爱书如宝、手不释卷的生活习惯影响了我的一生。他为了我的家庭团聚，毫不犹豫地支持我离开地理所，离开北京，我永远感谢他。

1961年，我们全家来到了昆明植物所。

决定来云南，行李我一个礼拜就准备好了，票也买好了。来的时候，一路很艰苦，我完全没有想象到，因为我当翻译的时候，吃的一天的标准是7块多，出差住的主要是宾馆，而从北京到昆明，在路上走了一个礼拜，在路上要换车、找旅馆……条件艰苦。植物研究所那个时候在（昆明市）护国路科学院分院，在护国路报到，到了就喊我到植物研究所的黑龙潭。那个时候公共汽车、私家车都没有，后来想了个办法，包了一个马车，用了一天过来。

问 请您给我们回忆一下刚到昆明植物研究所的情景。

李恒：找到植物研究所，那个时候吴征镒先生不在，办公室主持工作的是红军老干部晋绍武，他又给我们安排在水生区，那里有个老房子，是蔡希陶设计的土基房，就在那里住下来了。我是4月24日到的云南，我就等吴先生回来，吴先生好像是五一的时候才回来的。他回来就有人告诉我说吴征镒先生喊你去，吴先生在他行政楼的会议室接待我。

吴征镒先生的直率和果断，改变了我的命运。

关于我今后的工作，吴征镒先生直接摊牌："你到这里来，你那个俄文我们这里没有用，这里所有的文献都是英文和法文，你来了，要重新学。你需要学习植物，学习英文。俄文唯一的用途，就是现在他们有些年轻的大学毕业生是学植物的，因为他们在大学学的都是俄文，你可以辅导他们一点。"

他的开场白，我并不惊奇，也不怀疑。他也没有具体安排我的工作，他说："假如你有兴趣的话，你可以跟这些植物工作者一起去出差。"他好像是4号接待的我，我10号就出差，联系了当地植物组。

李　恒

从头开始学植物

问 您当初是怎么开始学习植物学的？

李恒：自此之后，我开始了新的生活。在植物园，在公园，唯一的兴趣是认植物。晚上自学英文，系统阅读植物学书籍。积极投入到植物组的野外考察中。

当年是困难时期，植物学的野外考察很艰苦。在北京，陪同专家出差，食宿条件都很优越，我在交通、住宿方面都没有吃过苦。在云南出差，自带行李，搭乘公共汽车，条件好时，植物所派出一个敞篷大卡车，站在车厢里，风雨尘土均无遮拦。

第一次出差是综合考察委员会的任务——文山州宜林地考察，领队是地植物组的组长刘伦辉，1958年云南大学生物系毕业的。站在车上行军，同时执行考察任务，分工负责。观察沿途各地的植被、海拔、土地特点，所见所闻都记录在野外记录本上。车子停下来后，住旅馆、联系政府。那个时候吃很困难，早上为了吃个饵块要起早去排队，一两粮票一个饵块。途经村镇，必须借住旅店。有时旅店卫生条件较差，卧具很少清洗，臭虫、虱子、尿臭，叫你睡不安宁。在远离村庄的森林里，需要搭帐篷，找柴煮饭。我们女生搭帐篷很困难，如果是在赶路的途中，我们宁愿在大树底下睡一晚，尽量不打开帐篷。粮食定量，油水少，个个饭量大，煮饭按定量下锅，基本上都吃不饱。很值得回忆的是，每次煮的饭都会剩下1至2碗，因为女生认为男生出力多，希望他们多吃一点，男生又不好意思吃女生的定量，结果总是餐餐有余粮。到了村子里，我们会设法到农民家去买1至2个不要粮票的南瓜，用它来补充粮食。蔬菜也很少，到了山林里，我们会找野菜来丰富我们的伙食。做植被调查，一般不愁水果，野生的桃李、锁莓，经常取之不尽。在城镇公路旁，买甘蔗、桃子、石榴等都很方便，北京的情况与这里无法相比。

那几年，考察队的队员不过4至5人，年轻，20多岁，我已30岁出头，队里无大小之分，个个都是我的老师，谁也没有把我当作大姐。大家齐心协力，不畏艰辛。在野外工作过程中，几乎天天吵架，谁的标本采得不合适要吵，压标本、烤标本要吵，选择样方要吵，野餐烧火也要吵。我们有个规矩，出差发生的争吵决不带回家去传播。到现在，我们这一帮人都很团结，亲如手足。

那些年，无论是野外考察还是室内编研，我都是外行，从采标本到写总结，我都要一点一滴地学。走路、爬山、下坡、上树要学，打背包、烧火煮饭也都要学。经过1至2年的磨炼，披荆斩棘，爬山过河，我都不在人后了。在大、小老师的帮助下，我进步很快。

不到半年，我以全所第二名的成绩通过了外语（英语）考试。3年以后，我在云大、昆明农学院完成了主要植物学课程（植物学、植物分类学、植物生理学、地植物学、植物生态学、植物区系学）的学习，考试成绩优秀。

1961—1963年，在吴征镒先生和朱彦丞先生的指导下，

1962年，李恒（中）和同事在哈巴雪山考察

1963年，李恒在哈巴雪山考察

1963年，李恒（左二）和同事在哈巴雪山考察

地植物组先后8次完成了滇西北哈巴雪山和滇东南西畴文山的植被调查，采用法瑞地植物学派的方法，分析了样方区系资料，1963年初步完成了两地的植被研究。

　　我愉快地走进了云南这个"植物王国"，艰难地进入了植物研究队伍的行列，开始了我的研究生涯。

　　问 当时植物研究所的工作条件比较艰苦吧？有没有别的困难？

　　李恒：也不，我不觉得艰苦，我觉得很好，我没有觉得很困难。在路上经历那么多困难我都没有害怕过，所以你问我有没有很困难，我连死都不怕，还怕什么困难？我没有困难。我在乡下劳动，做体力劳动，做什么东西，我都是尽量学，挑水、犁田我都学过，都做得很好，我不觉得难，还学了一个技术。

问 您搞植物（研究）也有几十年了，每天面对植物标本没有觉得乏味吗？

李恒：可能是我的职业癖好。"文化大革命"的时候，大部分人都回家或到安全地方去躲"武斗"了，我家小孩也随父亲回了湖南，我独自留在植物研究所。标本室门开着，我白天到标本室看标本，晚上在家学外语，拉丁（语）就是那时学的。我把标本馆的标本从蕨类到单子叶植物都翻阅了一遍，学会了拉丁语，学会了阅读德语和法语文献。我将植物地理学的经典著作——吴鲁夫的《历史植物地理学》，圈圈点点地读了好几遍。

对植物大家吴征镒先生的回忆

（问）请您跟我们讲一下吴征镒先生是个什么样的人。

李恒：我认识吴征镒先生是1956年，在北京时，吴征镒是搞中国自然区划介绍植物区划地图的第二个负责人，第一个负责人是钱崇澍先生，钱先生那时候是中国科学院植物研究所的所长，吴征镒是副所长，我就给他们当翻译。就是说我在来昆明植物研究所以前就认识了吴征镒，我们很熟悉了，他是1958年来的昆明植物研究所，我是1961年来的。

《西藏植物志》《中国植物志》《云南植物志》这些名录都是吴征镒做的，不是别人，别人也不可能做。他的大脑就像一个大数据。

植物学家、中国科学院院士、中国科学院昆明植物研究所原所长吴征镒

"文化大革命"以后，我们国家有跟外国的交流，有一个生态考察团到外国去考察，吴先生是第一批到英国去的。英国有个邱园植物园，是最大的最古老的一个植物园，也是研究所，有几百年的历史了，好多经典的书都是邱园出的，那里集中了世界各国的专家，是一个做科学最集中、最古老的地方。邱园的标本馆里有很多的标本，已经有很多专家在研究。一些外国的标本、中国的标本，他们搞不出来，没有地方放，就一起抱给吴先生，这个是无头无序的标本，吴先生一看，给他们写了两天，他都写出来了，告诉他们（这些标本）叫什么名字。那些专家几百年来都对那些标本没有办法，都认不得，吴先生一个陌生的人跑到那去，就留在那里给他们写。

　　另外，邱园的这些人要去野外考察，他们就带着吴先生。看到一些很难（认）的东西，吴先生就和他们说，这是什么东西。后来，他们去扯了大叶子，把叶子边上剪得破碎，给吴先生认。吴先生一看，他说："你跟我开了一个玩笑，这是什么什么东西。"把叶子剪碎了他都能说得出来（是什么植物）。后来那些专家说，不要问他，不要考他了，跟着他学习就行了。

　　我跟吴先生去过加拿大，去过日本，去过美国，去过德国，每个知道不知道吴征镒的人，都尊敬他、崇拜他。在那里的植物园或其他地方，所有草，人家不认得的，吴先生他都认得。

问 请问您是怎么跟吴征镒先生学习植物学的？

李恒：1967年初，造反派夺权成功，昆明植物研究所的革命委员会主持工作，我被打成"牛鬼蛇神"，被囚禁于植物所的"牛棚"接受批斗、劳动改造。所谓"牛棚"就是隔离起来，集中在一栋楼，有几间房子。吴征镒先生是"牛棚"的头号"走资派"。不管在什么时候，除了开批斗会、写检查、写交代，我们还要去劳动，我就经常跟吴先生在一起，这就是我的一个绝好的（学习）机会，我很感谢我有这个机会跟吴先生学习。

我们扫地、盖房子、修防空洞，种菜、种麦子，在植物园拔草、浇水，还做过嫁接。休息的时候，我就把那些草拿给吴先生看。正是在植物园和田间劳动时，我向吴先生学习，认识了黑龙潭周围的全部杂草，认识了植物园里的大部分栽培植物。结合之前对干标本的观察，我的植物知识大大增加，为此后的植物学研究打下了良好的基础。

1987年，吴征镒先生接到当时全国最大的基金项目"中国种子植物区系研究"，（大概是）900多万元。这个项目也就是植物地理，就是我们认得这个植物了，但是要分区，要做区系工作，这是一门科学。吴先生就是中国植物区系或者叫中国植物地理的创始人，这门学科是植物学的、《植物志》的一个升华。

吴先生跟一般的科学家不同，他不从个人利益、自己团队的利益出发，吴先生拿了这个钱，他分到了全国各个地方，连海南岛的、西藏的团队都分到了，只要有这样的人（从事这个研究），他都分一部分，其他地方，东北的、华东的、华南的、西北的……各个地方都分一些。他就是持全国、全局观点，这个到现在都没有几个人做得到的，都是本团队本地区（优先），这个也是吴征镒先生的伟大之处。

《云南植物志》和《中国植物志》的编研

问 请问您是怎么参与《云南植物志》和《中国植物志》的编研工作的？

李恒：大约是1971年，昆明植物研究所恢复工作，《云南植物志》的编写提上日程，原来的地植物组人员全部收编到分类室（我是植被组的成员），共同编写《云南植物志》。吴征镒先生亲自培训，大家意气风发，热情地投入到《云南植物志》和《云南经济植物》的编写中。

1973年广州"三志"会议召开，吴征镒先生任《中国植物志》的主编，昆明植物研究所接受了大量的编写任务。吴先生大胆点将，让我完成《中国植物志》的木棉科、橄榄科、天南星科、浮萍科的编写。我们废寝忘食地学习和工作。

自1971年起，我先后完成了《云南经济植物》中的纤维植物、树脂和树胶植物、药用植物部分的编写；完成了《云南植物志》有关卷册中的种子植物41科的编写，计316属1401种92变种，共1489页；完成了《中国植物志》4科、《西藏植物志》14科、《云南树木图志》4科、《横断山区维管植物》14科、《新华本草纲要》18科的编写。参加了《中国植被》和《云南植被》的编写。主编出版了7部书籍：《独龙江地区植物》、《独龙江和独龙族综合研究》（与何大明合编）、《高黎贡山植物》、《重楼属植物》、《云南湿地植物名录》、《云南湿地》（杨岚、李恒主编）、《中国大山包黑颈鹤自然

李恒教授参与编写的《中国植物志》，这本她放在办公室里的书已经翻烂了

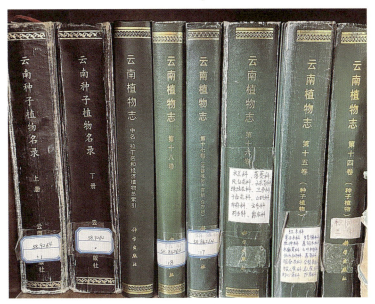

李恒教授书架上她参与编写的《云南植物志》

保护区植物》；主编云南植物研究的6期增刊：增刊3——《百合类群植物研究专辑》，增刊5——《云南独龙江地区植物研究专辑》，增刊6——《独龙江地区种子植物区系研究》，增刊8——《百合群物种生物学研究》，增刊10——《天南星科植物研究进展》，增刊11——《高黎贡山生物多样性研究》。

许多工作都是基于大量的野外调查和实验观察，如《独龙江地区植物》《高黎贡山植物》《重楼属植物》，以及《天南星科》《兰科》等。

天南星科研究

问 请您给我们介绍一下您研究天南星科的情况。

李恒：天南星是一个大科，已有110属3500种，中国有26属181种，包括我发现的41个新种，22.65%是我发现的新种。其中，魔芋属植物已成为我国重要的农作物，出现了许多大型魔芋公司，魔芋精粉畅销世界各地。研究天南星科很困难，标本少，具花果的标本更少。由于虫害，保存下来的标本大多数都残缺不全，没有研究价值。自1973年起，我大部分时间都是在野外寻找天南星植物，有花果的当时就描述，画图；没有花果的，拿来栽培，待到开花时才能研究描述。如是，澄清了天南星科许多历史问题，如岩芋属和曲苞芋属，同一种早花岩芋（*Remusatia hookeriana* Schott），被最伟大的天南星专家在同一时间定为2个属的不同种，80多年以后，才被证实为同一种植物。通过我们的解剖观察和细胞学研究，*Remusatia* 和 *Gonatanthus* 是同一个属，合并了14个种，加上我的一个新种，也只有4种。天南星科有许多观赏植物、药用植物、食用植物，但其资源价值尚待发掘和利用。

尽管中国并不是天南星科的主要分布区，但我和我的学生的工作受到了国际天南星学界的认可。我们的《天南星科芋属植物的种质资源与分类学研究》于2006年获得云南省自然科学一等奖。为表扬我在天南星科的研究成就，世界天南星学会2013年授予我天南星科的最高奖——H. W. Schott。

李恒教授在工作

世界天南星学会2013年授予李恒教授天南星科的最高奖——H. W. Schott

重楼属植物综合研究

问 后来您是怎么开始接触重楼，进行重楼属植物研究的？

李恒：1981年，已经是"科学的春天"，我主持的"重楼植物的综合研究"在植物研究所立项，立项之后得到了科学院的批准。第二年国家自然科学基金委员会成立，这个项目得到了它的资助。这个项目的特点在于"综合研究"。由于综合，成果喜人。1981年立项，1983年就获得了云南省自然科学三等奖，我们这个团队被授予云南分院"优秀团队"的称号。

重楼是世界植物学界关注的焦点。日本、美国、原苏联和英国的专家都先后宣布编写重楼属的专著，他们动手都比我早，他们的工作也给了我们很多启发。1987年，第十四次世界植物学代表大会在德国柏林召开，各大重楼专家都参加了。吴征镒先生去了，我也去了，原苏联的植物系统和植物地理学家塔赫他间也去了，美国的植物学家克朗奎斯特也去了（他们都是20世纪最有影响力的植物学家，均在近年发表过有关重楼的文章）。会议期间，吴先生向塔赫他间介绍了我的重楼研究成果。我向几位重楼领域的前辈报告了我的观点和想法，直接批驳了他们的一些观察错误。塔赫他间首先表态："重楼属植物主要分布在中国，我的研究局限于馆藏标本，不够全面。我放弃重楼的继续研究，希望李恒能继续完成这一重要工作。"美国的克朗奎斯特、英国的米切尔也先后以同样的方式和理由放弃了重楼属的研究。英国的米切尔后来来过云南考察，与我合作发表过《白花重楼》。他们的友好催生了世界专著《重楼属植物》。

"重楼属植物综合研究"是昆明植物研究所第一个由不同学科协作进行的综合研究项目，立项目的就是"协调大自然的赐予与人类索取的矛盾"，当时重楼每年的消耗已超过了野生资源的年生长量，重楼资源的枯竭早在意料之中。经过多年的协作研究，重楼的生物学、形态学、细胞学、地理学，以及资源学方面都有较大的突破。1998年出版了世界专著《重楼属植物》，新的研究结论受到国内外广大读者的欢迎。《重楼属植物》一书在短短的10年内已经3次印刷。2001年"重楼属植物研究"获得云南省自然科学二等奖。

《重楼属植物》的出版，推进了我国对重楼的开发利用。许多农民或企业家掌握了重楼的识别方法和生物学特性，特别是种子萌发和切断繁殖的园艺技术，提升了广大群众的科学水平。近年来，由于重楼药材稀缺，价格飙升，云贵川已经掀起了种植重楼的高潮，种子和种苗的交易频繁，许多地方已开始发展林下种植。重楼的繁殖和抚育水平不断提高，种植面积迅速扩大。重楼药材资源的供需矛盾在不断缓解，野生资源有望得到有效保护。重楼前景光明。

独龙江越冬考察

问 您是哪年到的独龙江？

李恒：我1990年10月去独龙江，1991年回来，去了8个月。

我决心在严寒的冬季考察独龙江的原因有二：一是独龙江在自然科学上是一个神秘的地方。冯国楣先生和俞德浚先生都在他们的求索时期去过独龙江，吃过许多苦，采到许许多多的标本，他们知道"许多类群一翻过高黎贡山就变了"。但由于气候条件的限制，前人的采集和探索都是在气温较高、雨水较少的7至10月进行的，11月至次年6月几乎无人涉足独龙江。收藏在各地的大多数独龙江植物标本都是花果不齐全，进行分类和区系研究都很困难。所有都是7月份到10月份采的标本，有只有花的，有的有果子没有花，所以对植物还是认识不全，它到底叫什么，很难搞清楚。吴先生带我们做野外考察，都是一年要去两次，春夏要去一次，秋天要去一次，要去采果，这样才能认识全一个植物。

二是一个很好的时机悄然到来。1987年，吴征镒先生的全国第一号重大基金项目"中国种子植物区系研究"启动，这个项目分解为20余个二级子课题，其中两个重点子课题就是独龙江的区系考察和墨脱的植物区系调查。我选择了"独龙江越冬考察"这个项目。我赶在大雪封山以前进去，等到雪化了我再出来。

问 去独龙江考察，您做了哪些准备？

李恒：为了去独龙江，我放弃了许多。去之前我准备了两年，筹备在独龙江越冬生活8个月的物资，如帐篷、睡袋、蚊帐、油盐酱醋、大米、黄豆、花生、腌菜、腊肉、压缩饼干、蜡烛等。更重要的是我需要用报纸压标本，那地方没有纸，我就到县里头把报纸都收集起来，报纸可能有半屋子那么多，另外还要有炭，要烤标本。所以我第一年都没有准备齐，那个时候也很困难。第一年没有马，贡山县只能给我7匹马，运输队只有这么多的马。我就跟贡山县政府说，第二年政府给我调动了两个省共三个县（西藏察隅县，云南维西县、贡山县）的马，这样才凑齐了60多匹马，我才能够上路。由于独龙江没有种菜的习惯，（我）还准备了各种菜籽在当地栽种。我这次去的目标就是揭开独龙江神秘的面纱。

经过两年的筹备，1990年10月下旬，由我和我的学生黄锦岭，摄影、绘图师杨建昆，潘福根（保安兼后勤）4人组成的独龙江越冬考察队出发了。当时我是60岁，出发的那天，63岁的老伴王今维病危住院，我准备了两年，不能不走，把他委托给了女儿。女儿西西带着她的儿子准备出国，答应等我回来再走，儿子在重机厂工作，和姐姐共同承担护理父亲的任务。

李恒教授在独龙江研究植物标本

李恒（左一）在独龙江考察

问 在独龙江考察有哪些难忘的记忆？

李恒：去独龙江考察能取得成就还在于独龙江和贡山县的老少都把我当作他们的亲密朋友，我也为结识了世界上最善良最友好的朋友而自豪。接待我们的规格很高，副县长是一个怒族，他为我牵马。

我刚进去才两三个礼拜，就得了瘴气病。病了两三天我就起不来了，睡在乡政府，天天发烧，烧到41（摄氏度），出汗。那时候有两个人去远处采标本去了。乡长是独龙族人，他说没看见李教授出来，是得瘴气病了。他们那儿医疗条件不行，就到边防部队借了个担架，把我送到·二公里外的医务室，我带了床被子去，有两个医生给我看病。他们没有药，我带着青霉素，天天打这个针，他们用军大衣给我当枕头。有一天晚上我觉得袖子全湿了，就出去喊医生，没喊到医生，针脱掉血倒灌了，一只袖子全是血，非常危险。一周后烧退了，我才好了。我带去的那床被子，因为每天发烧出汗，有一天拿出去，流下了半脸盆的水……

我们在独龙江考察住帐篷，帐篷没地方搭，要在山坡上搭，很难得有一块平地，有时住在石洞里头。

1991年1月3日，中日联合登山队17名队员在梅里雪山遇难。那一天，我们有6个人在独龙江的一个岩洞里，搭帐篷、煮饭，也是下大雪。第二天我们一起来，岩洞一半都埋了雪了，差一点我们就闷在里面了。跟我们去的潘福根他是部队转业的，有常识，喊我们赶快出去，我们什么东西都没有拿，连滚带爬就下山了。后来等到雪化了以后再去拿东西，这是很危险的。

我去独龙江考察的时候，贡山县在独龙江修了一个水电站。我们在乡政府扎营，烤标本也在这里烤。电有时候通，有时候不通，有很多时候我们需要烧炭。标本采回来要先拣出来再烤，我的学生去了不久就生病了，烤标本只能我来做，7000多号标本，一号标本有7份，总共49000多份标本。我要修剪，剪成标本的样子，给它挂牌，写号码，写登记本……独龙江的考察登记本我有30多本，它是乔木还是灌木，是什么科，等等，都要写得清清楚楚。

我带了很多箱书去，要查资料，要烤标本，还要给标本分类，每天晚上我都是一两点睡觉。

我住在乡政府里，那里的小娃娃跟我都很好，我把带去的食物分给他们吃，也会去供销社买糖给他们吃，还拿肥皂把他们洗得干干净净的，给他们买蜡笔和纸，他们就在我床上画画，他们很高兴，觉得跟着这个奶奶太好了。他们知道我是采花的，走到哪里见到有花，都会一捆一捆抱过来给我做标本。等到我准备回来的时候，全乡的人，老老少少都站在路边送我们。这些小娃娃更不用说，他们抱着妈妈哭，不看我，不愿意面对这个事……

有很多很多这样的事，我生病了，这些人也不认识我，他们把鸡、鸡蛋送给我，我们都吃不完。我们在山上，家家户户都可以进去，独龙族群众对我们很好，尽他们所能，并没有什么目的，他们不认识我，之前连面都没见过，就那么好客，所以我跟他们感情很深。

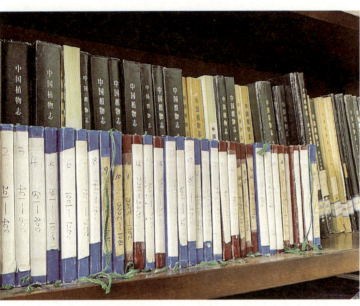

李恒教授书架上陈列的考察笔记

李恒在独龙江考察时给植物分类

李恒教授（右三）离开独龙江时，孩子们依依不舍

从独龙江出来的时候，我带了100多箱标本，都是一点一滴做出来的。我出来的时候，全身都肿了。

问 独龙江考察取得了哪些成就？

李恒：独龙江越冬考察队在独龙江越过了冬季，一共坚持了8个月，经历了瘴气、蚂蟥、虫蛇的困扰，跋山涉水的艰辛，终于完成了预期的任务。采了7075号标本，出版了2本书、2期增刊。学术成果参见《云南植物研究》（增刊Ⅴ、Ⅵ），这些书籍把独龙江的植物搞清楚了。还把吴先生的独龙江的植物地理写完。

1990年10月至1991年6月，独龙江越冬考察队采回了7075号标本（每号标本6份）。1991年10月，全部标本鉴定完毕。至1991年12月，清查完标本室前人采集的全部独龙江标本，包括蕨类植物，共5180号。

李恒编著的《独龙江地区植物》

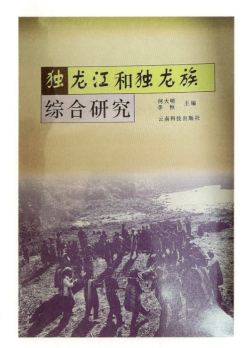

何大明、李恒主编的《独
龙江和独龙族综合研究》

1992年，我主编的《独龙江地区植物研究》在《云南植物研究》（增刊Ⅴ）发行；1993年，我编著的《独龙江地区植物》在云南科技出版社出版。其中"编写说明"总结了独龙江的采集历史，前言叙述了独龙江的地史特征、自然条件、植被概况、土地资源、生物资源；1994年，我的论文《独龙江种子植物区系研究》在《云南植物研究》（增刊Ⅵ）发表。论文系统论述了独龙江地区种子植物区系的性质和特征，首次提出"掸邦—马来亚板块位移对独龙江植物区系的生物效应"学说；1996年，我和何大明主编的《独龙江和独龙族综合研究》在云南科技出版社出版，专文介绍了独龙江的冬花植物、杂草植物、经济植物，人口、体质人类学，资源本底、社会经济、民族文化和宗教，生态环境、山区综合开发与发展战略。

独龙江越冬考察工作获奖情况：1992年，"独龙江越冬考察"获中国科学院竺可桢野外科学工作奖；1994年，《独龙江地区植物》获西南、西北地区优秀科技图书评选委员会优秀科技图书一等奖；1995年，"独龙江植物越冬考察及独龙江种子植物区系研究"获中国科学院自然科学一等奖；1996年，《独龙江地区植物》获云南省新闻出版局、云南省出版工作者协会、滇版优秀图书一等奖。

与独龙江有关的荣誉：1991年5月，获昆明植物研究所先进个人奖状；1992年，获国务院"有突出贡献的科技人员"称号，获政府特殊津贴；1992年4月，云南省人民政府授予"云南特等劳动模范"称号及云南省劳动模范奖章；1992年4月，中华全国总工会授予"全国优秀科技工作者"称号及全国五一劳动奖章；1994年3月，获云南省"云岭巾帼科技十杰"称号；1998年8月，中华全国妇女联合会授予"全国三八红旗手"称号；1998年10月，中华全国妇女联合会授予"中国十大女杰提名奖"（共36人）。

李恒教授（右）接受云南广播电视台记者采访

高黎贡山生物多样性研究

问 您后来又进一步开展了高黎贡山生物多样性研究工作？

李恒：1994年，独龙江考察和独龙江区系研究结束之后，深感"板块位移生物效应问题"并未解决，独龙江属于高黎贡山西坡，要揭示独龙江的奥秘，必须了解高黎贡山生物地理学特性。当时，高黎贡山自然保护区、怒江自然保护区的考察报告已经面世，但因保护区覆盖面积小，考察资料不足以代表高黎贡山全貌，于是我下定决心对高黎贡山进行深入的考察，包括对独龙江的补充考察。为此，在独龙江考察和总结之后，开始竭尽全力，筹备经费，组织国内外精英，开展高黎贡山生物多样性研究。

从1996年起，先后18次在高黎贡山进行规模性考察。考察人员除了昆明植物研究所的外，还有来自昆明动物研究所、北京动物研究所、湖南师范大学、美国加州科学院、密苏里植物园、澳大利亚植物园、英国爱丁堡植物园、德国汉堡大学的。获得中国国家基金委、云南省科委、云南省林业厅、昆明植物研究所、美国地理学会（2次）、美国自然科学基金会、德国汉堡大学、英国爱丁堡植物园的资助，先后耗资约600万美元（包括国际交流各项资金）。共采集植物标本34500号，计241500份。标本分配：中国科学院昆明植物研究所（第一份），各地保护区管理局，加州科学院，爱丁堡植物园，密苏里植物园，哈佛大学。

李恒教授（中）与她的学生纪运恒（左一）、李嵘（右一）

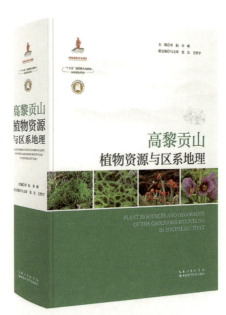

李恒专著《高黎贡山植物资源与区系地理》

给年轻人的话

问 您的一生取得了很大的成就，您也提到坚持的重要性，对年轻人，尤其是刚毕业的大学生，您有什么话想说？

李恒：9月10日就是教师节了，我们的研究生处也让我对青年人说几句话，我就把我昨天晚上写的说一下，我的总题目就是吴先生晚年的座右铭："咬住青山不放松。"第一，你做事情要坚持到底。对于植物工作者来说，基础训练一定要过硬，像吴先生十年寒窗，首先你要认识植物，才能够做文章，植物基础知识一定要学好，像我们的前辈蔡希陶、吴征镒先生，基础要打好，不管干哪一行，一定要认认真真地学。第二，外语要学好。我学过俄文、英语，可以跟外国同行交流、阅读文献，都比较方便。这方面很典型的一个例子就是裴盛基（民族植物学家），他青年时候做考察，他的标本做得最好，他肯钻研，植物学基础好。他比我们都强，他的外语很好，是"文化大革命"后学的，他下了功夫，讲课（用英语）还讲些故事，很幽默。他走遍了天下，都受到尊重，跟大家都能交流，成为世界民族植物学的一个带头人。两句话：打好专业基础，学好外语。做到这两个，你再对工作有兴趣的话，在哪里都可以创造，在哪里都可以出色！

90多岁时，李恒教授仍然每天到办公室工作

李恒教授签名

李恒 2021-9-8

2021年，李恒教授参观曾孝濂画展，在重楼画前

附：

吴征镒，男，1916年6月13日—2013年6月20日，研究员，著名植物学家，1955年6月当选为中国科学院院士，曾任中国科学院昆明植物研究所所长。从事植物学研究和教学70年，是我国植物分类学、植物系统学、植物区系地理学、植物多样性保护以及植物资源研究领域的著名学者。

《中国植物志》是表征我国高等植物特征与分布最完整的著作，是三代植物学家集体工作的结晶，吴征镒院士在其中发挥了最为关键的作用，作出了特殊贡献。

吴征镒院士参加并领导中国植物资源考察，开展植物系统分类研究，发表和参与发表的植物新分类群1766个，是中国植物学家发现和命名植物最多的一位，改变了中国植物主要由外国学者命名的历史。他系统全面地回答了中国现有植物的种类和分布问题，摸清了中国植物资源的基本家底。吴征镒院士提出的建立"自然保护区"和"野生种质资源库"的建议得到党和政府的高度重视并施行，为我国生物多样性的保护和资源可持续利用作出了前瞻性的部署。

吴征镒院士编著了《中国植物志》（包括英文版）、《云南植物志》和《中国植被》等专著20余部，发表论文140余篇，其中SCI收录75篇（部）；先后获得国家科技奖6项、国际奖1项，被全国科学大会授予"先进工作者"荣誉称号。

吴征镒院士治学严谨，所培养的一大批优秀的年轻科学家，如今已是活跃于相关领域的学术带头人和骨干。吴征镒院士知识渊博，是国际知名的植物学家，为现代植物学在中国的发展以及植物资源的保护和利用作出了基础性、开拓性、前瞻性的重要贡献。

周铉

中国科学院昆明植物研究所副研究员

天麻研究专家

周铉（2023年1月份去世），男，汉族，九三学社社员。中国科学院昆明植物研究所副研究员，长期从事植物种类和植物形态研究工作，我国著名天麻专家，被誉为"中国天麻有性繁殖法的创始人"，获得中国菌物学会"中国天麻研究终身成就奖"。

1926年5月，出生于黄帝故里河南新郑。

1946年夏，考取金陵大学森林系。

1956年，考取中国科学院副博士研究生，成为中国科学院院士、著名植物学家吴征镒先生的学生。

1960年，中国科学院植物研究所昆明分所成立，随吴征镒先生来到云南。

1966—1979年，在云南昭通小草坝进行天麻无性、有性繁殖实验获得成功，从此改写了天麻只能野生不能种植的历史，因此被称为"中国天麻有性繁殖法的创始人"。

1986年7月退休后，继续热心于天麻的科研及推广工作，主持完成的"中国天麻属植物的综合研究"获云南省1988年科技进步三等奖。

1987年，与他人合作出版专著《天麻形态学》。

先后撰写了《乌天麻仿野生栽培》《天麻生活史》《国产天麻属植物的整理》和《乌天麻仿野生栽培》等著作。

获2002年度云南省政府特殊津贴。

获得中国菌物学会"中国天麻研究终身成就奖"。

2019年，获得九三学社中央"九三楷模"荣誉称号。

2023年1月15日，在昆明逝世，享年97岁。

家庭状况

问 周老师，请您给我们介绍一下您的家庭情况。

周铉：我老家是河南省郑州市南边的新郑市，原来叫新郑县，新郑市是我们的老祖先轩辕黄帝出生的地方。我家的祖上是清朝的官僚，清朝咸丰年间的礼部侍郎，叫杨佩璋。到我曾祖父的时候，家里大概还有24公顷土地，是全县最大的地主。到我记事的时候，我家大概还有8公顷，在全县是首富，我家又是三代单传，所以小时候，家里边对我都是很娇惯的。但是这个时间并不长，到了我小学毕业升入初中的时候，日本人快打到我们家里了，所以我的第一篇诗就是写黄河决口。等到日本人打到我家，那里当时成为一个河防前哨。

大体上，我的家庭就是这样子，小的时候生活很好，但我们那里开始抗日战争以后，我就离开家了，到我上高中（河南开封高中），已经离开开封到豫西伏牛山里边了，从那时候开始，我的生活就很狼狈了，和家里边也不通信了。之后河南全部被日本人占领，我就跟学校跑到陕西宝鸡，在宝鸡毕业以后，在那里考取了国立西北农专，在兰州读了一年书，那个生活就非常苦了。本来我入学是第一名，但是我进入学校，学校已经开学一个月了，所以我的全公费就没有了，给我补了一个半公费。那年冬季的兰州冷到零下17（摄氏）度，我还没有衣服穿，后来学校给我捐了一点衣服，也没有被子，还好教室里边有炉子，我每天晚上就把火烧得很旺，教室里炉子周围就很

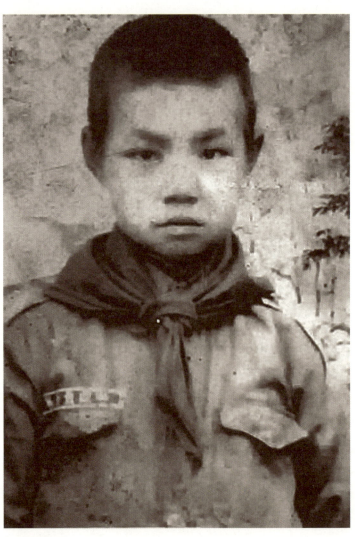

年幼时的周铉

暖和了。在那里的第一年，就是我在宝鸡毕业那一年，日本人投降了，抗日战争胜利了。

河南历史上是一个苦地方，历史上兵灾、水灾、旱灾、蝗虫多。解放（1949年10月）以后，受益于党的领导，全国形势一片大好，河南是变化最大的地方。

问 您家里是地主，都是靠收租，把地租给别人种吗？

周铉：是的。后来对我影响很大，就是因为出身不好。我父亲40岁就去世了，在日本人打到我们县之前就去世了。家里主要依赖我母亲。"土改"之后，我母亲被定为地主婆了。她思想是比较开放的，她有三个男孩，我还有两个弟弟。我当时是很守规矩的。

问 您是老大，长子，是否有姐姐妹妹？

周铉：有两个姐姐，都去世了。大姐叫周树花，二姐叫周树枝。我二姐去世的时候比较早，1964年。我大姐是1994年去世的。大弟叫周铮，也去世了，他在中国历史博物馆做了一辈子馆员，也做过他们的党委书记。他是地下党，在南京被国民党特务在头上夯了一个洞，留下了后遗症。他们说他是活着的烈士。"四一"血案的时候，他是南京中央大学一年级的学生，他很勇敢，带着学生跟特务打，被特务在头上夯了一个洞，躺在他们那个大礼堂抢救，抢救过来了，前边那些人都死掉了。二弟叫周铄，在成都铁路局做过工会主席，参加过海军，中学时报名参加抗美援朝，但年龄小，后来到青岛海军学校学习。

问 您小时候对您影响最大的人是谁？

周铉：对我影响最大的是我小学的一个启蒙老师，叫刘振中，教我们诗词。我的诗词就是跟他学的。这个人带了很多学生，都很有成绩。小学三年级、四年级、五年级，他教我们语文。他活到70岁，带了很多学生，而且一辈子清贫，到死的时候家里边没有一点财产，他儿子在我们县高中做电工。

还有一个老师是我父亲请的家庭教师，教我古文的，叫李柳塘，他是地下党，是国共第二次合作公开的党员，他头一天还给我讲《后赤壁赋》，讲完第二天就走了。从我们家到洛阳，过黄河到西北，他是在黄岩洞跟左权一起战死的。

问 到"土改"时，你们家还有多少土地呢？

周铉：还有5（公）顷（75亩）地。"土改"的时候，我们就被扫地出门了，土地完全没有了。房产也收了，就搬到另外的一个地方住。我母亲是一个孤老太太，我父亲老早就死掉了。她顶了（地主）这个身份，而且我母亲的思想就是，我什么都不要，我有三个孩子，我也饿不死，三个孩子长大了都会养活我。我父亲叫周炼百，我母亲叫刘书琴。我父亲的名字"炼百"是从"百炼此身成铁汉"来的，所以另外一个名字叫铁汉，小名叫铁蛋。

我父亲是个书客，我小时候我们家里有个楼房，全是古书，是善本书。我小时，我父亲教我一些古文。但他去世很早，他活着的时候，在河南《郑州日报》做记者，他喜欢写文章、写游记。他的文笔很好，我家里书籍也很多。

问 您的夫人是云南人吗？

周铉：不是。我的岳父，是我上中学时的校长。我跟我的内弟李筠是同学，他是邓拓的助手，后来他又做了北京市委宣传部常务副部长。

问 您还没有来云南就结了婚，是带着家人一起过来的？

周铉：对。包括我母亲，我也带出来了。本来她是出不来的，她是地主婆么。那时候，吴征镒先生是中国科学院植物研究所常务副所长，他调到这里任所长，他需要人，我就跟着他来了，中国科学院开了证明。我拿到我们县，说支援大西南，他们也搞不清楚昆明离南边还有多远，也算支援前线，所以他们一看，就批准了。生产队队长那个人很好，他说："老周啊，你赶紧把你们家里人带出去，也减少我们生产队的压力。老的老，小的小，又不能劳动，还要吃饭。"他把我送上了火车。我们就先到贵州，那时火车只到贵州，然后坐汽车，过了7天才到昆明。

问 您到云南，和您一起来的有您的母亲、夫人，还有其他人吗？

周铉：还有3个孩子。那时候他们还小。老大那时候上三年级，两个小的还很小。

年轻时的周铉（右）和爱人

周铉全家合影

问 所以读研究生时您已经结了婚，有3个孩子了？

周铉：对。我是17岁结婚的，老伴比我大3岁，她20岁。我离开学校一直没有生孩子，老大是1948年生的，老二是1954年生的，老三是1956年生的。

抗日战争时期

问 周老师，您说在日本人来之前，您家里面情况非常好。日本人来以后，您家里的房屋财产有什么损失？有没有烧啊抢啊之类的？

周铉：那年日本人打到我家，当时我不在家，我在豫西伏牛山，在学校里边。1945年，是日本人最猖獗的时候，把河南省全部占领了，我就跟着学校跑到宝鸡了。我家沦陷了。所以我到西北农专读书那一年，跟家里没办法联系，所以那段时间是非常受罪的。什么时候回家的？刚胜利，跟家里面联系不上，到第二年，我从兰州回到家里去。

日本人占领县城之后，我家就跑到山里边了。我上初中的时候就跟日本人打仗了，我们家从1938年的花园口决口，就变成了河防前哨，一直对峙了五六年。那时候，驻在河防前哨的是第十三集团军，跟日本人对着打。我1942年毕业后，就到开封上高中，迁到豫西伏牛山的夏馆，读了两年半书。

1945年，日本人攻到我们那儿，把河南全部占领了，我就跟学校的400多个同学，由两个老师带我们跑到陕西宝鸡，在宝鸡高中毕业后考上了国立西北农业专科学校。学校在兰州，我读了一年森林科。我没有经济收入，生活很苦。我入学晚了一个月，没有衣服，还穿着夹衣。那年冬季天气很冷，我也没有被子。晚上天冷得我睡不了，我们是睡土炕，牛马粪烧在下面。但是我们教室里边有炉子；我就跑到教室，把炉子烧热，教室的温度很高。然后我还是想找一个被子。我的学校在兰州的西果园，外面有一条土公路。夜晚，听到挂着驼铃的骆驼队经过，我就把我的被子裹在身上出去。骆驼走过去，一片一片驼毛落下，我就捡那个驼毛，捡了几个晚上，自己缝了个被子。

问 您本人有没有见过日本人？他们是怎么来到你们县上的？

周铉：我见过日本人，也见过日本人杀人。1944年的冬天，高三的最后一个寒假，我跟"沦陷区"的一些同学一起回到"沦陷区"——回家。我家那个时候在山区，我原来读小学的那个村子叫人和寨，日本人打到人和寨的时候，把整个人和寨都扫荡了，我小学同学好多就是那一次被日本人杀掉的。当时我不在家，已经出来了。现在我们人和寨还有纪念碑。我还有个亲戚，那时候他在部队上，他是一个排长，守人和寨。到第二天，日本人打到人和寨，他换防换到西边跑掉了。所以日本人一进到我们人和寨，就把这个村子的人杀了一多半。我们家里人都跑到山区了。从人和寨跑到老山坪，皮定均就是在那里做游击司令。

求学经历

问　请问您高中毕业后考大学的经历？

周铉：我是1945年高中毕业，1946年我就离开了那个西北农专回到老家，重新又考学。当时我到南京，考取了金陵大学的森林系，接着在上海考取了复旦大学的生物系跟同济大学的生物系。9月份我就进入金陵大学，因为金陵大学是一个私立学校，入学它没有提出要交多少钱，等到入学了半个月，它出通知，要交20个"袁大头"（银圆），我当时家里边还是交得出的。但是那个时候社会比较混乱，我只上了一个月，因它要收学费，我就去考复旦大学，考取第一名，我就不告而辞，到复旦大学入学了，全公费。

在复旦大学入学之后，我鼻子生鼻窦炎，做手术没有做好。我申请了一个教会的医院，医生东一下、西一下，一边讲、一边（弄），所以等到两个月以后，我的鼻子就不行了。没有办法，那年就休学回家。等到第二年的暑假，我又复学到同济，以后就在同济大学毕业留校。

院系调整的时候，我就到华东师大，就是现在的华东师范大学。我的一生能够做一些工作，就是我遇到的都是很好的老师，而且品格也是很高尚的。还有我的同学、我的同事，遇到的都是很好的人，以后包括到昭通种天麻，也是碰到很多地方干部、地方的乡亲，对我都是很好的，否则我就做不出什么成绩。

问 您大学毕业时，是自己选择去哪里工作，还是国家分配？

周铉：这个比较曲折，我从同济毕业。毕业的时候，院系调整，成立华东师范大学，就让同济大学理学院并到华东师范大学。当时我在理学院，是学分制，理学院读136个学分，我已经读了148个学分，可以毕业了，但当时按年限我还差一年。后来同济大学教务长刘先志，还有对我很好的系主任郑勉给上海市的教育局写了一封介绍信，通过这个，我到高桥中学教书了，教了一年。这个学校现在还有，很出名的。这一年，实际上都是搞运动，我进去教了一学期，教初中的植物学、高中的达尔文主义，然后就把我抽出来，搞"五反"材料。为什么把我抽出来，因为我那时在教师里年龄最小。

"五反"材料搞完之后，就是思想改造。我当时还是很积极的，因为这个高桥中学历史很久，教师队伍里有在旧社会做过山东省教育厅厅长的，有在南方做过县长专员的等等，当时我表现还可以，还是比较进步的。我是从毛泽东时代过来的，完成思想改造之后，我很佩服毛泽东。所以一直到下面搞天麻，我都带着《毛泽东选集》呢。改造完之后，我开始写《天麻花花歌》，还有之后写《天麻栽培探索》，确实是照着毛主席的教导来做的。

年轻时的周铉

问 您到这个中学时离大学毕业还差一年，是否发大学毕业证书给您了？还是算提前毕业？

周铉：实际上，我到高桥中学，已经算是从同济大学毕业了。但是组织上不承认，因为同济大学是综合大学，并到华东师范大学，性质变了，师范大学是搞教育的，说我必须再修一个学期的教育学。后来，我在同济大学，我的老师郑勉，他那时也并到了华东师范大学去了，他就叫我去，他没有助教，我就跟他当助教了。教育学，一个星期就是两节课，学完教育学，就发了毕业证。我就从同济大学毕业了。

这段历史比较复杂，华东师范大学的系主任来自东吴大学的生物系，他叫王志稼。王志稼是光杆一条，所有的名教授都是同济大学的，我不晓得他们这个背景，包括跟我很好的教授，无脊椎动物学的、遗传学的张作人、郑勉，还有同济大学去的薛德育，他们就很不佩服王志稼。那一年暑假，全系推举我参加西南的考察，采集标本。系务会议通知我去，车票都买好了，后来，王志稼把我叫去，他说："小周老师，现在学校决定你下个学期要教两年的专科生物学。"叫我做专科教学，不让我去。我说系务会议通知我去，马上要走。他说你没有资格管这些事情，把我撤下来了。我就跟他吵起来了。当时刚好有个支援大西南的任务，重庆到上海要教师，后来我自己报名去支援大西南，还有物理系去了一个，化学系去了一个，我们三个就戴着大红花去支援大西南，离开了同济大学。

随师入滇

问 您是怎么来到云南的？

周铉：我到中国科学院是在1956年的冬天。之前，我在西南师范学院教书，在学生中组织了个科研小组，叫缙云山植物生态科研小组。带了一些学生，都是尖子学生，包括郑吉光，后来在玉溪做科委主任，他在西南师范学院时，是缙云山植物生态科研小组的副组长，他这个人品德非常好。

后来得到学校同意，我就报考了中国科学院的研究生，全国，也是学苏联的第一届研究生，当时中国科学院招了200个研究生，我考取了中国科学院植物研究所，我的导师就是吴征镒。我是吴征镒的第一个研究生，跟他的感情很深。他当时是中国科学院植物研究所常务副所长，他毕业于清华大学，抗日战争的时候在西南联大做教授，以后到中国科学院，他是搞植物分类的，我做他的研究生，我也是搞植物分类的。

我从7岁上小学，13岁小学毕业，一直到初中毕业16岁，这段时间我的学习成绩都是第一名。我母亲供养我读书，卖几亩土地，请家庭教师，我不停地接受知识。我这个第一名的总分比第二名要高10分。从小学一年级到初中毕业，以后初中毕业到上高中，当时我在我们县也是很出名，但是到了中国科学院，跟那些同事一比，我就不行了。他们的外语都很好，我是到初中才学，所以我的外语不行，但是我的古文的底子是很好的。我到中国科学院之后，这些老师都称赞我。1960年，我给

周铱（左）和吴征镒教授

中国科学院科技大学毕业班讲学，讲植物分类，跟我一起在那里讲学的是钱学森。

　　1958年，吴征镒从北京植物研究所到了云南，做了昆明植物研究所的所长。因为我是他的副博士研究生，我老师要我跟他到昆明，1960年我全家都迁到昆明来了，云南是我的第二故乡。从1960年（到2021年），已经一个甲子多了。我老师把我带到这里，主要是做两个事情：第一个是根据我们掌握的植物知识，把云南省的优越自然条件保存下来。第二个是提高植物的经济效益，以及增加经济植物的最高生产量。

从1958年的冬天到1959年的夏天，我老师吴征镒带我到云南跟苏联的十几个植物专家一起考察热带植物生态资源。我们去了云南的南部，河口、西双版纳、德宏州的瑞丽等地。这是我第一次看到云南的植物情况，非常漂亮，满山都是绿的，我写了一首很长的诗。

天麻研究之路

问 您跟天麻有着什么不解之缘？

周铉：我在小的时候受过一次外伤，我的奶妈叫范妈妈，她的儿子比我大一岁，就在我家吃饭。在我5岁的时候，中秋节，大家过中秋拜月亮，供桌上摆着月饼、板栗这些吃的。我和范妈妈的儿子我们两个小孩，拉住桌子撑杆，打秋千。他把手一松，那个供桌打在我头上，血像喷水一样喷出来。当时我们有个亲戚，他有很好的刀伤药，是糊状的，就糊在我的伤口上面，再用白布条子包扎了。受伤严重，当时我就昏死掉了。过了几天，刀伤药起了作用，就好了，之后头上就留了个疤。后来过了三个月我才会走路。以后有一个医生就给我开药方，就是天麻，将天麻煮了蘸糖水或蜂蜜吃。

这个药我从5岁吃到小学毕业，吃了七八年，大脑出血、脑外伤的出血，慢慢恢复到比较好的一个水平。所以我上小学的时候，头肿得还是很大，过了好几年才慢慢恢复。小时候医生让我吃天麻，后来我的老师派我到昭通研究天麻，我等于一生都在跟天麻打交道。我跟昭通当地的老乡开玩笑，说天麻在我小的时候救了我一命。我1966年到昭通研究出来天麻的人工种植方法，当时他们不相信，老乡说："天麻是神草，老天爷种植，土地爷收获，你想人工种它，就是白搭。"

问 您是怎么开始研究天麻人工种植的？

周铉：据《本草纲目》记载，天麻不仅是名贵药材，而且是药食同源的传统养生滋补上品。产自云南小草坝的天麻，是天麻中的极品。上世纪（20世纪）50年代，云南小草坝天麻已享誉全国，各地天麻采购商纷至沓来。但小草坝野生天麻产量极为有限。由于过度采挖，小草坝野生天麻产量已呈逐年下降趋势。小草坝天麻最火爆的时候，各省的药材采购商都是拿着本省最珍贵的药品来换购的，广东拿珍珠，吉林拿人参，就为了得到最纯正的小草坝天麻。面对全国药材市场对小草坝天麻的火爆需求，云南省药材公司求助我老师吴征镒，希望他能协助开展天麻繁殖研究。我的老师就派我到昭通去搞天麻研究，他知道我能吃苦。

1966年，我40岁，带着恩师重托，抛下年迈的母亲、妻子和3个十几岁的孩子，揣着一本《毛泽东选集》，只身从昆明进入小草坝原始森林，开始了天麻研究之路。

问 您研究天麻的过程是怎样的？其中经历了哪些艰辛？

周铉：天麻原来一直是野生的，无论是民间还是学界，都没有天麻有性繁殖先例。当地流传着一句顺口溜："天大麻天麻，天生之麻，老天爷播种，土地爷发芽。人想栽活，那是白搭。"村民觉得我要种天麻是天方夜谭。

我去了之后，根据我掌握的生物科学的知识，根据《进化论》的观点，研究它客观的自然生长的条件，经过十几年，实现了人工种植。我的研究基地建在小草坝的朝天马花包树，走到哪家住哪家，白天和户主吃烧洋芋，晚上跟户主盖一个被子；设备简陋、研究资料匮乏、自然条件恶劣，甚至几次与死神擦肩而过，我在小草坝的原始森林里采集野生菌源做母本，依托天麻种子，开展天麻无性、有性繁殖试验和研究。

林大沟深的朝天马是野生天麻最好的繁殖场所，同时也是金钱豹理想的栖息地。有一次，我一个人背着背篓，要到当地一个燕子洞收取燕子肥做天麻肥料，走到一个路口，不经意向丛林里望去，只见一条花斑状的尾巴左右摇摆，坏了，遇到豹子了！我赶紧往后退，可偏不凑巧，不小心挂断一根树枝，发出"咔嚓"断裂的声响，被惊扰的金钱豹回过头来直面我。当时它离我只有20多米远，但我不敢转身也不敢走，就站在那儿发抖！我心想它要是扑过来我就彻底完了。正在这时，来了几个进山打猎的苗族同胞，豹子见又有人来了，才转身离去。

无数次试验，无数次失败，直到1968年，我才第一次在苗床上看到自种天麻的影子。1970年，试验基地终于摸清了天麻的生长规律，揭示了天麻的生活史，成功培育出供给天麻种子萌发营养的外源营养源——萌发菌和天麻成长所需营养源——蜜环菌，人工繁殖的天麻终于普遍成长，而且达到了连片态势。这次人工种植的成功，在中国乃至世界上，改写了天麻只能野生不能种植的历史。

周铉在小草坝朝天马花包树建立的天麻研究基地

周铉在小草坝朝天马潜心研究天麻种植技术

问 天麻人工种植成功，您为什么还是没有离开昭通小草坝呢？

周铉：天麻的有性繁殖虽获得成功，但如何预防病虫害、实现种植高产高效等一系列问题还等着我去探索研究。

为实现全年不间断观察记录，后来的5个春节，我都选择和"天麻家人"一起度过。1975年的春节，连日大雪让朝天马一片银装素裹，平地积雪三尺，千沟万壑一片白茫茫，呼出的气和身体的热气也与天地混成了一片……接连大雪，也饿坏了当地的鼹鼠。它们发现了基地里接近成熟的天麻，便开始窃食。我守在天麻基地旁边，看见自己精心培育呵护的宝贝被鼹鼠一口口咬食，一下气恼起来，忘记了自己有短暂性脑贫血病，拎起一根竹棍便开始追打鼹鼠。追出几百米后，我不小心摔倒，脚踝骨折，昏倒在了试验基地旁。被路过的工人发现后，才捡回一条命。后来固定骨折的护板还没拆，挂着拐杖，我又返回了小草坝。

天麻有性繁殖的研究成功了，可是要让对天麻几乎有崇拜情结的村民人工种植天麻却不是一件容易的事。当地的农民开始不相信我会种天麻，甚至当地药材公司的职工、县里边的一些干部也不相信，我给他们看了，他们才相信我是搞天麻的了。

为了扭转村民的思想观念，我进村入户，给村民讲解，邀请他们来基地参观，免费将天麻种子发放给村民，手把手教他们种植。为了让他们相信天麻是可以种植的，除了带动户的示范拉动，我还编写了一首通俗易懂的《种天麻花花歌》，跑到彝良县政府打字室，自己花钱打印了200多份，一一发放到村民手上。经过多方努力，种植户才渐渐多了起来。

周铉研究的天麻繁殖生长过程

周铉在昭通小草坝指导当地农民种植天麻

20世纪70年代，周铉教授在昭通小草坝向群众讲解天麻与蜜环菌的关系

天麻花

周铉当年在昭通记下的研究日记

天麻花花歌（节选）

认识自然

周铉　作

天麻花花是个宝，种好天麻不可少。

天麻花花小又轻，单凭人眼难看清。

树林遭火发天麻，细查根源就是它。

发芽花花土中埋，四年五年出土来。

花花发芽吃菌丝，靠吃菌丝一辈子。

认识自然为改造，大家快把花花找。

1979年，昭通天麻的人工种植终于走上正轨，我才回到昆明。

现在天麻已成为昭通农民增收致富的重要支柱产业之一。昭通地区人工种植天麻一年产值达到100个亿。后来这个天麻种植方法被外省知道了，最早是四川，还有十七八个省区市，有野生天麻的地方，后来都邀请我去推广天麻种植技术，现在天麻人工种植的产值大概可以达到500个亿。

现在全世界天麻大概有40多个种，我们国家现在大概掌握的就是十来个种，其中有一个在我们国家分布最广，我定的名叫圆天麻，这个天麻分布在我们中国的西南，从南边的海南岛到四川的峨眉山，从雅鲁藏布江的大转弯到喜马拉雅山的南麓，这是一个很广大的天麻分布区。但是有些天麻很小，它的地下的部位我们叫作球茎，有的像大米那么大。最好的天麻就是昭通小草坝的乌天麻，大的最大可以到半公斤，小草坝的天麻就是乌蒙山的。

周铉在小草坝讲解天麻人工授粉技术

周铉和他心爱的天麻

后来您又是怎么回到所里的？

周铉：安平生从广西调来做云南省委书记，李孟北做玉溪地委书记。后来安平生成立省委调研室，李孟北做了调研室主任。1971年的元月，他们到昭通彝良，表扬了我和当时的药材公司经理陈大才搞天麻搞得有成绩。发了第一号文件，扩大天麻种植，叫省地县三级，三系统，外贸、农业、药材，组织了一个叫"省地县"的天麻大会战，全部集中在我在的那个朝天马，十几个人集中在我那里搞天麻。后来到1972年，我老师去了，他在那里住了7天，我带样品给我老师看，给昭通地委书记刘军汇报之后，就在小草坝成立了小草坝林场天麻试验站。后来，吴老师就叫我离开朝天马，回到所里边，担任研究所形态组的主任。

我退休的时候是1986年7月1日，我之所以退休，就是因为我这人喜欢自由，那时候，我对天麻这个专业比较感兴趣，退休之后，我就不担任我们所的形态组的主任了。以后，全国各地哪里要我指导种天麻，我就去，所以跑遍了全国的十七八个省区市的野生天麻产区，到各地指导种天麻。全国天麻野生的分布，包括栽培的情况，我基本掌握了。掌握以后，在昭通这边落脚，写下了那首种天麻歌，那是写给当地农民的，儿歌式的。

天麻歌我们看到了。

周铉：所以现在他们当地老年人是三代人了，50年了，从1965年到现在，有半个世纪。我那时生活也是比较艰苦，我工资并不高，到那里跟他们一起生活，带他们一起种天麻，所以他们老一代人都晓得。2014年3月，彝良县给了我"荣誉市民"称号，请我做他们天麻产业的顾问。从全国来说，搞天麻这个专业的，最早起步的是我们两个人：一个是医学科学院药用植物研究所的，叫徐锦堂；一个在南方的就是我。所以2012年，第一次全国天麻会议在湖北召开的时候，就给我们两个同样的奖，叫"天麻研究终身成就奖"。我一个，徐锦堂一个，他们就讲"南周北徐"，南边是我，北边是徐锦堂。

我加入九三学社之后，就写了《荒山绿化刍议》。到现在这个事情我已经搞了半个多世纪了，现在我还是关心这件事。我到云南，1980年的时候，九三学社杨绍延叫我参加怒江州的扶贫。当时民主党派，民盟去了一个，比我年轻，工商联去了一个，年龄很大了，我们三个。在经过保山的时候，保山的统战部部长把我们留在那里。在那里，我给他们的林业局作荒山改造的报告。后来在保山搞造林很好的杨善洲，他当时是乡书记，我在林业局的大礼堂作了一个报告，杨善洲跟我很谈得来，后来他退休之后，因为造林全国出了名。对云南省的荒山造林一直到现在我还是非常关心。我是全省跑了一遍。现在条件很好，省、州（市）、县（市、区）各级领导的组织还是不错的。

继续用知识回馈社会

问 在您整个科研过程中，对您从事天麻影响最大的是什么？印象最深的事情是哪些？

周铉：是多方面的，我有好的老师，有好的同事，包括那些父老乡亲，对我非常好。我在昭通时，走到哪家住哪家，烧点洋芋吃吃，晚上我跟户主盖一个被子，第二天起来就走了，你给他钱都不会要，那是瞧不起他了，都是很讲义气的。人家里都没有饭吃，还拿烧洋芋给你。所以后来我给他们当顾问，给彝良县全县的乡干部做培训，讲今后天麻产业如何发展。我得到的知识要奉献给社会，一直到现在我都没有变。当时日本药学会会长高桥真太郎请我去，我不去；德国波恩大学的请我去，我都没有去。后来我的老师吴征镒说我可以去。我说我可以无偿在国内传，不能传到国外。我是一名知识分子，我的技术应该无偿奉献给祖国。

周铉教授签名

周铉
2022年5月10日

2021年春天，周铉教授和女儿在昆明植物园

孙汉董

中国科学院院士
中国科学院昆明植物研究所研究员
植物化学家

孙汉董，男，汉族，中共党员，中国科学院院士。

1939年11月25日，出生于云南省保山市。

1958—1962年，就读于云南大学有机合成专业，获学士学位。

1983—1989年，任中国科学院昆明植物研究所副研究员。

1984—1996年，任中国科学院昆明植物研究所植物化学开放研究室主任。

1980—1982年、1988年，分别在日本德岛大学和日本京都大学留学，药学专业，获京都大学药学博士学位。

1989年，任中国科学院昆明植物研究所研究员。

1990—1994年，任中国科学院昆明植物研究所所长。

孙汉董，植物资源和植物化学家，现任中国科学院昆明植物研究所研究员、植物所和植物化学国家重点实验室学术委员会委员。2003年当选为中国科学院院士。他在植物化学研究领域和新药研发等方面作出了重要贡献。

孙汉董和他的团队系统研究了我国唇形科香茶菜属、红豆杉科、五味子科、伞形科、樟科及地衣类等科属的300余种植物的资源和次生代谢成分，分离鉴定了3000余个单体化合物，阐明了这些植物的化学物质基础，发掘了一些新的资源，发现了新化合物1400余个，其中有开发应用价值的有20余个，发展了萜类化学，丰富了天然化合物的内容。率先发现并阐明了冬凌草活性成分冬凌草甲素、乙素的结构，揭示了冬凌草的化学活性成分，推动了冬凌草作为抗炎、抗癌药物的开发应用。还开发了中国橡苔香料、新型昆虫驱避剂等。

截至2020年，孙汉董已在国内外学术刊物上共发表论文790余篇，其中SCI收录560余篇；获授权专利30余项；出版专著4部；24项科研成果分别获国家、中国科学院和省部级奖励；已培养博士、硕士研究生70余名。

从保山到昆明求学

问 您当年是从保山到昆明来上大学的，请您跟我们简单
讲一下那段经历。

孙汉董：我上大学的时候正碰上"大跃进"，那个时候我
们国家没有汽油，所以从保山到昆明要坐烧木炭的老式客车，
托人买了一张车票，车子走了4天，才到了昆明。那时候家里
经济条件不好，大学4年我都没有回过家。我们这个年级有6个
班，180位同学。到大学二年级，我就当上了全年级的学习委
员。学习委员的任务是调节安排老师上课的时间、地点等，在
这之中我得到了很大的锻炼。

那时国家正处于三年困难时期，最大的问题是肚子吃不
饱，另外是没有书，只能给学生用蜡纸刻讲义。蜡纸刻重了，
就把它刻通了，无法印，刻轻了也不行，所以一定要掌握好
度。我从全年级中找了四五个同学——字写得好的来完成刻讲
义的任务。在这4年中，好几个假期我们几个同学每天都要刻
讲义，最多的时候每天要刻8张。

几个假期的刻讲义工作完成下来，我个人也得到了锻炼，
养成了吃苦耐劳的精神。

我们大学前三年，正碰上国家最困难的时期。从1959年
"大跃进"开始时，粮食就很紧张了。1962年开始，国家允许
农民种自留地，可以把多余的粮食或蔬菜拿到市场去卖。等到
国家经济稍微有一点好转，我们大学也就毕业了。

所以在大学四年当中，多数假期我都在刻蜡纸，因为是拿着钢笔刻蜡纸，且轻重要适度，每天加班加点地干，我的左手的中指头也有点变形了。大学四年，我受到了很好的训练，特别是在困难条件下坚持学习，刻苦努力，练好了自己的本领。

问 您那时候学的是化学专业，您是高中就很喜欢化学吗?

孙汉董：我是受一位同学的哥哥的影响才报考化学的。

我读小学四年级的时候，老师给我们讲自然课——讲各种自然现象，比如说你把饭放在嘴里面嚼一嚼，吐出来放在碗里面，拿去蒸一下，那个汤就变得非常甜。我勇于实践，就去做了，一做，的确做出来非常甜。但是过去不懂是什么道理，现在我知道了，这是我们口水里的唾液淀粉酶把淀粉给水解了，由双糖变成单糖了，所以就甜了。

还有我在读小学时，老师跟我们讲金鱼是怎么培育出来的，老师说，用一条普通的鲫鱼，把它装在罐子里面，埋在地下，但是要用一根竹管给它通空气，埋上一个月，鱼的眼睛就会凸出来，就变了。老师给我们讲完后，我就在家里找了个土罐子，到家周边的河里面去抓了几条小鱼放在里面，在家的后园子里埋了一个月，的确鱼眼睛就凸出来了。

我这个人从小就勇于实践，老师讲了我有兴趣，我就要自己去实践，去验证。所以读大学时我也想读理科，探究一些自然现象。

当时云南最好的学校是云南大学，我们1958年高中毕业

云南大学有机合成化学专业毕业留影（1962年）（孙汉董为第二排右三）

高中毕业时的孙汉董

的时候，北京、上海不敢想，家里的条件只允许我在云南挑一个学校。正好我一个同学的哥哥在云南大学数学系，就建议他弟弟读云大化学系。当时云南大学化学系有两位留法回来的教授，在全国有一定知名度，所以他建议我们读化学。我就报考了云南大学化学系，被录取了。

到植物研究所工作

问 那您1962年大学毕业后是怎么来到植物研究所工作的？

孙汉董：1962年，中国科学院到我们云南大学化学系挑5位同学到研究所工作，我被选中了，本来当时是要去北京生物物理研究所的。中国科学院委派吴征镒先生去云南大学挑学生，吴先生是学生物的，他又委派了植物研究所的周俊先生去。我的有机化学老师跟周俊先生是好朋友，很熟。周俊先生去了以后方案都定了，人都选了，但是我的有机化学老师竭力推荐我去植物研究所工作。最后经系上领导商量，在宣布前半小时，临时把我调了过来。

那时候是1962年，我们听党的话，服从组织的需求、国家的需求，所以宣布我到昆明植物研究所，我听了也不敢问，心想学化学的怎么到植物研究所里去了。

当时我也没什么思想抵触。我到教务处去，领分配书和出差费，发给我180块钱的出差费。我到黑龙潭一块八就够了，怎么要发180块钱呢？那个时候从昆明的穿心鼓楼到黑龙潭的公共汽车票，2毛钱一张。那我加点行李什么的，最多3张票，6毛钱就够了，我觉得一块八就了不得了。我们那一代人，国家分配到哪里，组织上分配做什么，我们就去做什么。所以我就这样来到了中国科学院昆明植物研究所了。

问 当时您来到昆明植物研究所，看到的植物研究所是什么样的？

孙汉董：那个时候植物研究所的条件还是较差的，这3栋办公楼还是后来盖的。原来在下面植物园的茶花园里有几栋房子，那是蔡希陶先生在世时盖的办公室。1955年，周总理到印度尼西亚的万隆参加亚非国家首脑会议的时候，路过昆明，跟陈毅副总理来到了黑龙潭。周总理很关心科技的发展，他知道云南的植物资源丰富，蔡老带着一帮人创业，条件艰苦，所以当时周总理就给省里批了经费，盖了3栋办公楼。

我1962年分配来的时候，3栋房子已经盖好了，也是比较好的了，我们标本馆所有人都在里边办公。

来到这个所的研究人员加起来才四五十人，加上其他行政人员，全所不到100人。当时这边是很荒凉的，但环境是好的，做研究正需要这种地方。我来了以后就住在所里面，住两人一间的单身宿舍。

问 科研条件也不太好吗？

孙汉董：对，条件不太好。当时来到植物研究所，分配我做的第一个项目，就是牧草分析，就是牲畜吃的牧草，采了好几种，看看牧草里面总氮的含量——营养成分的含量到底是多少，哪些牧草的营养成分高。因为当时要发展畜牧业，要开始引种一些牧草。我是学化学出身的，对这项工作不熟悉，但我还是认真地做实验，经过了大半年时间，完成了这个任务。

研究牧草的工作完成了以后，紧接着我在植物研究所的主要工作就是搞植物精油。从植物中提取挥发油，做精油的分析。云南的樟油，特别是黄樟油、樟脑油，其他如木姜子油，外贸出口量是比较大的。但是那时候没有分析过里面的成分是什么。我们所里接到了省里下的任务，对这些精油的成分做一些了解、认识，有利于我们对外宣传，也有利于出口。所以我就在指导老师蔡宪元先生的指导下，从事植物精油的分析工作。

后来有一段时间，大理闹血吸虫病，很厉害。我从香薷中分离出了一个成分香薷酮，抗菌效果、抗虫效果很好。后来我就在蔡先生的指导下，把这香薷酮改造成了十多个衍生物，来做抗血吸虫病的药，其中有几个效果是比较好的。

1964年，我到大理去参加"四清"运动，去了一年。1965年回来，我们就做一些药用植物的研究，发掘中草药，认识了一些老祖宗留下来的中草药的功效性成分。

孙汉董（1964年）

赴日留学

问 后来您为什么会去日本学习？

孙汉董：十一届三中全会以后，我们跟日本的交往就多了。特别是日本搞药物的公司，希望从中国的药用植物资源中发现新的药物。日本有一个大鹏药品公司的老板带着几个人，来我们所里参观。当时我们汇报了冬凌草研究的工作，他们也比较感兴趣。1979年底，他们第二次来访问，希望与我们开展合作研究。我们的周俊先生就提出来，我们能不能派人到你们的企业去学习？那个老板听了非常高兴，就同意了，这样就选中了我。另外一位同事到日本广岛的一所大学。所以这样我就到了日本学习。

问 请您跟我们介绍一下在日本学习的经历。

孙汉董：在日本，我的老师正好就是香茶菜这个属的植物化学专家。到了日本，我吃住都在公司里面。每天都到德岛大学药学部的实验室去学习。当时从云南到日本去学习的人很少，由于当时国家的外汇经费很紧张，各个省、各部门争取名额都非常不容易。我们正好碰到日本这些企业家愿意提供资助，提供条件。当时除包我的吃住，每个月还给5万日元的零用费，为了学习我不在乎钱多钱少，只要能够包吃住就可以了，我非常珍惜这个学习机会。日本的科研工作者做事都非常认真，这一条很值得我们学习。我在外面也谨守严谨的作风，一丝不苟地做好实验。

　　后来，我又去日本读博。1985—1986年，我日本的导师再三邀请我前往日本读博，但当时我为植化室的主任，而且手头还有不少课题，未能成行。1988年，年近50岁的我终于成行。刚到日本时，我为国外的现代化程度所震惊。当时，国外已普遍采用核磁共振、质谱等谱学技术对植物成分进行结构测定分析，不懂这些技术，在日本是很难将研究进行下去的。好在在国内，我对这些技术已有一些了解。我对有关文献资料进行了查阅和整理。到日本后，很快就能熟练地应用这些技术，而在讨论到碳谱波谱技术时，我的一些认识还得到了日本导师和同事的认可。不到一年，我就完成了博士论文答辩。获得博士学位后，导师劝我留在日本并许以优厚待遇，但我还是决定回来，人家国家再好，也是人家的。我的事业在中国，我的家庭在中国，祖国养育了我，我必须回来。

1981年，与藤多先生教研室师生留影（孙汉董为后排左二）

在植物资源与植物化学领域
做出系统性、创新性研究

问 您是怎么开始研究冬凌草的？

孙汉董：以前河南林州一带是食管癌高发地区，当地百姓用一种名叫"冬凌草"的草药泡水喝，对食管癌、贲门癌以及咽喉炎等有一定疗效。所以河南省在20世纪70年代就组成了冬凌草协作组，把搞化学的、搞药理的、搞临床的人组织起来共同研究，希望搞清楚冬凌草抗食管癌和贲门癌的有效成分是什么。结果他们研究了3年，进展不大。冬凌草泡水后有轻微的香味，他们认为里面含了挥发油。当时全国研究挥发油，并且在一些期刊上发表过一些文章的，我为其中之一，都知道我。

当时我们昆明植物研究所从国外进口了一台气相色谱仪，这是全国第一台。1975年下半年，河南冬凌草协作组找到我，他们带来一些样品和标本。我拿到这个植物的标本以后，就去请教我们的吴征镒先生。吴老一看标本，很快就拿起了笔，拿个小纸条，把学名写了给我。拉丁名字，中文名字，还有大致产地是些什么地方，一一都写了。当时我们图书馆里有《美国化学文摘》（ *Chemical Abstract* ）这个杂志，我一查资料，一查一看，发现这个科属是日本人这些年正在研究的课题，就是冬凌草这个属的，现在叫作香茶菜属。他们的种跟我们不一样，是日本国内产的种。我就跟河南的同志说，现在日本人开展这个冬凌草的研究已经十几二十年了。

河南的同志希望我们能一起合作研究，1976年初，过了春节，他们就带过来样品了，带了几麻袋。

当时，这些成分的鉴定我一概不懂，我们所没有条件。当时国内要做这些谱学的测定，就是红外、紫外、质谱、核磁共振——那时候核磁共振才是60兆，现在的逐渐变成500兆、600兆、800兆，无法相比了，它的灵敏度、得到的一些谱学数据，跟现在的是不可同日而语了。当时这个质谱还要用照相机照下来，用胶片冲洗出来，和洗照片一样。现在测了立刻就打出来了。当时广西药物研究所正好有这些设备，有质谱、60兆的核磁共振。我们所当时就只有红外仪。

我正好跟广西药物研究所的植化室主任认识，我就给他打电话联系，请他们帮忙。我把样品寄过去，等把谱学数据和样本寄回来以后，我们很快就把分子结构确定下来了。我们得到冬凌草甲素，正好日本人在搞抗癌药物的临床试验，还申请了瑞士的专利，一看跟我们研究的这个化合物结构是一样的。后来把化合物结构确定以后，到河南去做药理学的实验，并得到了抗食道癌的正结果。

半年后，我和同事们就把冬凌草里面的主要活性成分研究出来了，主要为二萜类化合物冬凌草甲素和冬凌草乙素。按照当时的条件，我们的效率还是非常高的。这也为后来冬凌草成为抗炎、抗癌药物奠定了基础。1976年10月份的时候，我们就到河南去进行结题交流了。

问 除了冬凌草的研究之外，请您给我们介绍一下您从事的其他专业研究和科研成果。

孙汉董：香茶菜属在20世纪60年代末到20世纪80年代初，是全世界植物化学研究界的热门课题之一。我们也在国际杂志上发表了一些文章，推动了植物化学的发展。这个属的植物全世界有150余种，中国有90种，而大部分又在我国横断山脉地区，从滇西北到贵州、四川这一带，主要分布在云南。日本全部加起来不到10个种。既然这一类化合物是有用的，具有显著的抗肿瘤、抗炎等方面的活性，所以我们这个组从20世纪70年代以来就持续不断地开展香茶菜属植物化学成分研究。我每年都要到滇西北出差至少一次到两次，带着学生和我们研究团队成员，到香格里拉去采集样品，从而开展系统性的研究。

我们这个研究团队从1976年开始研究香茶菜属植物，到现在已经有40多年的时间。迄今为止，全世界一共研究了79种香茶菜属植物，我们研究组研究了其中的67种，占了大部分。全世界从该属植物中共发现了1200多种新的二萜类化合物，其中有900多种是我们发现的。到现在为止，我们研究的香茶菜属植物的种类和发现的新的二萜类化合物，都占了全世界的80%以上。我们发表的论文也相当多，这个属的论文我们每年都会发表10篇以上。在香茶菜属植物化学这个领域里，我们也成为世界香茶菜属植物化学和生物功能研究的中心。

自然科学是要揭露自然界的秘密。每一个学科，每一个岗位都有自己要做的事情，你要认识你做的工作是什么。认识清楚了，你就静下心来，认真去做。

问 后来您和团队是怎样开始五味子的研究的？取得了哪些成果？

孙汉董：我们的第二个主要研究方向是五味子，大家都知道五味子的主要产地是东北，五味子是中国几千年来很著名的一种药物，在中药里面的用途是非常广的。它的主要功能就是几个字："正经安神，滋补强壮。"我们每年出口到美国等西方国家的中草药提取物最多的就是五味子，国外很重视五味子的功能和效果。但是过去因条件所限，包括分类的材料以及建立的手段等，对其有效成分的认识还有局限性。

20世纪末，各个方面的条件都有了很大改善，我们团队就开始了对五味子的研究，从云南大理巍山产的小花五味子开始研究，我们从中得到了一个结构复杂的单体化合物，并有幸培养出单晶，经北京药物所的X单晶衍射分析，解析出来一种新结构类型化合物。在三萜化合物中，这是第一次从植物界发现和得到新奇骨架类型的化合物。

随即我们把论文投到《有机化学通讯》杂志（*Organic Letters*）去了，没经什么修改，很快就发表了。发表以后引起了同行特别是研究有机合成方面同行很大的关注，因为研究有机合成的要合成如此复杂的化合物，是个挑战。从此我们这个研究组就开始了对五味子科植物的系统研究。全世界只有50余

1984年，孙汉董品评天然精油香气

2003年，孙汉董用分子模型校核化合物结构

种五味子科植物，我国有30多个种，我们研究组从21世纪开始，到现在已经研究了24个种，发现了550多种新化合物，特别是发现了结构新颖的五味子降三萜类化合物，它是我们组原创性的研究成果，为相关研究开辟了新的领域。

这些结构的发现引起了全世界不同的科学家，尤其是合成化学家的关注，其中12个化合物被5个国家的6个科学家团队合成。我们不但对五味子科植物的次生代谢成分有了更深入的认识，也推动了三萜化学向前发展。我们发现这么多新化合物，丰富了萜类化学，推动了三萜化学的发展。同时，在三萜化学里面有了我们中国人自己的创新性的发现。从此以后，任何教科书上都要写昆明植物研究所发现的这类三萜化合物。

在研究中我们首次发现了五味子活性化合物的一种衍生物具有强抗艾滋病病毒的活性，并且活性强、毒性低、易工业化生产，目前正在国家重大新药创制项目的资助下，开展临床前的相关研究。

我的研究组到现在为止也做了很多别的工作，但是我认为在同行里面最引起关注的，推动了中国植物化学向前走的，就是发现了香茶菜属的二萜成分和五味子里面的"降三萜"类化合物。研究每一种植物，做每一次实验，你只有静下心来，深入下去，才能不断地有所发现，不断地向前推进。像蜻蜓点水一样，这里点一下那里点一下，虽然也许可以做出一些成绩来，但是没有系统性，也很难有创新性，没什么影响，起不了推动这个学科向前发展的作用。一旦静下心来，认真地去做，我们必然能够有所发现。我这辈子就是这么做的，这样就在我们组形成了一个很好的研究学术的氛围和学风。我退休以后，就交给我原来的博士生普诺·白玛丹增博士来领导这个小组。

（问）现在这方面的研究也还在继续进行吗？

孙汉董：还在继续做，因为还有很多未认识的内容，有待一代一代接着去做。植物化学成分的研究在现代的实验分析条件下，应该说比以前有了很大的进步，但是不能说你把它认识完了，就没什么事情做了。随着现代分离条件、分析技术的不断发展，再加上我们的人认真地去做工作，将会不断地发现新的东西。对自然科学的认识就是一个不断探索的过程。

香茶菜属植物二萜化合物

Diterpenoids from Isodon Species

孙汉董　许云龙　蒉　　主著

科学出版社

孙汉董院士著作

国家科学技术学术著作出版基金资助出版

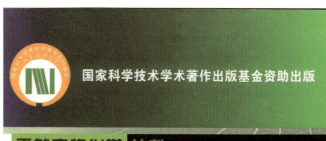

天然产物化学 丛书

二萜化学

孙汉董　主编

黎胜红　副主编

化学工业出版社

植物化学与西部植物资源持续利用国家重点实验室的创建

问 请您给我们介绍一下您的团队创建的植物化学与西部植物资源持续利用国家重点实验室。

孙汉董：我们是从1987年开始建中国科学院的重点实验室的，当时就只有中国科学院搞重点实验室，但是那个时候我们的条件是不太好的，后来我们跟国外的一些科学家以及一些公司合作，从国外得到了一些资助，我们就用来购买仪器设备，从而改善了我们的研究条件。那个时候中国科学院组织了昆明植物研究所、成都生物研究所、西双版纳热带植物园3个研究所，与日本的一些公司合作。

得到的资助，我们全部用来改善研究室和植物研究所的科研条件，比如我们要用来回收溶剂的旋转蒸发仪，当时全国也没有几台，我们用合作的资金一下子就买了60台，每一个研究人员都有一台，大大改善了条件，效率就提高了，同时成果也就慢慢地多了。

到了1990年，我们这个实验室连续几届在中国科学院的重点实验室评选中被评为优秀实验室，因为文章多、成果多。在植物化学的某些领域，在国内我们逐步从跟跑走到了并跑和领跑的地位。经过多年的努力，2001年，科技部正式批准我们为植物化学与西部植物资源持续利用国家重点实验室。

为什么加个"西部植物资源持续利用"呢？第一，西部植物资源非常丰富；第二，如果当时我们取个"植物化学"，那个时候，全国很多大学和研究所的植物化学研究也很不错。到现在，我们是最大的中国植物化学基地，所以我们加上"西部植物资源持续利用"这样就比较完整了。

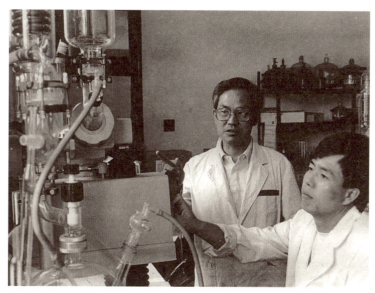

1992年，孙汉董（左一）与岳建民博士

不为名利，报效国家

问 您在植物研究所可以说是做了一辈子的研究，从最早跟老一辈的科学家一起奋斗，直到现在，经历了很多艰苦。在那么艰苦的条件下，您是怎么坚持下来的？有没有哪些让您比较难忘的故事？

孙汉董：我们所1938年就建立了，当时叫作云南农林植物研究所。现在隶属于中国科学院，这里的学风是非常严谨的，学术氛围比较好。我们植物研究所地处昆明市的北缘，一直都是在很安静的地方做研究，这是我们的地理优势，但更主要的是学术氛围，大家都是为科学献身，为国家献身。

我们不为名不为利，这样的精神在科学院，在我们所里面是很明显的。在困难时期，大家吃饭就随便炒个菜，吃点咸菜就一顿了，但是大家也非常乐意。所以我认为，大家最难能可贵的就是始终不忘我们所承担的任务和职责，希望能够做出成绩来报效国家，大家都有这个动力和这个精神。我们的学术氛围是非常好的，所以在最困难的时候，大家也能够坚持下来。

问 请您跟我们回忆一下吴征镒先生在您眼里是个什么样的人，他对您有哪些影响？

孙汉董：吴征镒先生是位德高望重的科学家，我认为他是"中国植物学界千古一人"。为什么这么说？因为吴先生真正是一个做学问的人，一心一意做学问，不管在多么困难的时候，只要有机会、有时间，他一定在看标本。他们开所务会，只要一休息，他立刻跑到上面的标本室里看标本去了。这说明他一心一意投入到研究当中，所以我们吴老是全国公认的中国植物的"活字典"。大多数植物的科，你随便问他这是什么植物，他立刻就可以用纸片写给你，这个是哪个科，哪个属。特别是拉丁名字，大家知道要记那么多拉丁名字是不容易的事情。有人统计过，可能有2万多种植物的名字，他脑子里是记得的。所以我非常地敬佩他，因此我说他是"中国植物学界千古一人"，就是这个意思。

吴征镒先生这辈子坚持把《中国植物志》编纂完成了。如果没有他统领中国植物学家把《中国植物志》编纂完，《中国植物志》就可能永远沉睡在标本室里边，不可能成篇。为什么？中国一共有3万多种高等植物，这套书籍有128卷，有这么高的一摞。这些植物，经过了几代的植物学家，完成了一部分，但没人有精力来组织全国的植物学家把剩余的部分完成。因为没有像吴先生这样有学问的人能够全面地组织完成这项浩大的工作。有一些植物学家，在哪一个科、哪一个属、哪方面是专家，但是对中国植物的全面了解，是不够的。

吴老一辈子勤奋好学、学风非常严谨，因此，他在中国植物学家中威望极高。《中国植物志》是他对植物学界的贡献。没有吴老的勤奋精神，没有他的长期坚持、刻苦努力，是做不出来的。所以吴老在我们植物研究所，对我的影响非常深刻。他在中国学术界，同行们都很佩服他，很尊敬他。

问 请您跟我们讲一下蔡希陶先生，在您眼里他又是个什么样的人？

孙汉董：蔡希陶先生是我们所的创始人。蔡老很看重大局、国家的需求、省里面的需求等，他总是围绕着国家的需求和省里面的需求来开展科研工作。蔡老又非常有创新精神，他到西双版纳开辟了热带植物园，西双版纳是一片绿洲，植物资源非常丰富，有很多有用的资源。当时蔡老也是五六十岁的人了，完全可以安安稳稳在昆明搞研究，但他带着一班年轻人，不畏艰苦，白手起家，在西双版纳建立了植物学的研究基地，开辟了一片新天地。

蔡希陶先生和吴征镒先生，早年他们就是朋友，到晚年他们也是很好的朋友。他们共同为云南、为国家的科研事业，对云南的植物资源的开发利用作出了卓越的贡献。

COP15在中国、在云南、在昆明召开是十分适时的

问 植物研究所的西南野生生物种质资源库是怎么建立的？

孙汉董：这个是我们吴老认识到，随着人类活动的增加、生态环境的改变，植物种类会不断地消失。植物对人类的整个生命活动非常重要，没有植物，就没有其他生物，也就没有动物，植物是第一位的。我们云南的西双版纳这一带，红河，还有香格里拉这三块地方，是我国植物资源最为丰富的地方，在全世界都难以找到。如何把这些植物保存下来，不要消亡，这是人类面临的一个很大的问题。要把植物保存下来，就要建立一个种子库。把目前仍存在的种子，经过一定的科学处理后保存下来，以后再繁殖，能够使得它不消亡。吴老就给当时的朱镕基总理写了封信。总理是很内行的，很懂科技方面的工作，就批复了。因为云南建种质资源库很有条件，植物种类非常丰富。现在这个种质资源库运转也是比较好的，收集了11000多种种子。

问 COP15（2020年联合国生物多样性大会）大会在昆明召开，您有没有关注这个大会？

孙汉董：我们所里面承担了大会的一部分任务，整个大会我是非常关注的。COP15能够在中国召开，说明中国的科技地

位不一样了。再加上中国近些年的生态恢复，生态环境受到国家的重视，在全世界是做得比较好的。所以联合国把这个会议定在昆明召开，我认为是有远见的，是十分恰当的。

问 那您认为您研究的植物化学，对生物保护有什么重要的意义呢？

孙汉董：我们研究植物化学，就是要认识植物里边有什么化学成分和它们的生物功能是什么，从而合理地来开发利用这些植物资源。但现在的植物资源，如果光靠野生的资源，那任何一种植物都是经不起这种砍伐和采挖的。所以就要想办法人工来干预——就是人工种植。比如，我前期做的这个研究——灯盏细辛，这个药对治疗心脑血管疾病是非常好的。但灯盏细辛是野生的，只有10~20厘米，那么矮一点，越挖越少。现在云南省主要是靠人工种植，产量高，有效成分还比野生的高，就解决了这个资源问题。

云南生物资源极为丰富，包括植物、动物、微生物，云南资源都占了全国一半以上。我们现在环境改变了，山上绿起来了，环境好了。在生物资源的保护和利用方面，我们做出了一些令人高兴的成绩，在全球都起到了一个模范作用。

院士要为社会服务，多作贡献

问 您是院士，人们都很崇敬您。请您跟我们讲一下，您自己是怎么看待您的院士这个身份的？

孙汉董：我们中国科学院对院士的定义，就是在你所从事的学科里面，在国内外起引领作用，是领军人之一。我认为每位院士，他的知识面都是有限的。他也就是在自己从事的这个学科专业领域，可能比别人懂得多一点，走在前面一些，但你作为院士不是什么都好、什么都行，特别是你不能当花瓶，到处去做不适合你做或你不懂的事。我们院士本身要自律，要正确地看待自己，我们有很多不足和不懂的地方。在你的本专业上，你比别人可能学得多、懂得多一些，但你不是什么都能搞。所以作为院士一定要正确看待自己，保持我们严谨的科学态度，做好工作。当上院士，尽可能把自己的知识面拓宽一点，多作贡献，为社会服务。

几十年如一日，我和我的团队始终咬定一科一属植物进行系统研究。70多岁以前，我还会带团队前往迪庆等地的野外采集研究植物样品。这几年，只要不出差，我仍然每天到实验室工作。我们这个行当是动手科学，不能单纯按照8小时来计算上下班，需要全身心投入。8小时出不了科学家。

孙汉董院士签名

朱有勇

中国工程院院士
植物病理学专家

朱有勇，男，汉族，中共党员，植物病理学专家，中国工程院院士。

1955年11月16日，朱有勇出生于云南省红河哈尼族彝族自治州个旧市的一个普通农户家庭。

1974年2月，参加工作。

1977年，考入云南农业大学植物保护专业。

1982年，从云南农业大学植物保护专业毕业，获得农学学士学位，之后留校任教，同年加入中国共产党。

1987年，获得云南农业大学植物病理专业硕士学位。

1994年7月，赴澳大利亚悉尼大学分子生物学系研修分子植物病理学。

1996年，从澳大利亚悉尼大学毕业回国，担任云南省重点实验室主任、教授。

2000年，获得中国农业大学博士学位。

2002年，担任农业生物多样性与病虫害控制教育部重点实验室主任。

2003年，担任农业生物多样性应用技术国家工程研究中心主任、博士生导师。

2004年，担任云南农业大学校长。

2006年，担任国家973计划项目首席科学家。

2011年12月，当选中国工程院院士，成为云南省农业系统的第一位院士。

2013年，担任云南省科学技术协会主席，兼任云南农业大学名誉校长。

2019年，被授予"时代楷模"称号。

2020年11月，沈阳农业大学国家生物炭研究院成立，受聘为学术委员会委员。

2021年，被授予"全国脱贫攻坚先进个人"称号。

他带领科研团队开创性地研究了作物多样性控制病害的效应、机制并进行了推广应用。在 Nature（《自然》）等国内外学术刊物发表论文160余篇，出版专著5部，获发明专利20余项。获国际、国家和省部级科技奖励18项，曾获联合国粮农组织国际稻米年科学研究一等奖、国际农业磋商组织优秀奖、国家技术发明二等奖、国家科技进步二等奖、云南省杰出贡献奖、云南省科技进步特等奖、云南省自然科学研究一等奖、云南省科技进步一等奖等奖项。

他主动来到深度贫困的"民族直过区"接受扶贫任务，带领村民发展特色产业，改变了当地贫困落后的面貌。他立足农村实际推动科技成果转化，创办院士科技扶贫指导班，为云南少数民族贫困地区培养了1000余位科技致富带头人。他扎根边疆，挂钩联系澜沧拉祜族自治县以来，与少数民族群众同吃同住同劳动，受到各族群众真心爱戴和社会各界高度赞扬，被亲切地称呼为"农民院士"。荣获"全国优秀党员""全国杰出专业技术人才""全国模范教师""全国高校名师""中华英才""兴滇人才"等称号，是十六大、十七大、十八大党代表和第十三届全国人大代表。

人生路上的重要节点

问 在您一生中，从小时候到长大有很多人生的转折点，能给我们详细说一说吗？

朱有勇：第一个转折点是考上大学。我们那个时候是1977年恢复高考的，高考入学率很低。当时高考，是想当工程师这一类的，所以考上大学，拿到录取通知书，录取结果是农业大学，还是有点沮丧，但是最后还是选择去读了。在念大学的过程中，通过不断学习，我认识到了农业科学的价值。所以这么多年来，我一直从事农业的科学研究。我觉得这是一个非常重要的转折点，如果没有考上大学，或者考上了其他专业，可能我现在的人生就是另外一个样子。这是一个转折点。

还有另外一个转折点。20世纪90年代，我的很多同学都到国外去了，好多都留在了国外，没有回来。当时因为我做农业生物多样性，云南是生物多样性最富足的省份，最适合我。但是国外有很好的条件，而且那个时候我们国家和国外比起来，差距还比较大。当时还是因为我的导师邀请我回来，而且我也觉得还是回来能做事，因为国外再好也不是你的家。回来为这个大家庭里面的家人做点事，也觉得挺安心的。而且回来也可以把我自己的专业——生物多样性做得很好。特别是回到云南来，云南是立体气候，是生物的王国。如果不回来，我也就不会做出这些成绩来。所以我觉得这也是一个非常重要的转折点。

还有一个转折点，发生在2015年。当时我已经做到了院士，在这个领域应该是一个大家认为层次比较高的一个带头人。2015年我去当农民的时候，已经60岁了。应该说，60岁在大家的眼里已经是老人了，花甲之年。我辛苦到60岁，该有的名头都有了，教授啊，院士啊，都有了，而且工资也还可以，够吃够穿的了，何必再去当农民？所以当农民也是一个大的转折点。

中国工程院定点扶贫澜沧拉祜族自治县，肯定要有院士牵头去做。虽然我在大家眼里是60岁的花甲老人了，但是在院士群体里面还是年轻的。院士的平均年龄是73岁，我那年60岁，所以还是年轻人。年轻人不去让老人去的话，这违背了我们做人的原则，像我这种人做不出来。这也是一个转折点。

另外，虽然当时农业技术还很落后，但是澜沧拉祜族自治县这个地方资源好，不该穷。还是怪我们这些人亏欠这些地方的老百姓，没有推广我们的技术，推广我们的成果。确实亏欠人家，我们应该去还账。所以我去了。

虽然当农民很辛苦，但这几年做下来心里觉得很好，满足感很强，成就感很大。通过我和我们团队的努力，一家一家的农民富起来了，一个村一个村的农民也富起来了，我觉得我们真正尽到了我们科学工作者，特别是农业科技工作者的本分。

后来我获评了"时代楷模"，实际上我们就是做了自己应该做的事、分内的事，不应该有这么高的评价。但是党和政府给了这么高的评价，想想还是觉得自己做得不够。

（问）您的人生经历比较丰富。取得今天的成就，对您影响最大的一个人是谁？

朱有勇：我的老师段永嘉，他是东北人，留学日本，1937年回到了中国，当时他在云南大学的农学院做教授。我们恢复高考来读书的时候，他是我的教授，我是他的研究生。

在上学的过程中，段教授出过一道题问我们："追溯世界农业历史，依靠化学农药控制病虫害不足百年。在几千年传统农业生产中，人们靠什么控制病虫害？"

因为我的专业就是防治病虫。不用农药，怎么控制病虫害？这是一个现在都很难回答的问题。当时我就回答不出来，正因为回答不出来，引起了浓厚的兴趣。也正因为这个浓厚的兴趣，这几十年来不断地去寻找这条路。成功也好，不成功也好，反正这一辈子就被这个问题牵着走了，所以这个老师对我影响最大。

朱有勇在"时代楷模"朱有勇先进事迹报告会上讲话

大学时期的朱有勇

在两会上宣传马铃薯

问 朱院士，2018年时，您曾经在两会上宣传过马铃薯，当时您为什么会那么做呢？

朱有勇：2018年开两会的时候，我们村子的马铃薯刚好大丰收。两会期间，我们有机会去到"代表通道"，所以我把马铃薯带去，宣传一下我们村子的冬季马铃薯，同时也向大家介绍一下我们这个产业。

问 像这样的宣传，是不是有生以来第一次？

朱有勇：是的，为我们村子去宣传马铃薯，这是第一次。

问 我听您在讲述当中，一直说"我们村子"，您觉得自己是村子里的人吗？

朱有勇：我是住在一个村子里面扶贫的，这个村子在普洱市澜沧拉祜族自治县竹塘乡蒿枝坝村。我在那里驻村扶贫已经五个年头了，整四年了，早就是那里的人了。

问 2018年您在两会上推荐了马铃薯，推荐下来效益怎么样？

朱有勇：从现在来看，不光是在我们村子，在云南省，冬季马铃薯每年都有一两百来万亩的种植面积，是我们国家最大的冬季马铃薯的生产基地。北京、西安、沈阳、长春、哈尔

朱有勇在两会上宣传马铃薯

朱有勇（右）和拉祜族村民龚老五开心地拿着马铃薯

滨，包括沿海的上海等大城市，每年的春季，二月份到五月份，都在大量使用云南的冬季马铃薯。我们解决了这一段时间马铃薯市场的供给侧问题。农民从这个项目收获了很多，一个村、一个乡、一个县，都靠冬季马铃薯脱贫致富了。

问 云南的马铃薯在全国都是排在前三位的，不管是面积还是产量。这种冬季马铃薯特别大，最大的有5斤，除了大之外，和其他的马铃薯相比，它还有什么与众不同的地方吗？

朱有勇：它是我们云南独有的一种马铃薯，叫作冬季马铃薯，冬天种，春天收，是我们国家第一个上市的马铃薯品种。因为在市场上打了一个时间差，每年二月份到五月份，我们国家还没有新鲜的马铃薯上市，所以它的效益很好。冬天种，春天收，冬天这里的气候非常独特，不下雨，找到了适合的品种，它的产量就很高。在我们村子里面家家都能种，每亩（1亩≈666.67平方米）的产量都在3吨以上。另外，那个时候价格好，一般都是3000块钱一吨。我们一个农民一年一个冬天忙活下来，也可以收3吨左右的马铃薯。卖出去以后，就能有七八千块的收入。1亩地就可以脱贫，一个贫困户，一家人种上几亩地，就把脱贫的问题解决了。

发展林下三七

问 在这个村子里面，除了马铃薯，您还在大力发展林下三七。林下三七现在发展的规模或者效益怎么样？

朱有勇：历史上最贫困的地方都是在大山里面。从我住的那个村子再往里走，就是大山，大山的老百姓主要是以种植玉米为生。历史上山里面的贫困面更大，贫困程度更深。但山里面有一个很好的资源，就是大量的森林资源，如果把森林盘活，把青山变成金山，老百姓脱贫致富就有希望了。

所以我们经过长期的研究，把我们的科技成果带到了那里，这个科技成果就是林下种三七，种重楼，种黄精，等等。这几年我们做下来，效果很好。2016年我们只试验了5亩地，2017年种了300多亩，2018年我们种了3000多亩，2019年种下来就达到7000多亩了。

林下三七的特点很清楚，不用一颗农药，不用一颗化肥，在深山老林里面进行种植。每亩地可以收50公斤左右的干三七，今年成熟300多亩，收的时候卖到了8000多块一公斤，1亩地有20多万元的收入。我们就把林下三七作为一个重要抓手来进行脱贫。这些项目到哪个村子，哪个村子就脱贫。

我们希望把这个产业做大，因为我们非常需要更多优质的中药材，让中药材回到生产两边去，让我们的中药材的质量和药效更好。同时种三七作为我们脱贫的一个重要抓手，是一篇大文章，不光是脱贫，也是乡村振兴，农民致富的一个重要的方法。再加上云南省森林面积很大，中药材的种植面积也很大。我们希望把这个中药材产业做得更大，作为我们云南省的一个新鲜的，或者说最有前途的一个大健康产业。

问 您推荐马铃薯的效果那么好，已经见效益成规模了。如果明年有机会开会的话，您会不会再推荐一下咱们的林下三七这类中药材？

朱有勇：是的，如果有机会，下一次我肯定推荐我们不用农药、不用化肥的天然的中药材，特别是三七和重楼这一类中药材产品。我也想让城市里面的人知道，大山里面能生产出最好最优质的中药材品种。让他们来消费，让农民有更高的收入，让他们不但脱贫，还不返贫，还能致富。

问 我听说您带的学生、您的团队曾经跟您闹过意见。因为如果您自己包个山头，用自己的独家技术来做三七的种植，不把核心种植技术传给当地的农户，受益的人就不是农户，而是你们整个团队。甚至有企业愿意出几亿来买您林下种三七的专利技术，您都没有卖。

朱有勇：种植林下三七是一个非常困难的技术。我们通过十多年的研究，才形成了一套完整的林下三七的种植技术，不用一颗农药，不用一颗化肥，就能生产出优质的三七。这个技术难度很大，我们也付出了很多。这套体系出来以后，如果是我们自己用，真是不止能挣几个亿。因为包几个山头种，每年种1000亩、2000亩，1亩10万或者20万块钱。像现在这种市场

朱有勇（右二）在澜沧拉祜族自治县讲授林下三七种植技术

朱有勇在田间挖土豆

价卖出去，那不是几个亿，是几十个亿乃至上百个亿。所以有的企业也跟我们出价，一开始说给1个亿、3个亿、5个亿，最高的给了10个亿，让我们把这个技术给他们。当然我们也进行了很多的讨论。

第一，我们这个农业的种植，是需要人去干的，种1000亩至少要2000人的劳动力。如果你卖给哪个企业，那就要去打假。我们不是像工厂做一个产品，把工厂围墙建起来，然后去制造，不让其他人知道。我们最后卖的产品，是要人工去种的，那就涉及很多人，这个密是保不住的。最后你卖给哪一个企业，可能就变成企业永远在打官司，那又何必这样做呢？我们把这个技术给农民，这是其中一个原因。

第二，我们研究的这个技术，包括我们的教授、博士们，都是国家的钱开的工资，而且我们有上千万的研究经费来研究这项技术，也是国家的经费，是纳税人的钱。我们是单位的人，是拿国家工资的，把研究出来的成果变成我们自己的，不给其他农户，包几个山头自己来做，这跟我们的世界观是不相符的。我们应该把这些技术回馈给老百姓，这样我们才能心安。

出于这两个原因，我们讨论了很久，达成共识，把我们的技术无偿地交给农民，交给企业，交给所有想做的人。我们从中也获得了很多利益，我们的成果让老百姓富起来，让产业转型升值升级。这个成果用得越来越广泛，我们也可以得到公众的一些评价，能发很多文章，能得到很多专利，也可以因为评职称，拿到国家给我们的更高的工资。很多我们团队的人很快就当了副教授、教授，这都是一样的，国家给我们回报了。

我们在做这项技术的推广时，所有的技术都可以无偿地交给任何人。所以我们不断在办培训班，同时引进企业。但是引进任何一个企业，我们都有一个承诺，必须把百分之十五的，本来是属于我们团队的技术转让费，拿出来给我们当地的贫困群众。

"做科研的本质是为人民大众服务"

问 您刚才说如果按另外的方法去做的话，跟您的世界观不符，那您的世界观是什么？

朱有勇：我们做科研的本质是什么？我们的经费是国家给的，来自纳税人，所以我们做的研究结果要造福人类，造福我们的产业，造福百姓大众。所以我们做科研要为人民大众服务，这就是我的世界观。

问 您刚到云南省澜沧拉祜族自治县时，那里是什么样的？

朱有勇：我当时带着博士生，整整开了14个小时的车，一进村子就闻到一股臭味，猪屎、牛粪、肥料、茅草，到处都是，水杯、炊具上落满了苍蝇。他们住的房子还是四处漏风的。篱笆房、茅草屋，一张床、几袋玉米、一口铁锅、一个煤炉，就是一个家庭的全部家当。而且当时那里的人均年收入只有1000元，人均月收入不足100元。我心里五味杂陈，实在是不敢相信，居然还有这么贫穷的地方，那里离西双版纳很近，属于热带雨林区，水资源、光照资源、土地资源都很丰富，每家都有10亩以上的土地，还有20亩以上的林地！如此富饶的土地上生存着如此穷困的人口，我心里很痛！怪我们这些人没有深入下来，没有真正来为老百姓做些事情！老百姓享受不到我们的研究成果，作为院士，这就是失职。那次考察之后，2016

年春，我们选择了最贫困的竹塘乡蒿枝坝村作为试点，长期驻扎下来。

（问）您这么拼命地去帮老百姓推荐农产品，好多人会好奇，是不是您从中挣到大钱了？

朱有勇：因为我们是扶贫嘛，我们的责任就是把我们的科研成果带到这些贫困地方去推广、去应用，让老百姓赚到钱，让老百姓脱贫致富，这是我们的责任。我们的团队里的成员，都是国家的大学教师，没有必要跟贫困户分利益，这是不可能的事情。

（问）除了为人民大众服务，您有没有想过为家人服务？因为您很多次把学校给您的奖金，或者上级部门给您的奖励，都捐给了您的有勇奖学金。您没有用这个钱改善家庭和子女的生活，给他们一些资金吗？

朱有勇：因为我们都有非常稳定的收入，孩子也好，我们家的人也好，都是大学的老师，都有非常稳定的收入。更何况，人要那么多钱干什么，因为我们的生活质量已经可以了，我们的生活已经有了非常好的保障了。我不做生意，如果做生意的话，可能我可以拿钱去赚更多的钱，但我们没有那个必要。我觉得在满足我自己生活需要的同时，多余的钱可以去帮助那些生活比较困难的学生，培养出学生来，让这些学生来学我们的专业，把我们的事业做得更大，不都是一样的嘛。

小时候在农村的日子很苦。看农民辛辛苦苦地去干，起早贪黑地去干，实际上还是不够吃，不够穿，还是苦。那时候就有心愿，让农民收成更好一点，让农民的日子好过一点。

小时候我就是这样想的，想做一个有本事的人。我们院士也好，教授也好，都是党和政府培养的，也都有这么多年来学的一套本领在身上。这套本领可以通过知识传播、成果的应用，让更多的人富起来。而且当你把你的成果、你的本事教给农民以后，漫山遍野都能看到你的研究成果，让农民致富了，这种幸福感、成就感是很强的。

人可能不一样，有的人打牌赢了很舒服。我们看到农民都有收入，一家一家富起来，农民对你非常尊重、非常爱戴，我觉得这就是一种幸福、一种满足和成就。每个人的追求不一样。

问 您取得了那么高的成就，现在总结下来，您觉得靠的是什么？

朱有勇：我觉得有两点吧：第一，要知道你自己最想做的事，就是你的初心是什么。像我就有一个初心，一直都想当一个专家，把产业做大，让我们的老百姓过得更好。第二，执着做一件事情，不要贪大，要把它做好，一直做到底，做到极致。这是必须的，你要有一个理想，现在叫初心，我们小时候叫理想。有一个理想，而且追求理想一定要执着。在追求的过程中肯定会碰到这样那样的问题。成功也好，不成功也好，我执着地去干这一辈子。坚持了，这一辈子就成功了。

我做的最难的一个科学问题，用了14年做一个试验。1986年，我意外发现了一个现象——在一块农田里面，杂交稻和糯稻种在一起，糯稻就没有稻瘟病，可以有收成。我设置了一块几十平方米的试验田，希望可以重现这种模式。但是，我在那块试验田整整种了7年，这种现象一直没有被稳定地重现出来。1996年，我带着这个困惑，远赴悉尼大学留学，希望通过学习先进的分子生物学，从基因层面探索水稻抗性基因分布规律。在留学的过程中，我意识到生态试验要扩大到100亩以上才有可能找到答案。回国以后，为了重现这个实验，我跑了云南省内的62个县，研究了2000多种水稻的基因抗性问题。

最难的是那一段时间，因为那个时候年轻嘛，当一个小助教，经费也没有，到哪里去，都是坐公共（汽）车，那个时候道路又不好，摆的那些点都是很远的，山区没有任何经费，就是靠朋友的朋友、同学的同学去请人家帮忙做试验，一个试验做了14年。

这个试验主要改进了我们这么多年来品种单一化的问题。这么多年以来，都是一个品种，几百万亩、几千万亩，同品种单一化以后，就很容易生病，所以农药就用得多了。怎么解决这个问题，国内外都一直没有好的办法。

终于在2000年，我找到了水稻的品种搭配规律，这一研究作为封面文章，发表在了国际权威期刊Nature（《自然》）上。我1986年发现这个现象，到了2000年才把这个事情做清楚，花了14年的时间做。真的不容易，完全是一种执着。像我比较固执，我一定要把它做出来。

未来的规划

问 您现在60多岁，身体怎么样？

朱有勇：我的身体还挺好，每天跑步10公里。每天的工作就是上山下山，到现在为止也没有"三高"。下去这么多年好像没有感冒过，身体更好了。

问 那您将来有没有什么规划？

朱有勇：我还是想继续把论文写在大地上，把现在的这些工作做好。扶贫工作告一个段落以后，我们还会继续在少数民族地区做更多的工作，做产业，把产业链打通。不光是种植优质的农产品，还要把优质的农产品加工成产品，还要做文化旅游，还要把这些产品融合进去，进行一二三产业融合。

问 您这些年有什么遗憾吗？

朱有勇：这些年确实有遗憾，我想这几年还是要把它做了。我60岁的时候就做了一个徒步西藏的计划，走66天，从香格里拉出发到拉萨。但是因为扶贫给耽搁了，再不走，我就老了，走不动了。所以可能明年以后我就要开始实施计划，这个遗憾，后来几年肯定要实现，我还是要把西藏走完，满足自己的一个小小的心愿。

最喜欢"农民院士"这个称呼

问 您从事农业，和农民的关系特别好。在您扶贫的过程当中，和农民有没有发生哪件让您特别难忘的事？

朱有勇：我非常难忘的是，我每天早上六点钟就出来跑步，跑步回去，在家门口，就有村里的农民送的鸡蛋，或者是送的煮的红薯、煮的玉米等。到现在我都不知道是哪些人送的，但送的人很多，我就觉得这个非常难忘。我们就在那里跟农民一起做扶贫工作，谁送的，怎么送的，一点都不知道。问农民，农民又不说，但是天天都有人送这些东西给我们。

这些东西有时候是挂在门上，有时候呢是摆在我们的桌子上，每天都有。这个让我非常感动。我们也没有做什么，农民这么爱戴我们，如果我还不好好地把我们全部的本事拿出来回馈给农民，还对得起他们吗？这一点我感受非常深。

问 您得奖很多，称呼也很多。院士、教授、校长、楷模，还有"土豆爸爸"，等等，那么多的称呼当中，您最喜欢别人叫您什么？

朱有勇：农民院士。因为很自然，就是院士回去当农民了，农民放在前，院士摆在后。我倒觉得"土豆爸爸""三七爸爸"都不太好，就"农民院士"挺好。一个院士去当农民，很符合我，一般人是从低处走到高处，我是从高处回到农村去当农民，我觉得这个称呼非常自然。

朱有勇院士签名

125

裴盛基

中国科学院昆明植物研究所研究员
中国民族植物学奠基人

裴盛基，男，汉族，中共党员。

1938年7月，出生于四川省绵阳市梓潼县。

1955年，毕业于四川省成都农业学校，分配到中国科学院植物研究所昆明工作站担任见习员，师从蔡希陶教授学习植物分类学与植物资源学。

1960年，随蔡希陶教授到西双版纳建设中国科学院西双版纳热带植物园。

1960—1986年，在中国科学院西双版纳热带植物园工作，历任助理研究员、副研究员、研究员、植物分类研究室主任、副所长、所长等职。其间，1981年，到中国科技大学研究生院学习英语。1983—1984年，赴美国夏威夷大学学习民族植物学。

1987—1989年，在中国科学院昆明植物研究所工作，历任副所长、研究员、民族植物学研究室主任、博士生导师等职。

1990—1998年，担任国际山地综合发展中心（ICIMOD）资源环境部主任、生物多样性专家，担任世界自然基金会（WWF）高级技术顾问。其间（1991—1995年）兼任云南大学、西南林业大学教授，清华大学、甘肃农业大学博士生联合导师。

2003年退休，仍从事自己所钟爱的事业。

作为中国民族植物学的学科创始人和中国本土植物学知识研究的先行者，1982年发表的《西双版纳民族植物学的初步研究》一文，成为我国民族植物学的开山之作。出版《植物资源保护》（2009年）、《民族文化与生物多样性保护》（2008

年）、《民族植物学》（2007年，与淮虎银合著）等专著。完成云南16个民族的民族植物学研究，先后获得全国科学大会奖、中国科学院研究成果奖和省部级科技成果奖等16项奖项。

在植物分类学研究方面，合作完成了《中国植物志》棕榈科的编写，为《中国的植物》英文版编写作出了重要贡献，填补了我国棕榈科研究的空白。

在热带植物资源开发利用和保护领域，扎根边疆27年，为创建中国科学院西双版纳热带植物园作出了重大贡献。

在国内率先开展生物多样性与文化多样性保护相结合的研究，开创自然圣境与生物多样性保护研究和示范，开创社区药用植物保护研究和示范。

在我国植物学国际交流与合作领域作出很大努力，成果累累；为促进国际交流与合作作出突出贡献。

先后主持民族植物学研究项目56项，培养我国第一批民族植物学硕士、博士研究生32名，获科研成果奖16项，申请国际和国内共有专利9项，出版民族植物学专著16部，发表中英文论文240余篇。

1988年，获美国东西方协会杰出贡献奖。1992年，获印度民族植物学会国际民族植物学杰出贡献奖——哈什伯杰奖。2018年，入选云南省科学技术协会、云南省老科技工作者协会《科技精英——云南省杰出科技专家传略（三）》，以"开创中国民族植物学的先驱"为题载入科技精英史册。

从做"植物猎人"开始

问 您是如何开始从事植物学研究工作的？

裴盛基：我的一生与植物有着不解之缘，在"植物王国"的海洋里徜徉了大半生，而野外植物考察是我学习的第一步。1955年，那是我第一次参加高山植物调查采集队，去到了云南西北部的丽江和香格里拉，那次我们的任务是采集高山植物标本和种子带回来进行研究，从那时候开始，我就成了"植物猎人"，开始了我的植物学研究工作。

问 为什么称自己是"植物猎人"？

裴盛基："植物猎人"其实是对专门从事野外植物调查采集和信息收集的专业人员最形象的称呼。"植物猎人"虽然有"猎人"之名，但完全不同于狩猎者，"植物猎人"要去寻觅的"猎物"不是动物而是植物，而目的是保护、研究和利用植物。

很早的时候，西方国家派出一批又一批的"植物猎人"，以传教士、医生、商人等的不同身份，不远万里来到云南，采集并带走了数以十万计的植物标本、种子，回去之后，在自己国家建起一座座规模宏大的植物标本馆，近200年来，那些不断涌现出来的科学成就，其实都和这些无数的"植物猎人"的贡献是分不开的。

1986年，裴盛基（左）带研究生在西双版纳采集植物标本

1978年，裴盛基（右一）和队友们在西双版纳热带雨林考察期间就地休息

1976年，裴盛基（右）在热带雨林中考察，涉水前进

那个时代的年轻人，都有一种勇于奉献的精神，只要能让我们进一步认识植物，发现植物的新用途，进而推广应用，服务社会发展，就不觉得工作辛苦，因为我们知道这是我们"植物猎人"的理想。作为"植物猎人"，都有一种使命与担当，即使面对艰辛，也会脚踏实地，耐住寂寞，因为认识植物、驯化植物和学习自然需要漫长的过程，每种植物都要经历无数的坎坷、困难，甚至失败，才能获得科学上的引种成功，而引种成功的植物要得到应用与推广，最后造福社会，又要经历无数考验和挫折，有时甚至是失败。

所以，从本质上讲，"植物猎人"从荒野中发现植物、认识植物，他们是植物忠实的朋友，是发现植物的先驱，是保护植物的先行者，而使命就是认识植物，发现植物的新用途，造福人类，同时，最后进行就地保护或迁地保护，让它们不断繁衍生息，这也成了新一代"植物猎人"在新时代的一项光荣任务。

我的第一次野外考察

问 您还记得您的第一次野外考察吗？据说当时十分惊险。

裴盛基：1955年，我第一次从事野外工作，到玉龙雪山进行考察。当时，我们的团队由冯国楣先生带领，我作为一个年轻的小见习员，背着标本夹和采集工具跟随他们，野外植物采集工作充满乐趣，但也暗藏各种玄机和危险。爬上玉龙雪山以后，我们遇到大雾，到了海拔将近4600米的雪山上之后就下不来了。

怎么办呢？多亏了我们请的当地一个纳西族的向导，他的名字叫赵重典，是玉龙山村的猎人，也是一个牦牛放牧者，他对玉龙雪山非常熟悉。老赵不慌不忙地从他背上的棕制蓑衣下取出一盏马灯，慢慢地说："我有办法，我打着这盏灯在前面走，你们在后面跟着我，我们从这下面的流沙滩一步一步走下去。"可是沙会移动，在流沙上走，速度快了会把人摔死。我们按老赵所教的方式，5个排成一行，他拿着灯走在最前面，后面的人依次伸出双手紧紧按住前面人的肩头，步伐一致，不能用脚底落地平走，而是用脚后跟跳动着走，在老赵的"一二一"的口令引导下，大约40分钟后，终于下到半山腰一处略为平坦的草地上，下来以后，我的双腿还在不停地抖动，小腿的肌肉不断地跳。当时，我才17岁，那是我第一次野外遇险并脱险，现在回想起来如同探险一样，那时我没被吓到，反而觉得是一种乐趣，一种体验大自然带来的乐趣。

一棵野樱桃树，和植物结下不解之缘

（问）在野外考察中，大自然带给过您乐趣，但也危险重重，最让您难忘的经历是哪一次？

裴盛基：1957年秋天，我第二次参加高山植物考察，去高黎贡山的途中，经过独龙江，翻越碧罗雪山。

当时过澜沧江，江上没有船，也没有桥，只有靠竹子纤维拧成的溜索过江，180米长的溜索，我看见前面把驮东西的马先放过去，马到江中间的时候，既拉屎又拉尿，腿都在不断地抖，动物都害怕，那么人呢？我是第一个过去的，过去后我才知道有多危险。当时，我衬衫的袖口没有扣纽扣，结果这个袖口与溜索的绳子不断摩擦，到了对岸后，我发现袖子没有了，已经被绳索磨掉了，我吓了一大跳，原来溜索过江这么危险。

然后到了碧罗雪山脚下，一个叫四季多美的地方，当时正值7月雨季，因为大雨下个不停，我们只能在林中小草棚里歇脚过夜。第二天，雨稍小，我们沿山路向山顶爬，到海拔大约3500米的地方，离碧罗雪山垭口4000米处不远了，我们走进一片开阔的草地沼泽区。

我在那之前从来没见过草地，只听过红军长征过草地的故事，知道草地很危险，但不知道会有这么危险，过草地的时候，我不小心掉到沼泽里面去了，越陷越深，不到10分钟的工夫，已经陷到我的大腿，一看周围没人，我就大声呼唤我的一个队友。

一位纳西族的队友吕正伟跟我们一起考察，他刚刚参加工作，听到我呼救，赶快回来看我发生了什么，他是玉龙山雪嵩村人，熟知草地沼泽的危险，知道这片漂浮的草丛承受不了太大重力，所以不能用手去拉，否则有可能两人都一起陷入沼泽中，可那时旁边也没有其他行人，无人可以求助。

问 没想到这么危险，当时是怎么脱险的？

裴盛基：在这危急时刻，他们发现距我不远处，有一棵高七八米的高原野樱桃树。老吕计上心来，对我说："小裴，你旁边的樱桃树可以帮忙。"我转头一看，樱桃树离我手伸得到的高度还差1米多，身陷泥泽中不能动，根本够不到。正在这时，老吕爬到树上，把靠我最近的树枝压弯，让我用双手抓紧树枝，借助树枝的弹力，顺势把我从泥沼中拔了出来……最后，我终于得救了，起来以后，我对着那棵樱桃树毕恭毕敬鞠了三躬。

那一天，我们翻越雪山，过草地沼泽遇险，又奇遇救命樱桃树——生命之树，那段人生真的太精彩了，我就想，以后我一定要在植物学研究的路上义无反顾、终生不渝地走下去，这也算是我对那株高原救命小树的报答，这就是我与植物生死之交的故事，从此以后我跟植物就结下了不解之缘。

对蔡希陶先生的回忆

问 请您和我们讲一讲您的老师蔡希陶先生。

裴盛基：蔡希陶先生是我学习植物学的启蒙老师，对我的影响非常大。在我跟随他学习和从事植物学研究的22年岁月里，他教导我怎么样从事植物学工作，怎么样从事植物分类调查、标本鉴定、资源调查，以及怎样从事植物利用的一些科学研究。

蔡先生是一个有学术追求和探索未知精神的人，他的言传身教，让我受益匪浅，他的教诲和引导，深刻地影响和塑造着我。

他有探索未知的精神，有很多奇思妙想，他敢想、敢去开创。比如说在西双版纳建立热带植物园，就是他最大的一个奇思妙想。

他带领我们一批年轻人，把西双版纳热带植物园建在一个荒无人烟的热带丛林荒岛上，去那里安营扎寨，去那里生活，把家安在那里，建设了中国第一个热带植物研究基地。

蔡先生非常风趣幽默，总是很快能取得少数民族首领的信任，我们与当地人民迅速融为一家，我们向他们学习，每个人都练就了一身过硬的雨林生存本领，而蔡先生总会风趣地说我们是"集体的鲁滨孙"。

裴盛基（中）与老师蔡希陶先生鉴定望天树标本，后来成为发表新种望天树的"模式标本"（现保存在中国科学院西双版纳热带植物园标本馆），是中国西双版纳发现热带雨林分布的重要科学证据

1979年8月号《人民画报》封面，裴盛基（右）与老师蔡希陶先生

那时，蔡先生年过半百，头发早已花白，他平常非常忙，但仍然和我们这些年轻人一起战斗在第一线。对我们而言，他就像是一座植物博物馆，对葫芦岛的许多物种如数家珍，那时，我总是跟在他的身边，向他请教各种问题，他讲的植物知识和故事常常令我痴迷不已。有时，我把从他那里听来的知识记在笔记本上整理好之后，请他过目指正。时间长了，笔记本上积累的知识越来越多，这样的举动也让蔡先生逐渐对我青眼有加，他有时会拍着我的肩膀高兴地说："小裴啊，好好干，你们是我们国家植物学以后发扬光大的希望。"当时，听到蔡先生对我的肯定，我真是热血沸腾，信心大增。

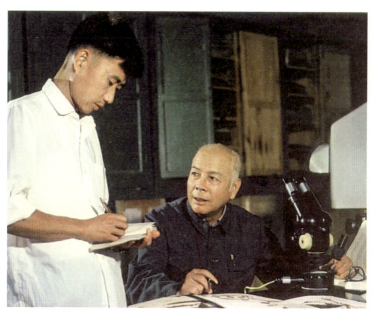

1965年，裴盛基（左）与他的老师蔡希陶先生在研究植物标本时作记录

问 蔡先生是如何评价您的？

裴盛基：作为蔡先生的学生，他认为我勤奋好学、肯干事，所以一直让我做他学术方面的助手，将来做他的接班人。由于我们的交流越发频繁，一老一少渐渐成了忘年之交。我记得有一次他悄悄告诉我，他说："小裴，我昨晚梦见熊，传说朱元璋梦见过熊，朝中就有良臣相助了，我们建植物园正需要人才。"其实我当时心里知道，蔡先生求贤心切，他担心我们坚持不住离他而去。

蔡先生平静坚毅的面容之下有着一颗热血澎湃的心，这样一个年过半百的科学家，不惧艰难，身体力行地在热带林海里建立起了这座宏大壮美的植物园，之后又提出"学茂物，赶皇家""三年小成，五年中成，十年大成"的建园目标，这种老科学家献身科学的精神深深地感染激励着我，他是我的标杆，他的方向就是我的方向。

成为"集体的鲁滨孙漂流记"中的一员

问 请您回忆一下，当初是怎么跟随蔡老去了葫芦岛的，并且一去就待了27年？

裴盛基：1960年，我记得蔡希陶先生当时非常激动，话语铿锵有力，他说："为了发展中国的热带植物科学研究事业，我们必须在自然条件和未来生产发展两方面都具有价值的地区选址建园。在西双版纳傣族自治州勐腊县勐仑镇，这座隐而不出的葫芦岛上，即将建成亚洲最美最大的热带植物园。"这对于20多岁的我来说，是千载难逢的机遇，也是巨大的挑战，因为在一片热带丛林中建造一座规模宏大的热带植物园，我们是第一批开拓者。

那时我22岁，信念坚定，带着年轻人那种特有的热情和期待，踏上了新征程。在那之前我们也去过西双版纳傣族自治州做过调查，有的人骑马，有人走路进去，但是我们也就进去十天半月就回来了，但是，蔡先生要带着我们一批年轻人住在那里，长期地搞研究，这就面临很大挑战。

问 当时的葫芦岛条件一定非常艰苦吧？

裴盛基：是，当时，葫芦岛是荒野之地，虽然自然条件得天独厚，植物种类丰富多样，但是生活和交通条件非常恶劣。后来，我们中的有些人也会迷惘，蔡先生就鼓励我们，说我们就来做一次"集体的鲁滨孙"。当然，要做到真是不容易，因

2017年，裴盛基先生（前排左二）和同事在中国科学院西双版纳热带植物园蔡希陶先生的雕塑前留影

为你面对的是在那里生存的问题，要过夜，要吃饭，要生活，还要搞科研，我们不是去游山玩水，我们去那里生存下来，还要去探索自然，要研究那里的热带雨林，研究像铁刀木这样的植物，研究热带雨林里边的神奇药草，这个是很不容易的。当时，每个人心中只有一个答案，那就是响应祖国的号召，扎根在边疆，建设中国第一个热带植物研究基地。

后来，热火朝天的园区建设迅速展开，我们这群"集体的鲁滨孙"，也有些人悄悄地离开了，但是我心中常常涌起这样的念头：这里今日是我们的战场，来年便是一座崭新的植物园！这种不息的斗志让我意识到，我与葫芦岛上的这些植物们不仅是同呼吸，早已是血脉相连了。凭着这样的意志，几年过去了，葫芦岛上出现了一座崭新的现代科学村，初步成型的热带植物园让当时来的专家们看了之后都大声赞叹。我在热带植物园一干就是27年，我逐渐成长起来。我觉得在人生之路上需要一个爱好、一个志向、一种精神，另外还有一种持之以恒、坚韧不拔的精神，这样才能实现愿望。

问 正是有您和像您一样的科学家们，才会有现在的西双版纳热带植物园。

裴盛基：现在，大批的"葫芦岛人"沿着老一辈创业者的道路，经过了三代科研人员的艰苦创业和辛勤耕耘，已经把西双版纳热带植物园建成了国家知识创新基地、国家战略资源植物保存基地、国家科普教育基地、国家生态旅游基地和国家高级科技人才培养基地。植物园已收集活植物13000多种，建有

38个植物专类区，它已成为我国面积最大、收集物种最丰富、植物专类园区最多的植物园，也是世界上户外保存植物种数和向公众展示的植物类群最多的植物园。如今，每天都有成千上万的人来访、参观、学习、游览，人们流连忘返，当年蔡先生提出的"学茂物，赶皇家"的宏伟愿望已经实现。

其实，在我从事植物学研究的60多年中，最难忘的就是在蔡先生的带领下的热带雨林创业时期。在此之前，我不知道原来人能有这样大的潜能，在一定的时间里能做出这么多成果。那段岁月让年轻的我深受震动。我在建园战斗中，在葫芦岛上，得到了历练，我的心性更加坚定，眼界更加宽广。而在蔡先生的教导下，我的植物学研究生涯更加开阔明朗。如今，站在园中，目光所至之处皆是生机勃勃，今日与当初相比真是沧海桑田，像换了人间一样。

开中国民族植物研究先河

（问）后来是什么让您开始对中国民族植物研究感兴趣的？

裴盛基：由于长期在边疆民族地区工作和生活，我发现民间有着丰富的乡土传统知识，那些都是书本上找不到的知识，吃的、穿的、用的、做药的植物，它们都有着当地的名字和故事，而书上却无记载，这在我从事的野外考察工作中常常碰到，这对我产生了极大的吸引力。

我是四川人，对中药治病功效从小就有认识，到云南做了几十年的调查，我知道云南的各个民族都有很多神奇的药，这些神奇的药非常令人难以解释，甚至在科学书籍里也找不到解答。

所以，我觉得云南的各个民族有很多与植物打交道的智慧，这些智慧是祖祖辈辈积累的，一代传一代流传下来的。目前，有些传统和智慧在科学上还不能完整解读。这些智慧有很多已经或者就要失传了，千百万年的智慧在我们这一代将要消失，我觉得太可惜了，所以，我们有责任去保护它，必须把它们继续传承下来。所以，我踏上了民族植物学研究之路。

（问）请您给我们讲一讲什么是民族植物学。

裴盛基：民族植物学是门什么学科呢？它是专门研究传统植物学知识的一门科学，它对我有吸引力不仅仅是因为它内容丰富、有趣和知识形态多样，更重要的是它贴近草根社会实际

1982年，裴盛基（中）在西双版纳傣族自治州勐海县勐混镇玉佛寺和佛寺傣医都比讨论贝叶经中记载的傣药

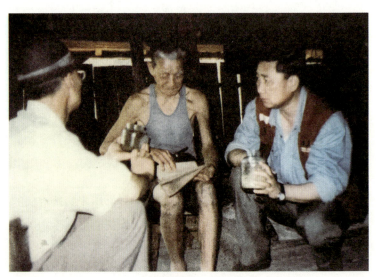

1986年，裴盛基（右一）在西双版纳傣族自治州访问傣医波岩扁

生活，具有实用性。我发现当时国计民生所需要的很多植物新资源，它就蕴藏在民族植物学的知识宝库里，所以，我决定深入这个领域去一探究竟。

美国是民族植物学的发祥地，1983年，我到美国学习了两年民族植物学，时间虽短，但收获很大，美国几大名校名师我都请教过，如哈佛大学的民族植物研究开创者肖特士教授、密执安大学的福特教授、夏威夷大学的阿伯特教授等，我觉得这两年学到的知识够我用一辈子的，当然，在今后的工作当中还要不断地学习提高。

我觉得民族植物学这个学科是研究各个民族历经千年积淀下来的传统智慧的一个科学，它包含着人类关于自然、关于自然界植物的各种知识，这些知识有的有文字记载，比如我们的《本草纲目》《滇南本草》等典籍，但由于我们少数民族有很多没有语言文字，它靠口口相传一代一代传下来，这些知识和智慧需要我们用文字记载下来，进行科学解读。

问 作为中国民族植物学的开辟者，您最初的目标或者梦想是什么？

裴盛基：我在中国开辟民族植物学这个学科的时候，我觉得第一件事情先要把我们云南25个少数民族的传统智慧用文字记载下来，这个记载不是原模原样地记录，而是要利用科学的一套方法，我在美国两年的学习派上了用处，并可以按照我们自己的方法来使用它。

1984年，裴盛基（右）和美国著名民族植物学家福特（Richard Ford）在华盛顿大学校园合影

1984年，裴盛基（右）在美国哈佛大学访学期间与国际著名热带雨林专家、哈佛阿诺得树木园园长阿希顿（Peter Ashiton）教授合影

"民族植物学的根在中国。"这句话出自美国著名的民族植物学者福特教授1987年应邀来华讲学时的精彩发言。这句话对新生的中国民族植物学、对我都是极大的鼓励和鞭策。1987年，在中国科学院领导的支持下，成立了我国第一个民族植物学研究室，国内一批优秀青年学子纷纷报考民族植物学研究生，开始专心学习这门刚刚起步的中国植物学新学科。当时还得到了中国当代最有影响力的植物学泰斗吴征镒院士的鼓励和支持，他多次对我说："云南这个得天独厚的地方，是你研究民族植物学的理想之地。"

民族植物学科不是只对云南的民族有用，它对全世界都有用。后来，1990年我到世界国际山地综合发展中心（ICIMOD）去工作的时候，我把这些民族植物学的研究方法同样带到了喜马拉雅周边的8个国家，我用同样的研究方法结合当地实际，和这些国家的科学家一起进行传统知识的发掘、记载和整理，并进行科学的判断，最后把它应用在生物多样性保护和社区经济发展当中，证明很管用。

从事民族植物学研究将近40年，我没有间断，一直坚持到现在。80多岁高龄了，我还在著书立说，想把自己过去几十年的经验总结出来，想把这些传承了几千年、没有文字记载的宝贵东西记下来，为历史尽到一份责任，发挥自己的一点作用。当然，我个人的作用是非常渺小的，如果能把这种精神传播给很多年轻人，那就更好了。

1992年，裴盛基（右一）在印度召开第二届国际民族植物学大会期间和大会主席、印度民族植物学会主席S.K.Jain（左三），美国著名民族植物学家福特（左二）等合影

2000年，裴盛基（右二）在英国肯特大学讲学期间和民族植物学专业研究生合影

2000年，裴盛基（左）听吴征镒先生讲解民族植物学研究的意义

希望美登木的故事一直继续

问 请您和我们讲一讲美登木的故事，据说这个故事还没有结束？

裴盛基：在植物学研究中，植物与人的关系涉及衣、食、住、行各个方面，其中，我认为最重要的关系有两个：一个是吃，一个是药。吃是保证人类能够生存下来的基础条件，药是治病救人。中国人历来注重植物药，就是中草药，中药当中90%以上是植物，所以，自古植物对人类就非常重要，人们也清楚中草药里的知识非常丰富，我们根本没有挖掘完。

在西双版纳从事植物学研究时，我研究过上千种植物药，没有对单一一种植物花那么长的时间，只有美登木，让我花了10年的时间。

问 美登木这种植物有什么不同，能让您花费10年的时间对它进行研究？

裴盛基：美登木是西双版纳的一种民族药，它是傣族民间用来消炎、消肿块的，也是一种很好的妇科用药。上个世纪（20世纪）70年代初，国外报道美国人在非洲找到一种非洲美登木，美国科学家从中找到一种抗癌物质，当时我们就接到任务，要做中国的美登木调查，当时还不知道中国有没有美登木。后来，吴征镒先生看见我从西双版纳孔明山上野外调查采到的一个标本，他鉴定这个标本为美登木，我又查了一些文献资料，还到非洲去考察研究对比了一下，跟非洲美登木很接近。后来，我们开始研究它，发现傣族民间也在用它，和非洲美登木有着相似的抗癌成分，就迅速组成一个大团队，我当时身负重任，领头进行研究，最后找到了它的抗癌成分，制成药片——美登一号口服片。

后来，得知周总理得了癌症，中央通知我们把这个药送去，我和蔡希陶先生，还有其他几个同志到了北京，把药送给了周总理，药也用了，只可惜周总理的病已经到了晚期。根据当时医生的建议，我们的药是片剂，如果能做成滴注剂就更好了，但是当时科学水平有限，最后没做出来，这也成了我深埋心底的遗憾。

美登一号口服片经过6年的临床试用，共有上千名癌症患者使用过它，没有一个中毒，而且治疗有效，可遗憾的是，它一直未能从"临床试用药"发展成国家批准的正式临床药，但是民间依然还在用。所以，我说美登木的故事还没完，这是一个没有完的故事。

我希望在我有生之年，这个故事能够还有后续出现，更希望我们的后代能够让天然药物宝库里这样一些花朵绽放出来，对人类的健康作出贡献。

1978年，裴盛基（右）与同事李延辉教授
共同鉴定美登木标本

2022年11月，裴盛基（右）和傣医波彦在诊所合影

西双版纳傣医波彦擅长用傣药美登木治病

云南植物多样性保护

问 您做民族植物研究最大的一个目标就是保护，请您谈谈云南的植物多样性保护取得了哪些成绩。

裴盛基：1992年，联合国在巴西里约热内卢召开了首届全球环境大会，各国首领共同签订了《生物多样性保护公约》，规定了生物多样性保护的一些主要任务和方法。20多年后，2016年，我有幸去参加第二次联合国环境大会，让我深深感到世界对生物多样性越来越重视了，生物多样性关乎着人类的现实生存，更关乎着人类的未来。

中国是生物多样性丰富的国家，而云南是生物多样性保护的热点地区。20世纪50年代后期，以吴征镒教授、蔡希陶教授为首的老一辈的科学家率先提出来，要进行云南自然保护区建设，到现在为止，云南的自然保护区体系已经完全建成。这个完善的生物多样性保护体系涵盖了动物、植物种类的80%以上，这是历史性的成就。

生物多样性保护实际上和云南各族人民的传统文化、传统生活方式分不开。云南有26个民族，他们生活的环境有广袤的森林，有广阔的草地，也有高原湖泊、河流，他们从事农耕生产、农业开发、森林采集，祖祖辈辈几千年以来一直这样生活，他们留给我们这么多的生物，我们能够统计出来的就有18000种植物，有几千种哺乳动物，有珍贵的金丝猴，有珍贵的望天树，这说明了什么？说明生活在云南这块土地上的26个

1989年，裴盛基在印尼茂物植物园参加东南亚植物资源志书（PROSEA）编写会议

2019年12月，裴盛基（左）在曼谷召开的国际生物多样性与景观大会上应邀作主旨演讲后，接受大会主席、泰国玛希隆大学肯且（Kanchit Thamassiri）教授赠送纪念品

2019年12月，在曼谷召开国际生物多样性与景观大会期间，裴盛基（左）与俄罗斯雅尔达植物园主任尤里·尼奇斯基院士和夫人斯弗拉娅·普鲁嘎塔博士合影

1991年，裴盛基（右二）在西双版纳傣族自治州哈尼山寨勐宋村调查时与队友和村民的合影

民族，他们在祖祖辈辈的生产生活中，已经认识并总结出了保护生物多样性的重要性，只不过他们没有提出"保护生物多样性"这样一个名词而已。在他们的文化里，已经留存着生物多样性保护这个基因，而这个基因充分反映在一些具体现象上。

比如，我们走进西双版纳的热带雨林，到处都可以见到一种树叫铁刀木。我们知道西双版纳有5000余种高等植物，木本植物也有2000余种，其中，铁刀木是最引人注目的，因为它的数量最多，现在统计还有约200万株。在傣族的传统文化里，热带雨林是他们的家园，但他们砍木材盖房、煮饭生火，长时间砍伐会让热带雨林受到破坏，可唯独发现铁刀木这种树可以通过人工种植，不断砍不断长，越砍越旺。所以，他们定下一个规矩，每个家庭生一个小孩就要种25株铁刀木，而且是利用周边的荒地、坡地、边角地来种植，就这样，傣族祖祖辈辈种植，保护了它，也保护了热带雨林，所以把铁刀木称为"热带雨林的卫士"。

另外一个例子是，在西双版纳，我们可以看见每一个傣族村寨、哈尼族村寨和布朗族山寨旁边都有一片森林，这个森林就位于村寨旁边的山上，他们认为这个森林是他们的神山竜山，后来我们把这种神山叫作"自然圣境"，也就是"自然圣境文化"。

其实我们中国的生态文明是有历史根源的，它体现了人与自然和谐共生的理念。所以，我们在保护生物多样性的时候，要充分用好我们的民族传统文化。从科学的角度来讲，生物多样性保护有三种方式：第一种叫就地保护或栖息地保护，第二种形式叫迁地保护，第三种是建立种子资源库。

世界上的生物物种是互为依存和相互制约的，人在其中也不例外，我们保护生物物种，就是保护遗传多样性，同时也保护了我们的民族文化，这样，人类生存发展才能得到保证，这个就是人类生存的根本之道。

《生物多样性公约》有三大目标：第一就是保护生物多样性，第二是生物多样性资源的可持续利用，第三是生物多样性资源惠益的公平分享。我想我们在云南、在中国这块土地上，正在朝着这个方向努力，而且取得了一些很好的成效。

从事科学研究的三种基本精神

问 您从事科学研究60多年，目前还在继续工作，您觉得让您坚持下去的最重要的是什么？

裴盛基：从事科学研究60多年了，我觉得有三个基本精神是不可缺少的：第一个是热爱科学事业，第二个是精神力量的支持，第三是坚韧不拔的精神。三者结合在一起才能够做出一点事情来。我来云南的这60多年当中，体会最深的就是要树立对大自然的热爱和兴趣，有了这种热爱和兴趣，再加上坚韧不拔的精神，那就没有克服不了的困难。

当初，我们工作不是一个人闯天下，是这个伟大时代，由党和政府给我们提供一个机会、一个平台、一个团队，到了植物研究所以后和团队从事野外工作，我觉得有很多乐趣，但也有很多困难，甚至还有危险。

给年轻人的话

问 作为一位科学家，您觉得做科研最难的是什么？您想对年轻人说点什么？

裴盛基：我想对年轻人说的最重要的一点是，不要把自己的兴趣和追求放在眼前的利益上。当然有时候社会是现实的，我们现在的年轻人会碰到很多问题，虽然受了良好的教育，很多人拿了博士学位，会争取下一个机会，会考虑自己的职称晋升，会考虑养家糊口，会进行同行、同事和同学之间的攀比，这是一些利益问题，不考虑也不行，但是，考虑的时候我觉得要适当把握分寸，不要因此放弃自己对科学的追求。

我觉得人生追求的是事业的成功和对社会的贡献，最终，社会对你的评价还是看你对社会所作的贡献、你在事业上所做出的成绩，并不看你获得多少利益，而是看你付出多少。

还是那句话，不要急功近利，人生需要有追求，还需要有精神支柱，这很重要。

从历史角度看，我们每个人都是历史长河中的一滴水，这一滴水在流淌的过程中，还能够留下一点痕迹，能够实现自己的一些愿望，对社会做一些有益的事情。从我老师那里，从书本上，从先辈的科学家、从云南各个民族老百姓、从国外的其他地方学到的智慧和知识，要报答他们，回馈他们。

现在，我80多岁了，还在西双版纳从事社区保护（工作），在丽江从事药用植物保护（工作），有时在东南亚从事传统医药保护合作，我希望能够把我们的祖先留下的宝贵财富传承下去，也需要年轻人共同参与，一起把这个事情做得更好。

裴盛基教授签名

2020. 12. 18.

叶智彰

○────────────────

中国科学院昆明动物研究所研究员
灵长类研究专家

叶智彰，男，1931年生，广东梅县人。

1947—1953年，就读于广东梅县东山中学。

1953年，考入广州华南医学院（该学院后改名为中山大学医学院，现在重新并回中山大学）。

1958年大学毕业后，为支援边疆建设，从广州来到昆明，进入中国科学院昆明动物研究所工作。同年，赴北京学习放射性同位素内外照射技术。

1959年回到昆明，开始研究辐射遗传课题，建立我国唯一专门从事灵长类生物学研究的实验基地。

1960—1980年，从事放射生物学、抗辐射药物的防护作用、灵长类形态学、细胞遗传学、蛇伤防治、蛇毒毒素利用等方面研究。

1980年，昆明动物研究所第五研究室即灵长类生物学研究室正式成立，在灵长类学研究室专门从事灵长类形态与进化研究，直至1993年退休。

自工作以来，参加过包括中苏两国科技合作课题、国家十年科学规划课题、国防科研课题、中国科学院自然科学基金课题、国家自然科学基金课题、灵长类学联合实验室基金课题等21个课题的研究，并担任其中12个课题的负责人。

在35年的科研生涯中，与科研合作者一起出版了5部科学专著，其中3部为第一作者，另外2部为第二作者，5部专著均为科学出版社和云南科技出版社出版。

在国外发表研究论文120余篇，其中第一作者37篇，占发表总数的三分之一，并将全部120余篇研究论文汇编成《叶智彰论文集》。

获各级科研成果奖27项，包括国家级和院、省级科技成果奖17项，其中全国优秀科技图书奖二等奖1项、国家发明奖三等奖1项、云南省科学技术奖一等奖1项和二等奖1项，以及中国科学院自然科学奖二等奖2项。

1990年，获得"云南省有突出贡献优秀专业技术人才"一等奖。

1992年，领导灵长类形态学学科组获得了"云南省先进班组"和"全国先进班组"称号，并获全国五一劳动奖状。

享受国务院颁发的政府特殊津贴待遇，并入选云南省人事厅主编的《云南百名科技英才》一书。2001年，母校主动为其申报并获得了第二届广东柯麟医学奖。

为支援边疆，从广州来到昆明

问 请您给我们介绍一下您的家乡，还有您父母的情况。

叶智彰：我是广东梅县人，现在叫梅州市梅江区，在粤东，我出生于1931年。梅县读书风气非常好，全国以读书风气好闻名的有两个地方，一个是浙江绍兴，一个就是广东梅县，读书人特别多。我的家乡是山区，读书才有出路，也有很多人愿意出国去谋生。我父亲、二哥都在国外谋生，我妈妈，还有一个哥、一个弟弟，就在国内。我妈妈是农民，土地不够，就靠我哥哥、爸爸在国外谋生寄点钱回来。我们家的生活基本上还是过得去，但也不是特别好。

我在比较有名的中学——广东梅县东山中学读书。1947年进去，读了6年，到1953年刚好碰上统考，上大学读书不要钱，如果是要钱的可能还是读不起。我考到了广州，当时叫华南医学院，是中山大学医学院分出来的，后面又改名为中山大学医学院，现在又重新并回中山大学。

问 当时您是怎么从广州来到昆明的？

叶智彰：我为什么从广东到云南来？因为当时毕业的时候号召大家来支援云南、广西这种比较缺人才的地方。我是自愿报名来的，参加边疆建设。

168

1958年的叶智彰

1959年，叶智彰（左一）在北京

問 您当时来到昆明,看到昆明是什么样子的?

叶智彰:来到昆明以后,我们住在正义路,那时是昆明最繁华的地方,但完全是泥巴墙、木头房子,两边街道的房子都非常简单,房顶也是瓦的,而且因为昆明雨水比较充足,瓦上全部都长了草。主要的街道都是这样,我们走过的地方也就是南屏街稍微像样一点,所以我当时就想,昆明还比不上我们的梅县县城,因为我们那是侨乡,建设得比较好。

问 您到单位后就去北京学习了,请您介绍一下在北京学习的经历。

叶智彰:来昆明以后,大部分人被分到基层医疗单位去了,直到中国科学院说要找两个人搞科研,才让我们参加。我们到中国科学院云南分院(现名中国科学院昆明分院)报到时,我说我们是要当医生的,怎么做科研?当时的主任就跟我讲,我们是做跟医学有关的研究,所在单位叫中国科学院生物物理研究所昆明工作站。我说那我们去看看吧,主任说现在还没建好,先派你们到北京去学习。

先是到了北京协和医院,让我们参加放射性同位素学习班,系统学一遍基础理论。当时这个学科中国没有,协和医院也是刚开展,学完以后,就让我们在协和医院里边的放射性同位素研究实验室学习内照射,又让我们到北京医学院(今北京大学医学部)附属医院学习外照射。大概在北京学习了半年以后,6月份回到昆明。回来以后,房子很快就建好了,单位让我们赶快准备,因为苏联专家要来,我们要开展工作了。

口述云南
科学家系列

叶智彰

在条件艰苦的花红洞坚持了35年

问 当时单位为什么会选择建在花红洞呢？

叶智彰：建立中国科学院生物物理研究所昆明工作站，是为了当时的中苏科技合作项目建立的。来选址的是生物物理所人事处处长、中国科学院遗传研究所的一个研究员，还有一个北京大学生物学的老师，三个人带着一个苏联专家来的。这个选址他们当时想的是建立在滇池边的风景区里，但因为这个合作项目做的课题是研究放射物质对人的影响，不光是对现在的人类的影响，而是对一代一代的影响。与省里面有关审批部门沟通的时候，审批部门一听说是搞放射遗传的，就强调甚至不能在昆明建址，建议到富民去。当时分院的刘院长就到富民去找了，但也不太好。后面就提出最终的办法，就是让我们到山上找一个合适的地方，所以就选择了昆明西郊的花红洞。

在昆明西郊花红洞的艰辛创业路

1961年初，位于昆明西郊玉案山花红洞的昆明工作站

叶智彰与爱人的结婚照（1960年）

问 您去到单位之后看到单位是什么样子的？

叶智彰：从北京学习回来以后，单位说要我抓紧筹备。当时，在花红洞，猴房、宿舍和实验室都盖好了，我和金安礼把实验要用的第一批猴子运上山去。但是实验室是空的，所以我参与设计了实验室的实验台、实验柜，我们自己采购了试剂、显微镜、高级照相机这些仪器设备从北京直接运过来。可以说，我是动物研究所的创立者之一。虽然现在说动物研究所是1959年创建的，但实际上架子在1958年已经搭好了，1958年9月份之前是筹备实验室，到了9月份就开始正式工作了。

问 这35年工作的时间都在花红洞，生活条件艰苦，是什么让您坚持了下来？

叶智彰：我怎么可以在花红洞坚持35年？一是因为知道这边条件要艰苦得多，思想上有一定准备。二是因为家庭。我当时的女朋友在中山医学院的附属医院工作，我一毕业就分到这边来，她也没阻止我。但是来了以后面临一个问题，就是我们怎么办？解决方法只有两个，不是我回去，就是她过来，但是她们医院那边不肯把她调过来，说可以下调函把我调回去。那怎么办？那我先回去结婚吧，先成家以后再说。回去后刚好碰到一个同学，就问说你们两个调在一起了吗？我说不是，我只是回来结婚，广州这边要我回来，昆明那边不肯放。我那个同学就说他有办法，他认识一个广东人在昆明医学院附属医院，想调回广东去，我同学说要么就一个换一个，让那位在昆明医学院的人和我爱人对调。最后通过这样的方式把我爱人调过来了。

　　这么艰苦怎么过来的？我爱人说，如果我知道这么艰苦，我就不会来了。我爱人她完全是为了我过来的。我家在城里，工作在山上，当时是星期六晚上走下山来，到黑林铺坐公交车回家去，星期天傍晚又从城里坐公交车到黑林铺，爬山回去，可以说是相当艰苦。而且碰上下雨天，山下还没有公交车进城。就这样坚持了4年时间。过了4年，单位有了班车，有一部卡车、一部客车，因为很多人的家都在山下面的昆明城，不在花红洞。就这么艰苦地过来了。

　　其实我是有条件回去的，我一个同学调回去了，调到老年医学研究所，他写信给我说，我找哪个同学也是可以申请调回去的。但我考虑我做这个研究已经很长时间了，如果为了生活方便一点，那专业上肯定要从头开始，我一回去就要转专业，因为我学的是医学，广州有几个研究所，但是我的专业对不上号，不是搞我这套研究的，没有我这个专业。所以我就没考虑调回去，在花红洞坚持到底。

曾有多个研究方向，最终专攻灵长类研究

问 您来到单位以后主要从事了哪些工作呢？跟随哪位老师开展的？

叶智彰：我到了单位之后，跟一男一女两位原苏联专家一起工作，他们都是副研究员。从北京一同前来的还有遗传所的一名副研究员和一名翻译，云南分院也派出了一名翻译。研究课题是药物对放射物质的保护作用，就是半胱氨酸这种化学物质对血液系统、生殖系统的保护作用。当时分为两个组，女专家是做血液系统的，我参加这个组的工作；其他一部分人参与男专家的药物对生殖系统的保护作用的课题。实验器材都是我们做的，文章在苏联发表。

我们是中苏合作项目，但1960年初原苏联专家回国了，我们就做一些养猴子、治猴病等基础科研工作。当时猴子有生病的，但发现得又不及时，而且我们没有条件，怎么办？我是学医的，就跟省防疫站联系，到那边做实验，看猴子为什么得这个病。

这样持续了一段时间后，碰上了国家的科研战线调整。当时中国科学院生物物理研究所决定把昆明工作站的人员跟设备全部撤回去，但云南分院不愿意让科研人员和设备都撤走，所以云南分院副院长刘希玲带头到北京去，跟生物物理研究所谈判。时任副所长的康子文出面，坚持要撤出去，这边就开展谈判工作了，提出的条件是保证原来的研究方向不变，让生物物

原苏联专家阿尔辛尼娃和叶智彰（左）合影

灵长类形态学——（左起）叶智彰、王红、彭燕章在讨论工作。

（左起）叶智彰与王红、彭燕章在讨论工作

理研究所昆明工作站不要撤出去。谈判后，生物物理研究所昆明工作站就决定留下来，留下来和动物研究所合并在一起，刚好动物研究所还没有所址，只在云南分院有个办公室。所以，云南分院就决定将两所合并，把动物研究所搬到花红洞去。这样，工作问题也解决了，所址问题也解决了。

两所合并以后，原来的生物物理研究所昆明工作站就变成了一个研究室，叫二室，我就在二室；原来的动物研究所研究脊椎动物区系分类的变成一个研究室，叫一室，一室全都在研究脊椎动物分类那一套，省里面很重视。

我做的研究跟生物物理有关系，后来和院长反映，要加强这个研究室，所以从北京大学、复旦大学、南京大学这些重点大学引进了一批有关专业的人才，加强遗传基因研究，我们第二个所长是院士，就是从复旦大学生物学遗传专业毕业的。因为我们多了一批人，所以研究能力更强。动物研究所还是以研究脊椎动物为主，这一次就发展得比较快，都是因为之前动物研究所进行了一点一滴的工作。

我们主要是以猴子为实验对象的，原来是做辐射遗传的，后面不做了，但是这两个课题还是连在一起的。后面我就做了分子遗传研究，现在研究分子人类学。这条路可以说是在后期得到了大发展，但是在中间曾经有波折，有一段时间，除了遗传方面的研究，我还要做一些蛇伤防治、蛇毒毒素利用等方面的工作。

最初，有一部分人研究辐射遗传，包括我在内的一部分人研究灵长类形态与进化，跟中国科学院古脊椎动物与古人类研究所合作。当时的所长是院士，他的研究生是医学院毕业的。我们两方合作，先做长臂猿的形态研究，我主要是跟他一起做形态与进化的研究。他们要来这边，因为这边才有灵长类标本，我们还自己去西双版纳采了长臂猿的标本。

问 请您给我们介绍一下您所从事的专业研究，以及取得的科研成果。

叶智彰：1978年，在北京召开了全国科学大会，迎来了科学的春天，那个时候大家的工作基本上都稳定下来了。从1978年一直到退休，我研究的都是灵长类的进化。1980年，第五研究室即灵长类生物学研究室正式成立，把从事有关灵长类研究的课题组集中在一起，这是研究内容开展得最早而作为室建制成立得最晚的研究室。此后，我就在灵长类生物学研究室专门从事灵长类形态与进化研究，直至1993年退休，并担任了一届研究室副主任。

1980年，第五研究室即灵长类生物学研究室正式成立

灵长类生物学研究室成立以后，各室的研究方向更明确了，即一室从事脊椎动物区系分类研究，二室从事细胞和分子遗传研究，三室从事昆虫研究，四室从事动物毒素研究，五室从事灵长类研究。二室和五室是在最早落脚红花洞的原中国科学院生物物理研究所昆明工作站的基础上发展起来的，成了昆明动物研究所的主要研究部分。这两个研究室出了三位中国科学院院士，即二室的施立明院士、张亚平院士和五室的季维智院士。

在我35年的工作时间中，前半段时间出的成果稍微少一点，但是到了后半段，已经到了科学的春天，国家支持力度更大，科研环境不一样，可以真正专心做学问了，所以就有了更多的成果。

我参加过21个课题的研究，包括中苏两国科技合作课题、国家十年科学规划课题、国防科研课题、中国科学院自然科学基金课题、国家自然科学基金课题、灵长类学联合实验室基金课题和一些自选课题。在这些研究课题中，由我本人担任课题负责人的有12项。做过的课题有灵长类生物学研究、猕猴血象和骨髓象的研究、半胱胺酸药物对猕猴的辐射防护作用研究、长臂猿形态学研究、猕猴形态学研究、我国三种金丝猴的比较形态学研究、金丝猴生物学特性的研究、叶猴比较形态学研究、滇金丝猴骨骼功能形态学研究等。

这35年来，我本人与科研合作者一起，共出版了5部科学专著，其中3部本人为第一作者，另2部本人为第二作者；在国外发表了研究论文120余篇，其中本人为第一作者的有37篇，占发表总数的三分之一，并将全部120余篇研究论文汇编成《叶智彰论文集》。论文集收存于本所图书馆、业务处、人事处和科技档案室。5部专著均为科学出版社和云南科技出版社出版的，本所图书馆均有藏书。获各级科研成果奖27项，包括国家级和院、省级科技成果奖17项，其中全国优秀科技图书奖二等奖1项、国家发明奖三等奖1项、云南省科学技术奖一等奖1项和二等奖1项，以及中国科学院自然科学奖二等奖2项，获奖证书均由科技档案室统一保存。培养了5名硕士研究生，还应中国科学院古脊椎动物与古人类研究所之聘，协助该所吴新智院士培养了一名博士研究生。

叶智彰著作

由于出版和发表了上述系列论著，并获得了上述一批科技成果奖，在1990年，我获得了"云南省有突出贡献优秀专业技术人才"一等奖。1992年，我领导灵长类形态学学科组获得了"云南省先进班组"和"全国先进班组"称号，并获全国五一劳动奖状。享受国务院颁发的政府特殊津贴待遇。还入选了云南省人事厅主编的《云南百名科技英才》一书。在1995年，昆明国际贸易中心举办了"国家科委、中国科学院、云南省政府1995年科技成果暨新技术新产品展览会"，我本人的大幅彩色照片出现在展览大厅里，并对成就和贡献做了文字介绍，使我感到我的工作得到了国家科委、中国科学院和云南省政府的肯定。业绩已被录入国家科委、中国科学院和云南省科技专家数据库。2001年，我的母校中山医科大学了解我的工作成就后，主动为我申报并获得了"第二届广东柯麟医学奖"。

叶智彰所获的部分荣誉

一生专注灵长类研究

问 您最专注的一项研究是什么呢？

叶智彰：最专注的，那就是灵长类研究，现在叫作灵长类的形态进化研究，包括我写的5本书和几十篇论文都是这个研究方面的。

问 您的科研成果和生物多样性保护之间有没有什么重要的关系？

叶智彰：肯定有关系。几十年前，我们当时的所长施立明就给我们做过生物多样性保护方面的报告，那时候做这个报告，我们还觉得有新意。当时我们去西双版纳采标本，还是要上面批准的，要到省科委写证明、公函，再拿到当地的县上去。当时我就感觉云南在做生物保护这方面的工作。

当时有些人会买枪打野生动物，我就说太可惜了，怎么不禁止？后来云南逐渐强调保护，制定了很多保护措施。20世纪五六十年代，山林一片片被破坏得很厉害，但加强保护之后，现在看到的一片一片山林根本就没有那种火烧、砍伐的痕迹。所以，生物多样性保护不是现在提出来的，是几十年来逐步完善的。

猴子、长臂猿都是研究灵长类形态进化的对象，但当年有一段时间，也是猎人打猎的对象。后来，一而再、再而三地强调不准打这些动物。所以我们看到猴子、长臂猿种群建设比较快，比较理想，又繁殖起来了。有时候大学同学的微信群里会说动物是不是保护得不好啊什么的，我说你不清楚，我在云南，这方面做得真的不错，特别是在灵长类动物保护方面，做得比较好。所以人们才会发现了三种金丝猴，首先就是滇金丝猴，此外还有川金丝猴、黔金丝猴。在生物多样性保护方面，云南是禁止砍伐森林的，是从源头上来保护的。所以在云南召开全世界的生物多样性保护会议，是有一定的道理的。云南现在在这方面还是走在前面的，做了不少工作，比较成功。

我刚刚强调为什么来这儿呢？主要是因为云南是"动物王国""植物王国"。所以你看，为什么有两个动物研究所呢？北京一个、昆明一个。云南生物必然是很多的。首先是山很多，有的在西双版纳这种热的地方，有的在昭通那种冷的地方，横向跨度很大。其次是山高矮不一，纵向差距也非常大。有时候我们去野外考察，很长时间都在爬一个山。比如说在横断山脉里的高黎贡山，在怒江那边，我走过很多地方。所以，云南的地理位置决定了它的生物资源是极为丰富的，热带、温带、寒带都有，所以这个生物资源特别丰富。还有就是我们保护得比较好，有一点示范作用，让全世界的人都来看看我们保护得怎么样，所以我认为生物多样性大会在这里召开还是很有道理、很有吸引力的。特别是对于我们灵长类的动物研究来说，要知道长臂猿有白颊长臂猿、黑冠长臂猿等几种，猴子又有猕猴、叶猴等几种。我们实验室养了好几种猴子，我是主要搞实验室工作的，有好些人是在野外做研究的，研究灵长类野外行为、野外生态什么的。这方面保护得不错，他们在野外比较容易接触到这些动物。

年轻的科研工作者很有奋斗精神，研究水平更高

问 您对现在年轻的科研人员有什么忠告，或者是对他们有什么鼓励的话？

叶智彰：我退休之前，中国科学院就说，以后进人必须有博士学位，要求提高了。而且很多留得下来的人，都是很有事业心的。有一段时间，我出来散步的时候看到晚上整个实验室都亮着灯，12点都还是亮的，这些年轻人的奋斗精神，真是深深感动了我。这些人对学科研究精细了，晚上不休息，很有奋斗精神，所以奠定了出成果的基础，如果懒懒散散的话，就做不出来。所以我们老一辈人很感动的就是这一批年轻人，在学校也好，开始工作也好，晚上都在加班加点，都在努力奋斗。总的来看，竞争机制肯定能使得学科的高精尖人才留下来。所以，动物研究所是人才济济。这样强的竞争意识，是动物研究所这些年发展这么快，而且排名不断往上升的重要原因。

我退休快30年了，我那时候的水平跟现在的水平不一样。我们那时候是比较基础的，人家就说中国科学院是科研战线上的国家队。早期成立的时候，院长都是鼓励我们打好基础，强调不要好高骛远，要打好基础，往高精尖发展。我们那个时候的水平还是比较低，看到新人，领导强调的就是要扎扎实实打好基础。但现在不仅是中国，全世界的发展，科学世界的发展是相当快的，人类已经进入大飞跃时期。在这个基础上，就会更进一层，研究水平跟以前也不能比。

问 您看到现在祖国日新月异，您有什么感想？

叶智彰：近年来由于国家的强盛，我们享受到了退休后30年安稳的晚年生活。在事业上和家庭上，我们一家都算是成功的。我在研究员、研究生导师和课题负责人岗位上退下来，我爱人则在昆明医科大学第一附属医院门诊部主任的岗位上退下来。全家共9口人，全部具有大学以上学历，其中有2位医学博士和4位硕士；有5位有高级职称，3位有中级职称，2位博士也即将破格提为副高级职称。我是1931年"九一八"事变后第三天出生的，我的一生与祖国的兴衰连在一起。我祝愿祖国更加繁荣昌盛！

叶智彰（前排右二）全家福（摄于2023年春节）

叶智彰教授签名

叶智彰

2021.7.23

侯先光

云南大学特聘教授
古生物学家
云南省古生物研究重点实验室原主任

侯先光，男，汉族，江苏丰县人，九三学社社员，博士，研究员，博士生导师。古生物学家，世界自然遗产云南"澄江化石群"的发现者和研究奠基人；云南大学特聘教授；云南省古生物研究重点实验室原主任；云南省"科技领军人才"。获1997年中国科学院有突出贡献的中青年专家；1999年国务院颁发的政府特殊津贴；2003年国家自然科学奖一等奖；2004年国家"五一劳动奖章"、何梁何利基金科学与技术进步奖；2005年全国先进工作者；2006年首届兴滇人才奖；2011年云南省自然科学特等奖；2012年云南省科学技术杰出贡献奖等重要奖项和光荣称号。

1949年3月出生。

1962年9月—1968年7月，就读于江苏徐州市第一中学初中、高中。

1969年12月—1973年8月，任职于江苏生产建设兵团如东棉场。

1973年9月—1977年2月，就读于南京大学地质系并获学士学位。

1977年2月—1978年8月，任南京大学地质系教师。

1978年9月—1981年9月，就读于中国科学院南京地质古生物研究所并获硕士学位。

1981年9月—1990年9月，任中国科学院南京地质古生物研究所实习研究员、助理研究员。

1990年9月—1998年8月，任瑞典国家自然历史博物馆访问学者。

1992年5月—1997年5月，任瑞典乌普萨拉大学古生物系理学博士（1994年晋升为研究员）。

1995年6月—1995年12月，任英国莱斯特大学地质系访问学者。

1997年9月—2000年8月，任中国科学院南京地质古生物研究所研究员。

2006—2010年，任国际古生物学会副主席。

2000年8月至今，任云南大学古生物研究院、云南省古生物研究重点实验室研究员。

1984年7月，经过长期艰苦、细致的野外工作，侯先光在云南省澄江县（现澄江市）帽天山寒武纪早期（约5.18亿年前）地层内发现了闻名于世的澄江化石群。该化石群的发现被世界科学界称为"二十世纪最惊人的发现之一"，世界科学家评价该化石群"永远是科学的大厦"，为早期生命科学研究开辟了一个重要的创新性研究领域。2009年10月，该发现被我国科学家遴选为新中国科技60周年60大科技成果之一。

发现澄江化石群后，侯先光每年都在云南做大量野外工作，开辟了一些澄江化石群新地点并做了详细的挖掘工作，极大地扩大了澄江化石群的分布范围，采集了上万块具有重要科学价值的保存软躯体化石标本。这些早期艰苦的工作，为全面、系统研究澄江化石群奠定了坚实基础。

作为发现者和早期艰苦工作的开辟者，侯先光教授对澄江化石群进行了全面、系统的研究，描述并发表了澄江化石群中大多数动物新属种，把发现该化石群所引起的国际轰动进一步提高到科学理论的认识水平。他发表有关澄江化石群的文章100余篇，出版专著5部，其中在国外出版英文专著4部，发表的澄江化石群的研究专著被外国专家在*Nature*（《自然》）、*Science*（《科学》）等十多家国际刊物上发表书评，向世界加以介绍和推荐，使澄江化石群在国际上产生了重大影响。

他的这一系列工作，使科学界对澄江化石群的科学意义、寒武纪生命大爆发有了一个较为全新和全面的认识，为全面揭示澄江化石群的科学意义和寒武纪生命大爆发特征作出了重要贡献。最古老的澄江化石群的发现，对重新认识寒武纪生命大爆发和各动物门类的起源与演化理论有着极为重要的意义。因此，2002年5月28日，江泽民同志在"中国科学院第十一次院士大会和中国工程院第六次院士大会上的讲话"中，特别列举了云南澄江化石群的发现是我国基础科学研究领域中令人瞩目的重大成果之一。侯先光教授积极协助玉溪市市委、市政府申报世界自然遗产，2012年7月，澄江化石群被成功列入"世界自然遗产名录"，他因此受到了玉溪市委、市政府嘉奖和表彰。

从南京到昆明采集化石标本

（问）当时您从江苏南京到云南澄江来采集化石标本，是基于什么考虑？

侯先光：基于我的研究任务需要。我是1981年硕士毕业后留在中国科学院南京地质古生物研究所工作的。我们做化石研究的必须去野外，没有化石研究就等于无米之炊，采集化石标本是我们研究的基础，必须做的工作。

对于我们这些研究人员来说，虽然这么多地方没去过，但我们所研究的化石在世界各地的分布，通过看文献，我们还是很清楚的，所以到哪里去，不是盲目的，都是有计划地进行。

当时云南昆明地区的地质古生物已有很长的研究历史，西南联大地质地理气象学系和中山大学地质系都有专门从事古生物研究的科学家，他们主要在昆明和澄江进行野外工作。云南澄江、昆明地区寒武纪地层，在我来的时候，在古生物学界和地质学界已经被认为是研究最详细的地区之一，在国际上是寒武纪早期地层对比的标准地区之一。所以之前就已经有很多人来该地区做研究工作、采集化石，已经研究得很清楚了。我所在的中国科学院南京地质古生物研究所，有的研究者很早就在这里做过工作。

1980年10月，我参加了中国科学院南京地质古生物研究所西南地区前寒武纪/寒武纪界线研究组的西南地区野外工作。1980年12月18日至28日，我在著名的昆明筇竹寺剖面工作了11天。当时任中国科学院南京地质古生物研究所副所长的卢衍豪先生在1938年至1941年期间是西南联大的助教。在昆明期间，他研究了昆明筇竹寺剖面并命名了寒武纪早期地层筇竹寺组、沧浪铺组和龙王庙组，成为西南地区寒武纪地层的层型剖面，研究文章发表在1941年。

1984年，我已经留在南京地质古生物研究所工作了两年多，根据研究工作的需要，我拿着单位的介绍信只身来到了云南采集化石。这是我第二次来云南野外，我首先到了昆明。

到昆明之后，我住在东风巷的云南省地质局招待所，招待所有食堂。我到昆明后的第一站是去晋宁磷矿。1980年12月，我曾在晋宁磷矿工作过两天，因为昆明筇竹寺剖面是寒武纪早期的一个层型剖面，之后野外工作我就转移到了昆明筇竹寺。因为1980年到晋宁磷矿没有详细工作，这次来我就想做详细的化石采集工作，于是第二天一早我就乘坐长途班车去了晋宁磷矿工作。

我在来云南之前，对野外工作怀有很大的希望，因为这是我参加工作以来第一次根据自己的研究任务出差来云南，这直接关系到我未来的研究生涯，任务重、压力大。我们做化石研究工作的，如果采不到所研究的化石，那么后续的研究工作就无法进行。所以在云南期间，我的思想都是绷得很紧的，我每天的工作都安排得非常饱满而紧张，丝毫不敢怠慢。

如何采集化石

问 请问您采集化石的工作主要是怎么进行的?

侯先光:到达每一个新的工作地点进行野外工作的开始阶段,因为没有来过,只是从文献里知道一些地名、山头的名字,也并不熟悉该地区的地貌地质情况,所以要先花很多时间踏勘,靠两条腿漫山遍野跑去寻找一个好的工作地点。这个过程一般得花两三天的时间,这个地点要符合我们从事野外工作的专业标准。我们是与石头打交道的,是采集化石的,化石保存在石头里面,所以我们在野外感兴趣的就是石头,看到哪儿的石头暴露得多,无论远近、有没有路,就一定要走过去看个究竟。如果树林茂密,或者到处是庄稼,我们一般不去——看不到石头我们就没法工作。如果局部石头裸露得多,也不一定符合我们从事野外工作的专业标准,野外工作也不一定就选择在这个地方,还要对比裸露的地层是否出路完整。

确定工作地点之后,我就雇请农民工来帮忙挖石头,他逐层逐层地挖石头,我则把挖出的石头劈开,寻找化石。拿起一块石头,不是一榔头就能劈开的,往往要挥动许多次才能把它劈开。那时,我和农民工每天早上7点多上山,至下午6点下山,一(整)天在山上风吹日晒,在山上待的时间差不多有10个小时,我们自带午饭在山上吃。我们在山上用一二十分钟的时间分别吃完自己所带的午饭,就又投入到这些重复的工作中。农民工通常带的是米饭加上两块豆腐乳,我带的则是在食堂买的馒头和一点儿咸菜。山上寂静无声，只有农民工沉闷的大镐挖石头和我用小榔头劈石头的声音。我们每天要挖、劈开大量的石头。劈到化石，哪些化石扔掉，哪些化石要包好带走，劈开石头看到化石的一刹那，我就会有一个基本判断。所以在山上工作是很紧张的，我们每天能背回来的化石不多。具有研究价值的，我就立即用笔在石头上写上代表地点、层序的编号和采集时间，然后用少许棉花垫在化石上，再用纸包好，没有研究价值的就随手丢弃了。另外，我在山上就要在笔记本上详细记录我们每天野外工作的具体情况，包括绘地形图、绘剖面图、详细记录采集的化石及绘化石草图、所采集的化石层位等，拉皮尺测量所挖化石的山坡距离、用罗盘测量地层的倾角和走向等，这些都是以后撰写科学论文最基本、最翔实的野外资料。

每天下班后，农民工用背篓背回所有包装好的标本，晚饭后我做整理，将标本放入事先订做的木箱里，木箱的底、顶都要铺上一层稻草。之后我用事先买好的工具装订，写上收货人姓名、地址和发货地址，用铁丝捆扎牢固，雇佣马车拉到汽车站，随车先拉到昆明，再雇车拉到地质局招待所寄存。云南几个地点的野外工作都结束了，我雇车把所有箱子都拉到昆明火车站货物托运处去托运，这次的野外工作就算结束了。标本托运完了，我就立即购买火车票返回。

一锤劈开寒武纪生命大爆发时期保存的软躯体化石

问 我们知道，您是在1984年7月1日发现澄江化石群的，当时发现的过程是怎样的？您是什么心情？

侯先光：这些我都有日记记载，当时我有写日记的习惯，什么时候从南京动身，几号来到昆明，每天做了什么，都有日记记载。当时结束了晋宁磷矿的工作之后，我就到了澄江。

到澄江之后，我花了两三天时间到野外去勘探。在第一天探勘时，得知云南省地质一大队七分队地质员住在山上的大坡头村，从事该地区寒武纪早期的磷矿勘探工作，我立即就到了

为方便野外工作，1984年6月21日，侯先光雇佣一辆马车载着行装从澄江县城搬到山上大坡头村地质队驻地的途中

大坡头村地质队驻地，见到了地质队的领导，向他们出示了来云南野外工作的单位介绍信。讲明情况后，我得到了他们的欢迎和支持，当即给我安排了一个房间。于是第二天一早，我在澄江城里租了一辆马车，载着行李，从县招待所搬到了位于山上的大坡头村地质队驻地。

经过踏勘后，最后我选择在澄江洪家冲村附近的一个山包开展野外工作。我和农民工早出晚归，每天在山上待差不多有10个小时。当时我也没觉得苦，这是自己工作的需要。当时住在地质队，队里提供基本的生活所需，我觉得就是很好的条件了。

我当时在洪家冲村工作了4天的时间。因为之前在晋宁磷矿的工作收获不大，我就把希望寄予了澄江，但在洪家冲村的收获也非常少，所采集到的具有研究价值的化石非常少，远没有达到自己预期的收获，这时候心情就非常低落。我们是搞专业工作的人，那时候在野外，每天的心情、思想起伏都是以每天采集化石的情况而定的，采到一块好的化石，就会高兴半天。1980年我第一次来云南，没有想过去哪里游览一下，工作完就立即购买车票返回了。我从来也没有想过去哪儿玩一下，去逛逛街，当时没有这种心情和想法。

1984年6月30日是礼拜六，那天我从野外归来，坐卧不安，一夜也没睡好觉。因为从南京来云南已经20多天了，我在两个地点进行了辛苦的野外工作，并没有得到理想的结果。洪家冲剖面的石头几乎没有风化，既难挖也难以劈开。根据我的野外经验和专业知识，我就想换一个地点重新开展工作。7月1

日一早，下着小雨。只要雨不大，只要是能工作，一般我们都打着伞出去。因为这时正是澄江的雨季，往往有云就有雨，有时很快也就停了。我就打了一把伞，和一个农民工沿着泥泞的山路，又来到了帽天山。帽天山位于云南省玉溪市澄江县（现澄江市）城东侧5公里。几天前在勘探时我研究过帽天山，对比之后我选择了洪家冲。所以7月1日来到帽天山之后，我又围着帽天山走了一圈，然后选择在帽天山的西山坡开始野外工作。

我们不是说看到石头就乱敲，在地质研究者眼中，每座山的岩层就像一本书，是一层一层的。岩层的最下面的地层埋藏着较老的化石，越往上化石的时代也就越新。所以一般我们选择的工作地点，是从最老的地层开始，一层一层往上推进。哪些化石采于哪一层，在野外都要编上号，同时在野外记录本上也要有完整的记录，这样回到单位才能很好地研究：看出随着年代的不同，所发现化石的变化，研究其变化的规律。

那天工作的地点选好之后，我们就在帽天山开始工作了。到了中午12点，我们在山上匆匆吃完各自带的食物，继续工作。

化石掩埋在石头里，首先要劈开石头才能发现有没有化石，石头也不是一下子就劈开了，有时砸三四榔头、五六榔头也劈不开，一旦劈开——有没有化石？有！什么化石？对于我们专业人员来说，这就是一瞬间的事。所以，为了效率，手拿着榔头就像雨点一样劈石头，石头劈开得越快、越多，发现化石的概率就越高。

我们慢慢沿着西山坡逐层逐层往上推进，那天下午我们已经从开始点沿着山坡推进了四五十米。到了下午3点左右，我劈开一块石头，眼前突然展现出一枚半圆形的白色化石。我马上意识到，这是以前从来没有发现过的化石，它代表一个新的动物类型，一个以前从没有报道过的新的动物。第二个新发现是一枚半长椭圆形的化石。不长的时间竟然发现两枚以前从没有报道过的化石，我身心的疲劳顿时消散了许多。农民工不停地在原地挖山取石，大块石头被挖出，我劈石也更加快捷。突然，一枚栩栩如生的化石暴露在湿漉漉的岩石面上。这枚标本长4~5厘米，动物向前摆动的腿肢对称地分布在背甲之下，湿漉漉而细腻的泥岩层就如水底，当时的一霎那给我的感觉就像该动物在浑浊的水底游动。这枚完整保存软体附肢、栩栩如生的化石的突然显现，使我万分惊愕，脑海中同时浮现出加拿大布尔吉斯页岩化石。山上万籁俱寂，"这段地层内怎么还有这样的化石？！"顿时世界就如同凝固了一样，我全身的血液似乎停止了流动，拿化石的双手不由自主地抖动不停。农民工发现了异样，待他叫我时，我才回过神来。真是难以想象，在交通方便，有着80余年的研究历史，被中国古生物学界认为是中国研究最为详细、最为清楚的地层内竟然还能发现如此栩栩如生的化石！这枚化石身体由前、后两个背壳组成，这也使我立即认识到所谓的"两类新化石"实际上是同一动物的前、后背甲沿绞合线分离保存的结果。

我赶快用厚厚的棉花垫着，再用报纸把这枚化石包好放到我的地质包中，对农民工说："我们不向前移动了，你就在这里挖。"不一会儿，农民工挖了一个坑，较大的石块就散落在坑里。我也更加快捷地挥动着榔头，希望多发现几枚这样的化石。结果，后面又发现的化石与前一枚并不是同一个动物，而是其他的保存软体的新动物！当时所带来的震撼和激动是难以想象的。我也立即认识到，这是中国古生物学界开天辟地的重大发现！

这一天，我和农民工一直干到天黑才动身返回，他背着满满一背篓化石，我则把几枚重要的化石塞在地质包内，自己背着包，沿着弯弯曲曲的山路，经过一小时步行返回到大坡头村驻地。回到地质队，食堂已经关门，地质队队长热情地帮我叫食堂的大师傅打开门，我打了满满一盒饭菜，打了一热水瓶开水，提了一塑料桶热水以备冲澡。在山上不是蹲就是跪，或席地而坐，一天下来浑身泥土。云南夏天的自来水，还是刺骨的凉，难以直接用来冲澡。这时我从南京带来的塑料桶就发挥了重要作用，再带上房间配备的一个脸盆，到地质队用芦席围起来的简易洗澡间，将一桶热水调配成4盆温水来用，第一盆水是泥水！我每天去山上只带一杯水，喝完了再渴都得忍着。冲完澡之后，更加感到饥肠辘辘，喝水和享用满满一盒饭菜是我一天最为轻松的时刻。

这些保存软体、附肢化石的发现，很自然地使我想起我之前读过的关于加拿大布尔吉斯页岩化石的一篇文章，该文章把加拿大布尔吉斯页岩层中的保存软体、附肢化石统称为叶足类化石或叶足类层化石。这也反映在我的野外记录本中，7月3日写有"叶足类层产有"（误写为"叶虾类层"）字样。吃完饭后，我拿出日记本，坐在床上，写下了"7月1日，星期天，早上小雨，在帽天山采到叶足类化石"（误写为"叶虾类"），并画了一幅当日采到的节肢动物化石草图。写好日记之后，按捺不住激动的心情，开始翻看化石！我把包裹好的化石打开，看过之后又包裹好，不停地重复这样的动作。每看一次，我都激动不已！最后，我干脆把几枚重要的化石放在床铺下面，方便随时起身翻看。我就这样折腾了一晚上，几乎没有睡觉。

地质包是一个重要的野外装备，里面装有饭盒、水杯、雨伞、记录本子、罗盘、皮尺、铁锤等，我每天都离不开它。我每天都带着一个大皮尺、一个罗盘，因为要测量工作地层的厚度。我们这种职业，有成果的时候是非常幸福的，我也非常享受这个工作；没什么成果的时候，情绪也会非常低落。澄江化石群的发现，让我此后在野外工作中都是精神饱满、充满斗志。

在武定山上的野外工作，由于山高路陡，从山底爬到山顶要很长时间，中间必须休息一下。因为爬到中间的时候，我浑身的衣服大半都湿透了，必须休息一下、喘口气才能继续爬上山。当时并没有觉得多苦，因为这是我的本职工作，我能感受到置身于大自然中的乐趣。

由于发现了保存软体的化石，第二天和地质队领导协商后，我购买了地质队5公斤炸药，地质队领导委派了一位富有经验的炮工，帮我炸山取石。炸山石，大块石头散落周围，开始了紧张而又激动人心的澄江化石采集工作。基于这些早期采集的化石，我和我的同事在《古生物学报》上发表了6篇重要论文。据此，1987年4月17日，中国科学院南京地质古生物研

侯先光（左）在澄江野外工作

侯先光当年的日记

侯先光教授发现的长尾纳罗虫化石

究所所长代表中国科学院和研究所隆重地召开了新闻发布会，向世界公布了这一重大科学发现。当天和第二天，中央人民广播电台、中央电视台、《人民日报》、《光明日报》、《文汇报》等重要新闻媒体均作了详细报道。1989年，我获得了中国古生物学会颁发的"首届尹赞勋地层古生物学奖"。

发现澄江化石群背后有很多的艰辛

问 有人说:"侯先光太幸运了,一榔头砸开了一个世界遗产。"

侯先光:这句话也没错,因为劈开石头、发现化石就是一榔头,但是它掩盖了许多前面的艰辛过程。所有的化石都是一榔头敲出来的!这一榔头不光改变了我的命运,还改变了许多人的命运,也为我国获得了一个世界自然遗产。劈开石头、发现化石就是一榔头,但有时候劈了十几天甚至更长时间的石头,也并没有发现非常有价值的化石。你拿上一块石头,劈个三下五下没劈开,之后的一榔头劈开了,实际上劈开它就是一榔头。所以我跟你说,每天在山上风吹日晒工作近10个小时是很艰苦也是非常紧张的。由于挥动榔头的手挥动得很快,拿石头的手会被砸破也是常有的事。后来戴着帆布手套还好一些,如果不戴手套,稍不注意,手指就被砸破了。

问 您觉得澄江化石群的发现是必然的还是偶然的?

侯先光:这个问题,局外人都说我是幸运的,但是我在野外所工作的情况只有我自己了解。这几个地方已经有了七八十年的工作历史和研究历史了,被古生物学界认为是研究最为清楚的地区之一。有很多人在这里做过工作,化石也被详细采集了,也早就发表了研究文章。当时我到云南来也非常单纯,就是采集我所研究的化石。这是我的研究工作所需,绝对没有采

侯先光教授（左一）在野外工作中

集澄江化石这种想法，从这种意义上来讲，它是偶然的。因为当你去发现一个东西，你做好思想准备的时候，那就不叫偶然了，也不能称其为真正意义上的科学重大发现。你完全没有这种意识，发现了它，这就是偶然的，或者说是出乎预料的。当时我做梦也不会想到有这种发现，我们同行的古生物研究家，没有任何一个人有这种想法。因为有这种想法，他就都到这儿来采集了。这也是澄江化石群被发现之后，好多人都蜂拥来这里采集澄江化石的原因。所以从这个方面来讲，发现它是偶然的。

但是刚才我也讲了我的工作状况，经过艰苦而又细致的长期工作之后，发现它又是必然的。当时我作为一位年轻的研究人员，野外工作的成败直接涉及我未来的研究生涯；如果野外工作失败了，我未来的研究生涯也就面临着困境，我所研究的内容就难以持续下去，所以野外工作特别的辛苦。澄江化石群不是一来就发现的，是在这个地层野外艰苦而细致地工作了近20天后才发现的。从这方面来讲，发现它又是必然的。

问 除了澄江，您当时在云南还去了哪些地方采集化石？

侯先光：1984年到昆明后，我第一站到了晋宁，计划第二站是澄江，第三站是武定，第四站是宜良。我原来的计划是从澄江工作完后到武定，最后到宜良。发现澄江化石群后，武定、宜良的野外工作仍然要去做，因为有我的研究任务。所以我又抽出时间从武定到宜良，按照我的原计划去执行和完成。最后我结束了武定、宜良的野外工作又返回到澄江，继续采集具有重大科学价值的澄江化石。

虽然去的这些点不一样，但它们都是同一时代的岩层的沉积，也就是说都是约5.18亿年前寒武纪同一时代的岩层。因为在同一时代，所采集的这些化石的基本面貌在各个点都有其共性，但也不完全相同。例如，在其他几个点发现的软躯体化石，保存得不是很好。这是可以理解的，因为在同一个海域的不同地点，生物类型是有变化的，化石保存环境也有很大的区别。

澄江化石的珍贵和独特之处

问 在你们专业的眼光中，好化石的标准是什么？澄江化石为什么珍贵？它有哪些独特的地方？

侯先光：一般来讲，对于我们研究者来说，具有研究价值的化石就是好化石，研究价值越大越好。动物的硬体如骨骼、贝壳等容易保存为化石，软体如肌肉、肠道等在动物死后就极易腐烂掉或被其他动物吃掉，难以形成化石。在没有发现澄江化石之前，中国科学院南京地质古生物研究所研究的基本都是硬体化石，比如河蚌、虾等的硬壳，较容易保存。软体动物如水母、毛毛虫等，还有动物的肌肉、神经等，在动物死后不易保存，因此保存动物的软体化石是每个古生物学家的最大向往。澄江动物经历了5亿多年的变迁，能够保存得栩栩如生，特别是保存完整的软体化石，确实是很难让人相信的。这是第一个独特的地方。

第二个独特的地方是它的化石类型特别多。我们发现，现在地球上生活的所有的动物类型几乎在澄江化石群中都有发现，都存在。也就说明，现生的各个动物门类在寒武纪生命大爆发时期就已经存在。

第三个独特的地方是它的地质时代老，是在寒武纪生命大爆发时期。因为这些动物所处的地质时代最老，我们才能探讨地球古老生命的起源。如果一种动物它保存得很好，但是它不是发现在最古老的地层内，而是发现在年轻的地层内，这种动物就不能研究其起源。实际上澄江化石发现之前十几二十年，一个美国的科学家就提出了寒武纪大爆发。他得出"寒武纪大爆发"这个结论是非常对的，因为这些化石在寒武纪之前没有出现，在寒武纪开始时突然大量出现，表明寒武纪开始就存在一个生命的爆发式出现。

发现了澄江化石群之后，我们进一步得出结论：现在生活在地球上的几乎各个门类的动物，几乎同时出现在寒武纪大爆发时期。换句话说，在寒武纪大爆发时期，就已经出现了我们现在地球上各个动物的祖先了。如果没有澄江化石群的发现，我们就没法得出这种结论。澄江化石群代表着寒武纪生命大爆发时期的一个较为完整的海洋生命世界，是寒武纪大爆发理论的最有力证据。

寒武纪海洋复原图（奇虾与古虫和昆明鱼）

发现澄江化石群后，你们又进行了哪些工作？

侯先光：发现澄江化石群后，我感到意义特别重大，所以还在野外我就给所长写信汇报了，同时也写信给我的硕士导师及其他同事讲了该发现，这在我的日记中也有记载。澄江化石群的发现，引起了所领导的高度重视。化石托运到所里经过整理后，发现纳罗虫是标本最多、保存最好的化石之一，所以就最先研究了它。1985年12月，我和我的老师就在《古生物学报》上报道出来了。这是澄江化石研究的第一篇文章，文章写道："1984年7月，侯先光在云南澄江野外工作中出乎预料地发现了许多保存软躯体的化石，为了研究方便，把该化石群命名为'澄江动物群'。"

如果我们要追溯各个动物的祖先来自哪里，澄江化石就是一个比较好的回答，那就是各个动物的祖先来自寒武纪大爆发时期。现在大家认为动物的演化是一个逐步的过程，随着环境的变化，一个动物物种逐步演化到另一个物种。但是澄江化石的发现给了人类另一个启示，就是突变，动物的演化特别是动物的高级分类单元的演化也存在突变。

为什么澄江化石能引起那么大的轰动呢？因为地球早期生命的特征及其起源和演化是国际性研究的科学难题，云南寒武纪的这个化石群使我们认识到寒武纪大爆发时期产生了哪些动物及其特征，没有这个发现，我们就不会认识到这些。它代表了寒武纪大爆发时期一定区域内海洋生命的完整一瞥。

是不是在我们云南发现的这些动植物化石，当时在其他地方的海域就没有这些类似的生命？这个科学上还不能这么讲。

在寒武纪时期，其他地方也生活着类似的动植物，只是没有保存的特殊环境，可能只是因为它没有保存。澄江化石不仅仅是显示当时生活着那么多丰富多彩的动物，还说明当时在该地域必须具备保存的环境条件，而其他地方则不具备这种保存的环境条件。

1987年4月，中国科学院南京地质古生物研究所正式向世界公布了在澄江发现了寒武纪生命大爆发时期的古生物化石群的消息。该消息一经发出，震惊了全世界。随后，国内外的许多古生物学家来到云南澄江帽天山等地进行考察、化石发掘和研究，至今已经研究报道了云南虫、帽天山虫、抚仙湖虫、跨马虫、昆明鱼等200余个动物物种，分属于至少16个不同动物门类的寒武纪早期化石，为寒武纪早期生命研究产出了一系列重要的研究成果。

发现澄江化石群的意义

问 寒武纪时期是我们地球生命演变的一个分水岭，对此您是怎么看的？

侯先光：地球从地壳形成开始便进入了各种地质演化的历程，地球上生命的产生和演化伴随着地壳的形成和发展。地质历史上大量后生动物的出现，特别是带壳后生动物的出现始于寒武纪，而寒武纪之前的生物面貌以大量的低等菌、藻类为主。所以，人们将寒武纪之前的时代称为"隐生宙"，而将寒武纪开始（之后的时代）称为"显生宙"。寒武纪（距今约5.42亿年前—4.95亿年前）在地质历史划分中属显生宙古生代第一个纪。寒武纪是显示现代生物的开始阶段，是地球上现代生命开始出现、发展的时期。

早寒武纪时期的海洋生态复原图

当时陆地上还没有任何生命，没有任何生物，所以现在地球上海洋中、陆地上的生命都是起源于海洋。我们的澄江化石都是海洋生命，至于说从海洋慢慢地登陆，包括动植物，那是志留纪，是后来的事。动植物登陆之后，随着地壳的演变，地壳的升起，造成了地球陆地地表环境的极大的不同，又产生了现代生命的不同的演化期。

问 澄江化石群的发现有着什么样的意义？

侯先光：澄江化石群打开了一扇洞察寒武纪早期生物演化的窗口。云南的澄江化石群是迄今为止保存最完整、种类最丰富的寒武纪早期古生物化石群。它是寒武纪早期近20个门类200余种珍稀动物化石的发现地，其中有无脊椎动物化石，也有脊索动物化石。现今动物几乎所有门类的祖先代表在此都有发现。

在距今大约5.41亿年前~5.13亿年前的寒武纪早期，种类繁多的多细胞动物突然在海洋里大量出现，并经过复杂的演化，奠定了以后各个时期乃至今天地球上主要的生物门类。因此寒武纪早期是地球生命历史的分水岭，也是地球生物多样性演化发展的"根"。这一发现将动物多样性的历史推到了寒武纪早期，标志着现在各个动物门类的原始形态在经过30多亿年的准备之后，积累的生命能量和无穷的创造力已经喷薄而出，展示的寒武纪早期海洋生物群落较为完整。地球生命进化的历史从寒武纪开始，翻开了一个全新的篇章。

澄江化石群生动再现了距今约5.18亿年前海洋生命的壮丽

景观和现生动物的原始特征，为研究地球早期生命的起源、演化、生态等理论提供了珍贵证据，是地球上生命快速多样化起源、演化的直接证据和"寒武纪早期生命大爆发"的最好实证，对人类认识地球生命演化有着极为重要的科学价值，具有全球性重要意义，所以被国际科学界誉为"古生物圣地"和"20世纪最惊人的发现之一"。

1997年，云南省政府将帽天山及其周边18平方公里（平方千米）列为自然保护区。2001年，帽天山被批准为国家首批地质公园。2012年，澄江化石地被正式列入《世界遗产名录》，是中国首个、亚洲唯一的化石类世界自然遗产地，是人类深入认识寒武纪大爆发时期动物群多样性演化的独特窗口。

侯先光教授签名

侯先光
2013年5月2日

许再富

中国科学院西双版纳热带植物园研究员
保护生物学研究专家

许再富，男，汉族，中国科学院西双版纳热带植物园研究员，博士生导师。

1939年9月出生于广东省潮州市饶平县。

1959年于广东潮安农业技术学校毕业，同年进入中国科学院昆明植物研究所从事园林工作。

1961年，调往该所西双版纳热带植物园从事植物资源考察和植物引种驯化的研究。

1965年，通过边工作边学习，于云南大学生物系毕业；主要从事植物资源学、民族森林—植物文化、生物多样性保护及其研究，并在1984—1985年于前民主德国德累斯顿技术大学国际研究生班就读，分别获该校和联合国环境规划署、联合国教科文组织颁发的学位。

1978年、1983年、1989年，先后任中国科学院云南热带植物研究所助理研究员、副研究员和昆明植物研究所研究员。

1972—2001年，先后任云南省热带植物研究所副所长，中国科学院云南热带植物研究所副所长，中国科学院昆明植物研究所副所长、所长，以及中国科学院西双版纳热带植物园园（所）长。

他是唯一参加过1963年、1978年和1989年由中国科学院主持召开的三次植物园工作会议的植物学家，并于1989—2005年任中国科学院植物园工作委员会主任。他两次被选举为国际植物园协会亚洲分会理事。他编写了我国首部植物迁地保护专著。

主要社会任职

国际植物园协会亚洲分会理事

泰国皇后植物园国际顾问

印度保护生物学学会国际顾问

中国MAB国家委员会委员

中国生物多样性保护与绿色发展基金会专家委员会副主任

中国科学院植物园工作委员会主任

中国科学院宏观生物学专家委员会委员

中国科学院生物多样性委员会委员

中国科学院生物分类区系专家委员会委员

中国植物学会植物园分会名誉理事长

云南省科学技术协会副主席

云南省植物学会理事长

云南省生态学会理事长

云南省经济研究中心特约研究员

学术理论

1. 物种受威胁、濒危机制及定量评价方法研究

1985年在国际会议上、1987年在学术刊物上发表了《地区性植物受威胁及优先保护综合评价方法》，建立了一个植物受威胁系数公式及定量评价系统。1987年被WWF（世界自然基金会）专家评价为"新标准"。

2. 生态系统片断化和群落关键种的研究

生态系统片断化已成为生物多样性损失的重要原因之一，他在我国率先开展这一领域研究。而在1994年、1998年先后发表的《滇南片断热带雨林物种多样性变化趋势》和《热带雨林岛屿效应与物种消长规律的研究》等论文，揭示了一些"绿岛"中动植物及其种群的变化规律，提出了群落内由"湿凉"向"干暖"转化的"内凛效应"是造成"绿岛"物种变化的重要机制这一新观点。

生态系统关键种是保护生物学研究的一个热点，他在我国首先在热带雨林开展这一研究，发现和命名了一个对生态系统具有负作用的"潜关键种"新类型，所撰写的论文被收集进《中国重点地区与类型生态系统多样性》一书（浙江科学技术出版社，1999）。

3. 濒危植物迁地保护的原理与技术研究

稀有、濒危物种迁地保护是保护生物的重要研究领域，尤其是有效保护的原理与方法。1998年编著的《稀有濒危植物迁地保护的原理与方法》一书，1999年获中国科学院自然科学奖二等奖、2000年获全国优秀科技图书暨科技进步奖三等奖。其在专著中对迁地保护的生物—生态学原理，活植物迁地保护成功标准，植物回归的方法、技术和评价标准等进行了深入的探讨，并有新的观点。

4. 民族森林文化与生物多样性管理研究

这也是保护生物学研究的热门领域。1998年编著的《热带雨林漫游与民族森林文化趣谈》一书深入浅出、系统地阐明了土著民族的日常生活、医药卫生、生产活动、文化艺术和宗教信仰等与当地森林及其动植物的关系，提出了在民族地区，民族森林文化是协调生态环境保护与社会经济发展的一座重要桥梁的思路，推动了我国这一领域的研究，并与国际接轨；该书被科学家推介为"中国近20年来科普佳作100部"之一。

5. 生物多样性持续发展机制与方法研究

对于生物多样性的管理，除了进行保护外，释放和减轻开发的压力也是重要的策略，并且是保护生物学的又一重要研究领域，许再富1991年、1996年先后撰写、出版的《西南热区资源与经济作物开发研究》和《热带植物资源持续发展的理论与实践》两部专著都较系统地阐明了植物资源持续发展的有关理论和方法，构建了植物资源学的基本框架，对植物资源可持续发展也有诸多的创新点。

许再富研究员对科学事业执着追求。他具有农学、生物学和生态学等教育背景，又受蔡希陶、吴征镒等老一辈植物学家的悉心指导，加上他与国内外学术界学者交流广泛，学术思想活跃，治学严谨、学风正派，又擅于吸取他人的知识，锲而不舍、孜孜以求。他在生物多样性有效保护及其可持续发展的基础、应用基础研究上成果卓著，形成了较系统的知识，并有较多创新点；而且他从1990年起先后成为硕士、博士生导师，已培养硕士生12名、博士生5名，其中已有多人晋升为研究员和副研究员，有的成为中国科学院的所（园）领导。

饥寒交迫的童年生活

问 请您给我们讲一下您童年的经历。

许再富：当我在地处滇南边陲的中国科学院西双版纳热带植物园，以热带雨林和当地民族森林—植物文化为主要研究对象，在科学研究和科学事业上稍有建树时，有记者问我："你为什么热爱植物和喜欢在边疆工作？"我的回答是，我与植物打交道纯属偶然，不存在爱与不爱的问题；而在滇南边陲生活和工作也不是我的崇高志愿，只是作为一名共产党员服从组织的分配而已。这还得从我的身世说起。

1939年9月15日，我出生在一个贫民家庭。我记得童年时，家中贫穷，父亲做小贩，母亲做家务，为抚养9个子女，父亲常年往返于闽粤交界附近的诏安（县）和黄冈（镇），肩挑一些农产品贩卖。而大姐、大哥年龄渐长后也能帮其忙。

在1943年，潮汕地区闹饥荒，我家兄弟姐妹多，日子更难过。那年，二姐和二哥因贫病交加，仅十多岁就夭折，而年仅7岁的三哥被卖到诏安一农家放牛，后因瘦小而被退回。1948年，耿直的父亲，因在闽粤交界的"汾水关"与收税的兵丁有争执而被吊打成重伤，后来不治亡故。家中的生活重担便落在刚成年的大姐和大哥的肩上，他们跟随父亲的脚步走诏安，以从本县的山区贩农产品到黄冈卖为生。

记得童年时，我最怕冬天。由于只穿单衣、单裤，白天只好在外埕晒太阳取暖。由于赤着脚，脚板冻得开裂，最怕睡觉前洗脚。那时，除了被母亲要求的带年幼的3个兄弟外，我还要经常到两三公里外的地方去给大姐分挑一点货物。由于家中贫困，我大姐没读书，大哥、三哥则只读了两三年的书，而我也到1949年，10岁时才开始上学。

在1949年的春季，我进离家很近的一个学校读书，期末考试成绩是全班第一名。之后我跳级并在1953年毕业于黄冈镇中心小学。当年在全县的初中入学考试中，名列全县第七，因此进入全县最好的初中饶平县第二中学就读，并在此期间加入共青团。

考入农技中专与植物结缘

（问）那后来您是怎样与植物结缘的?

许再富：由于家庭贫困，加之新中国成立，所以，我在1950年以后都是免费入小学、初中读书，而且在初中时每月还有2.5元的助学金，足够我的食用花费，减轻了家中的负担。那时，大姐已出嫁，大哥已进公安局工作，三哥接着参军，生活稍有改善，但我家还是只有一间房屋、一张大床和一床破旧的棉被。所以，从小学五、六年级到初中的5年期间，我竟先后在6个同学家借宿。

在1956年我初中快毕业时，刚好有空军在中学招收初、高中毕业生参军。我马上报名，通过了政审和县医院的体检，心想可以当上空军了，很高兴。没想到到汕头市复查时，只检查了一半的项目便被医生叫去"休息"，这次我没通过，被退回继续读书。

由于品学兼优，毕业后我被学校保送升学。初中快毕业时，大哥已联系我让我进公安局当通信员，但我还想再读书，所以没有答应。若读高中，今后又读大学，家庭难以负担。但刚好那时我知道一些中等专业学校招生，可免费入学，而且有助学金，所以，我便被保送到离家约60公里的广东潮安农业技术学校读中专，学的专业是"农作物栽培"。

由于各种农作物也符合科学上对植物的"从地上长出，而具有生命的东西"的定义，它们便与"植物"沾上了关系。但它们与我后来从事植物学研究的"植物"还是大不相同的。

我在读农校时适逢"公社化""大炼钢铁"等运动，与其说学到很多的农业科学知识和技术，不如说在各种运动中经受了很好的锻炼。

在农校的三年中，由于我是班上的唯一保送生，入学后我便被选为"学习股"股长。而从第二学期至毕业，我又连续被选为"班主席"，即现在的班长，并当了民兵连的连长。

在班中，我的年纪较小，那时班里有很多比我大得多的同学，他们中较多来自农村，有的还已结婚生子。作为"班主席"的我，在频繁搞政治运动、勤工俭学、支农等争夺红旗的多种竞赛中，不得不以身作则。在那三年中，我们班夺得了24面红旗，成为全校最优秀的班级，我也成了学校的"名人"。然而，由于多种竞赛和劳动使自己体能超负荷了，我在一次修筑学校通往国道的公路时昏倒，竟得了伤寒，头发曾一度脱光。

潮安农校于1958年又成为华南农学院汕头分院。所以，在1959年毕业分配时，农学系的领导动员我留校读大专，以作为学生骨干。但我回答说，由于家境困难，我想找个工作谋生，也可为家庭分忧。这样，我便被国家统一分配，在1959年9月到了春城昆明，无意间进入中国科学院昆明植物研究所。正是因为我认为农作物也是"植物"，所以，在离开农校时所带的极其简单的行李中，我带了我们搞试验用的几个花生优良品种，想到"植物研究所"去试一试。而到昆明植物研究所后，我才慢慢知道，那里研究的植物与我所知道的农作物竟没有任何的关系，就把它们吃进肚子了。

科研始于云南山茶花

（问） 分配到中国科学院昆明植物研究所工作时，您最早做的工作是什么？

许再富：在潮安农校读书时，既要种丰产试验田，又要种蔬菜，每年还要到附近农村支农。所以，我学会了稻田的犁耙、育秧、栽秧、薅草、收刈等农活，和同学们都自称为"农夫"。到昆明植物研究所报到后，我被安排到昆明植物园的花卉组工作。第二天，我就拿着镰刀，在茶花园里的草坪上跟老工人学习刈草。虽然几次刈伤了手指，但我还是熟练地掌握了该项技术。后来我又学习给盆栽的花木浇水、施肥、换盆等园艺技术。对于浇水，我原来认为很简单，不外乎用水管或提壶，往花木上浇水就是了。没想到，给盆栽花木浇水还有一套学问与技术。由于我有农作物栽培学的知识，所以，过了半年，我便很快由"农夫"变成颇为合格的园丁了。

在这样的情况下，我便以我名字"再富"的谐音，给自己取了一个"栽夫"的雅号，也曾在1977年发表一篇论文时用它署过名。

由于较熟练地掌握了花卉植物的繁殖、栽培技术，所以在1960年的五六月间，昆明植物研究所领导张敖罗给了我一个任务：与花卉组的一，两名高中毕业且与我一样是"见习员"的同事到昆明市的各个公园进行云南第一名花——云南山茶花的繁殖、栽培技术的调查，并由我执笔写调查报告。所领导很满意此报告。大概在该年的七八月份，所领导张敖罗又通知我代表昆明植物研究所到辽宁省兴城参加"中国园艺学会成立大会暨中国首届花卉科学技术研讨会"。也就是说，我所写的"昆明地区云南山茶花繁殖栽培技术调查报告"成了我进入"科学殿堂"的一块叩门砖。从中专毕业不到一年的我，竟被安排在那个全国性学术会议上作学术交流。

到北京中国科学院植物研究所植物园进修

问 请您给我们回顾一下您在中国科学院植物研究所进修的经历。

许再富：兴城开会结束后，会议组织部分与会代表返回北京，参观中国科学院植物研究所植物园。在那里，昆明植物研究所有4位科技人员分别进修花卉、果树和种子等专业。他们通知我，所里安排我留在北京植物园进修园林规划设计。那时北京林学院的园林花卉园艺教授陈俊愉和园林规划设计教授孙筱祥分别是该园的园艺植物和园林设计的顾问。该园有一个造园规划设计组，人才济济，是其时我国植物园中造园设计领域的佼佼者。在约1个月的进修中，直接指导我的是王今维老师，他还是一位书法家。他拿了几本园林规划设计的专业书和讲义让我自习，并指导我绘制园林规划设计图。机会难得，我认真读书，在小笔记本中做了100多页的摘录，并在造园组多位老师的帮助和指导下，初步学会了园林规划设计的理论与方法。这些知识技能使我在后来的植物园建设中发挥了重要的作用。在此期间，王老师还带我参观了北京的一些著名园林景区，边看边讲解，加深了我对中国北方古典和现代园林的理解。

考察杭州西湖景区的园林建设

　　在从北京植物园进修结束返回昆明前，得到所里的同意，我们一行5人到上海、杭州、苏州和武汉几个植物园和一些公园、园林胜地参观考察。我尤其留意各地的江南园林植物及园林布局、园林工程和园林小品。这让后来从事植物园建设的我获益匪浅。

　　在北京植物园进修期间，值得一提的是我结识了中国末代皇帝溥仪。他由"皇帝"成为"公民"，第一个自谋生路的选择就是到北京植物园，在温室当"园丁"。那时，他住在该园的招待所，而我则被安排住在与他相邻的一个房间。溥仪先生主动与我打招呼，问我的名字、从哪里来，这样我们便相识了。当时招待所住的人很少，我们住的那排房子好像只有我们两人。溥先生身材比较高，很瘦，常穿着黑色的西装。我们经常一起到食堂吃饭。他的饭量不小，经常是一大碗稀饭加两个大馒头，这也许与他在温室当花工劳动有关吧！记得有一天，植物园组织职工到北京军事博物馆参观，我和溥先生同乘一辆大客车。溥先生还是很平易近人的，那时他有50多岁，而我是刚20岁出头的小伙子。晚饭后，我们常常各自端一把椅子，拿一杯茶，边喝茶边聊天。他十分健谈，主动讲了他的前半生。他告诉我，他正在写回忆录《我的前半生》，还说该书出版后送我一本。

溥先生听说我是从云南来的，便说："云南是一个植物王国，很想有机会到那里看一看。"他听说我在中国科学院昆明植物研究所工作时，就说："搞科学研究，英语很重要，你学过英语吗？"我回答说："在中学时学了一年的英语。"他让我讲几句给他听。我便带着浓浓的广东腔，讲了几句简单的英语，他笑着纠正我的发音。那时，我对他还蛮佩服的，他还懂得英语！

在昆明植物研究所，我的技术职称是垫底的见习员。所谓"见习员"，也许就是见什么就学什么的人员吧！在园艺花木的栽培管理上，见老师傅干什么、如何干，我就照着学习，很快就掌握了一些园林技术。我见到映山红（杜鹃）的花朵有单瓣、双瓣和重瓣，经过仔细观察才知道其双瓣和重瓣都是由花朵的雄蕊和柱头瓣化而来的。虽然对其演化机制只是一知半解，但我还是试着根据不同瓣化程度和花的颜色对映山红（杜鹃）的数十个品种进行了"异中求同"和"同中分异"的分类，还在笔记本中写了观察心得。我又看了有关资料的介绍，了解到杜鹃花的种子繁殖不容易成功，于是便在所里一个偏僻的角落偷偷地开辟了一个小苗床，采了几种杜鹃花种子去做播种试验，但都没有发芽。凡此种种，我感悟到，不是见到什么就能学到什么的。我深感自己的科学知识很有限，所以，便经常到图书室看书、借书，所里经常有专家讲课和报告，我便尽可能地去听讲，颇有收获。我意识到所里的一些专家和一起进所的大学生们，他们所具有的科学技术知识是我无法比拟的，加上在北京植物园进修时，被溥先生问英语时的狼狈相，我回所后便参加了英语的培训班。1961年，云南大学来所里招收"函授生"，我便立即报名参加。

离开春城到西双版纳

（问）您是怎么从昆明植物研究所到西双版纳去的？

许再富：从北京进修回到昆明植物研究所以后，我被任命为花卉组的副组长，并兼任那时已并入昆明植物研究所的黑龙潭公园的组长，公园的经理牛小海任副组长。由于我在北京植物园进修了园林设计，所以，那时园里便安排我担任茶花园里小温室改造扩建工程的监工。该工程完工后不久，我便被调往西双版纳热带植物园工作。

在1961年12月的一天，我刚从市里办完事回到所里，所人事科王勇科长告诉我："蔡希陶副所长从西双版纳热带植物园回所，向所里要了8名科技人员，到那里加强工作，你也是其中之一，有什么想法？"那时，昆明植物研究所在西双版纳和丽江各有一个植物园，这在我进所后不久就知道了。对于西双版纳热带植物园的情况，我稍有所知，因为与我一起从广东潮安农校分配到昆明植物研究所的还有陈文奋同学，他到所后不久便被调往西双版纳。他曾写信告诉我一些他在那里开辟试验地的情况。而且在1960年，我已成为一名共产党员了，我们都服从组织的安排。所以，我二话不说就回答："什么时候走？"到西双版纳工作，不是我的志愿，而是服从组织的分配，党指向哪里，我就到哪里。

那时从昆明到西双版纳的公路虽然早已开通，但多是盘山的泥石路，汽车每小时只能走二三十公里，而且一路上少有旅馆和食馆。所以，六七百公里的路要走4天。我出发后的第一天傍晚到扬武，住进乡村的一个旅馆。那时没有电灯，从路边点着火把走到旅店。在昆明就有同事告知，在扬武住店，必须脱光衣服，并把它们吊在梁上，不然衣服就会有虱子光顾。第二天晚上住在墨江县的通关，第三天就到了思茅专区所在地思茅镇，住进了专区招待所。那天到得早，我感到身痒难耐，脱下衣服一找，竟找到了3个虱子。

第四天，热带植物园派了一辆解放牌的汽车来思茅接我们8个人，我们到天黑时才到了植物园的所在地勐仑。我们被带到罗梭江的河岸，带领我们的人向对岸大喊一声"波应龙"，很快就有人回应，几分钟后，就有一艘"独木舟"靠了岸。在火把的照亮下，我见到了船。我从没有见到如此长、如此窄的船，包括我在内的多数人都没有乘过"独木舟"，大家战战兢兢地上了船后蹲下。由波应龙———一位高瘦的傣家中年男子把我们摇摇晃晃地送到对岸。我第一次登上了热带植物园所在地葫芦岛，而且后来在岛上成了"永久牌"，工作和生活了半个多世纪。

登上葫芦岛，在手电和火把的照明下，走了10多分钟，爬上一段数十米长的山坡，到了一幢砖房的小餐厅。蔡希陶副所长在那里等着我们，亲自安排我们吃晚饭。对于蔡副所长，我在昆明曾见过。有一天，有一个同事告诉我，从餐厅走出来的那个身高体大、肤白、头发稀薄，仿似欧洲人，年纪约50岁的中年男子是我们的蔡副所长。如今近距离见着了。他和蔼可亲，与我们一一握手表示欢迎，十分高兴。不知道为什么，他认识我，还亲切地叫我"小老广"，给我留下了深刻的印象，并立即拉近了我与他的距离。

随后我得知，我被安排在经济植物室（西区）的引种组，任副组长，而组长是大我十来岁、和蔼可亲的禹平华先生，后来他成了我开展科学研究的一位老搭档，教我认识了很多热带植物。从此便开始了我在葫芦岛上超过一个甲子、与热带雨林结缘的科研生涯。

跟随蔡希陶先生20年

🅠 被誉为"大地之子"的蔡希陶先生在西双版纳筹建了中国第一个热带植物研究基地。请问他早期是怎么到云南来进行植物学考察的?

许再富:我们云南是中国的"动物、植物王国"。最早对这个动植物王国进行探索的,其实是西方的一些传教士和科学家,他们主要是到云南来采集植物标本,以及种子、一些苗木,把这些拿到西方的国家去栽培和研究。所以在欧洲流传一句话:"没有云南的植物,就没有欧洲的花园。"

在19世纪的时候,我们中国的植物学家只有少数到云南来考察、采集植物标本,其中钟观光是我国第一个到云南来采集植物标本的科学家,但是他来的时间很短。而采集时间最长、采集成果最丰富的,就是蔡希陶教授。1932年他在北平静生生物调查所当练习生的时候,所长胡先骕先生感叹地说:云南植物资源非常丰富,但是可惜我们中国的科学家都很少去。那时,初生牛犊不怕虎的蔡希陶就自告奋勇地跟胡所长说他愿意到云南考察,采集植物标本。于是,1932年,年仅23岁的蔡希陶便受胡先骕先生的派遣赴滇考察,采集植物标本。在3年期间,他雇用一名挑夫,并在一匹驮马、一条猎狗和一只猕猴的陪同下走遍了云南的山山水水,历尽艰辛,冒着生命危险,采集了10多万份植物标本,其中有420多个新物种,创造了不少的云南新纪录,成为中外植物学家中入滇考察时间最长、采集植物标本最多、揭开云南这个"植物王国"面纱的第一人。由于蔡先生深入了解民情，在向兄弟民族学习植物资源的过程中，他痛惜他们"端着金饭碗要饭"的窘况。所以，他在进入"而立"之年并在植物分类学的研究上得心应手、前途无量时，却把主要精力转向"用植物学这门理论学科去为人民做一些有用的工作"，而成为我国植物资源学的开拓者，也成为1938年创立的云南农林植物研究所（中国科学院昆明植物研究所的前身）的主要创建者及1959年建立的中国科学院西双版纳热带植物园的奠基人和铺路者。此外，他在云南不拘一格地培养了一大批植物科学研究专家。所以，他是我十分崇敬的老师。

问 蔡希陶先生的考察取得了哪些成绩？

许再富：蔡希陶是一位非常关心人民群众生活疾苦的科学家，所以他在采集的过程中，深入民间，了解各个兄弟民族的生活与相关文化。而在返回北平后，除了与同事一起发表了数篇植物分类领域的论文而被胡先骕称为"不可多得的人才"外，他也创作发表了5篇获鲁迅高度评价的反映云南少数民族生活、文化的报告文学作品。

1937年"七七事变"（亦称"卢沟桥事变"）爆发，日军占领了东北，又打到了华北。胡先骕想要在后方调查研究建立一个做实验的科研基地，就决定派蔡希陶再度入滇。蔡希陶非常高兴，因为他一直认为调查研究植物学既要搞基础的工作，也要搞应用的工作，要调查研究植物资源，要解决国家所需，

蔡希陶帮助青年科技人员

蔡希陶带领青年科技人员进行热带雨林的植物考察

解决人民的衣食住行问题。所以，在1938年，二度入滇的蔡希陶与当时云南省教育厅商定建立一个云南农林植物研究所。这个研究所以"原本山川　极命草木"为办所的宗旨，也就是说，要研究、发掘云南的植物资源，为云南省的发展服务。

受命具体负责该所筹建的蔡希陶，当时就破釜沉舟地与刚完婚的爱人一起迁到昆明黑龙潭。在建设该所的初期，他就在园地上大量引种栽培各种植物，并开展一些试验项目。尤其当获悉云南省政府考虑发展烟草种植时，蔡希陶与同事（另一位植物学家）俞德浚闻风而动，在该所开展了一个烟草改良的课题，取得了一些进展。他因此被云南省刚成立的烟草改进委员会聘为委员。后来他们用将一些云南的山茶花卖给美国所获得的美元，购买了一小批美国大金元烟草品种。通过引种驯化、选育和改良工作，他们终于培育出了经云南省政府鉴定的适应云南气候条件的"大金元"优良烟草品种。这样，蔡希陶一方面组织烟草良种的生产以供农村去生产；另一方面，接受云南省政府烟草改进委员会的委托，开办了烟草生产技术培训班。所以，蔡希陶和俞德浚他们为新中国成立后的云南支柱产业"两烟"的发展和建设作出了重大的贡献。

（问）蔡希陶先生是怎样到西双版纳去创建热带植物园的？他取得了哪些最重要的研究成果？

许再富：抗战期间，兵荒马乱，经济萧条，云南农林植物研究所很难维持下去。蔡希陶就带领职工种菜、种花，还在昆明的福照街开了一个花鸟商店，通过这样获得的微薄收入，维持这个研究所。1950年，昆明市政府成立，他便把一个完整的云南农林植物研究所交给了人民政府。新中国成立后，该所改成中国科学院植物分类研究所昆明工作站，蔡先生任站长。

蔡希陶教授是一个进步的科学家，他很高兴地看到，科学研究得到了党和国家的高度重视，工作站人员、科研、经费等都得到了很好的发展。通过对新旧社会的对比，他深感没有共产党就没有新中国，所以积极要求加入中国共产党，终于，他在1956年如愿地成为一名中国共产党党员。

20世纪50年代，云南要发展，很大程度上要靠植物资源，尤其是热带植物资源。所以，那时候有两个重要的项目：一是中苏联合开展的云南植物资源的考察。此外，橡胶是国防建设以及工业发展非常重要的战略资源。但是在那个时代，以美国为首的西方国家对社会主义国家实行封锁，很多重要资源无法进口，其中就包括橡胶。所以当时中苏又有另一个合作的项目，那就是云南热带橡胶宜林地的考察。

蔡先生是这两个项目的重要负责人之一。他积极组织工作站的科技力量全力参加那两个中苏联合考察的项目。在云南热带植物的考察中，他发现了非常多种类的植物资源，这为他后来在西双版纳创建热带植物园打下了极其重要的基础。

另外，通过考察，他提出了与苏联专家不同的意见。那时苏联专家提出要在德宏建立我们国家的第二个橡胶基地。而蔡希陶则根据他对云南热带、南亚热带地区的热带雨林及其生态环境的深入考察，以及对该区多年前已引种的橡胶小树生长状况的比较研究，而提出了被其时我国政务院所采纳的科学建议：西双版纳是最适宜发展橡胶生产的地区。后来的实践表明蔡老的建议是对的。西双版纳便被建成了我国仅次于海南岛的第二大橡胶发展基地。所以，在1981年他去世后，这个项目获得了国家科委颁发的发明一等奖。

在上述两次考察中，蔡老发现了很多热带植物资源，他有个想法，要发展、研究热带植物资源，在昆明的实验室是不可能的。当时在昆明植物园有个小温室，在这里面种植也是不可行的。在1958年，已经是中国科学院昆明植物研究所副所长的蔡先生，本来可以在昆明实验室搞分类学的研究，但他认为要解决我们国家热带植物资源的发展问题，只能到西双版纳深山密林里面去建设一个热带植物园。所以，在中国科学院和吴征镒所长的支持下，他毅然离开了昆明植物研究所，再次到西双版纳去考察。最后，他选定勐腊县勐仑乡的一个叫"葫芦岛"的地方创建了西双版纳热带植物园。他认为要写立体文章，要能够为人民、为党做有益工作，只有到那个地方去，所以他带领了来自昆明的一批被称为"十八把大刀"的有志青年，在葫芦岛上安营扎寨、披荆斩棘，开辟植物园。

蔡老办植物园，提出的方向、任务就是进行热带植物资源的开发利用和保护，并制定了"学茂物，赶皇家"的奋斗目标。"茂物"是印度尼西亚的一个有名而历史悠久的热带植物园。而"皇家"指的是在英国历史非常悠久、世界上最有名的"爱丁堡皇家植物园"。

然而，那时西双版纳的经济社会发展十分滞后，还被内地的人视为蛮荒之地，要在那里建一个植物园作为科研基地，那是难上加难的。所以，年近半百的蔡希陶亲自带领了来自昆明的一批年青科技人员（他们自称为"集体的鲁滨孙"），加上吸收的当地兄弟民族工人，他们用大刀、斧子等简单工具，就地取材，盖起简易的茅草房，与毒蛇猛兽为邻。他们顶着热带的骄阳、冒着狂风骤雨，"双手劈开葫芦岛"，开辟了苗圃和一片又一片的试验地。为了加快植物园的建设，蔡老边建园，边言传身教地培训年轻的科技人员和园艺工人，并着手抓资源植物的调查及其引种栽培试验的研究工作。

首先开展的科研课题主要有治高血压特效药的野生药用植物萝芙木的引种栽培和化学成分的研究，种仁含油量超过70%、号称"油王"的野生木本食用油料植物——油瓜的引种驯化和栽培试验，果子富含淀粉的芭蕉丰产及其代粮研究，以及开展了以橡胶为上层的多层多种（耐阴经济植物）人工群落等与国计民生密切相关的植物资源开发利用研究课题。从1959年到1962年，经过4年的艰苦奋斗、自力更生建设，从国内外引种栽培了约2000种资源植物，并在上述的科研课题中取得了阶段性的重要进展。也就是说，我国的第一个热带植物园已在滇南边陲初步建成，所以，1963年在葫芦岛上迎来了中国科学院召开的我国第一次植物园工作会议。参加工作会议的专家们对西双版纳热带植物园的快速发展感叹不已，同时也把油瓜的研究成果，当成我国野生植物引种驯化的一个典范。会议上确定，要在中国建立四大植物引种驯化基地，即北方的北京植物园，东边的南京植物园，西边的西双版纳热带植物园，南边的华南植物园。

在荒芜的葫芦岛上的"集体的鲁滨孙"晚上聚集在火旁议事（左四为蔡希陶先生）

蔡希陶先生（中）指导科技人员鉴定植物标本

后来，在蔡老带领下，西双版纳热带植物园又开展了很多重要植物资源的研究，包括为了解决我们国家石油开采的问题而开展的瓜尔豆的研究，瓜尔豆加工成瓜尔胶，就成为开采石油的一种非常重要的原料。这项研究于1978年获得了"全国科学大会奖"。

在药用植物方面，蔡老解决了现在还在用的国产血竭资源等的开发应用的问题。在上世纪（20世纪）六七十年代，我国每年要花数百万美元从热带国家大量进口被中医学界称为"南药"的中药材，包括血竭、砂仁、毕拨等30多种南药。1969年，为填补我国"南药"生产的空缺，国家发出《关于发展南药生产问题的意见》文件。经过几年的努力，我国的很多医药和植物专家们在国内找到多种南药资源，但血竭的资源一直没有找到。由于专家们知道血竭是一种树脂，所以，大家就开玩笑说，那就以松香作为代用品吧！而对我国药用植物资源十分熟悉的蔡希陶教授对包括血竭在内的国产南药资源的寻找却没有丧失信心。1972年，他想起了在20世纪30年代，他在滇南孟连采集植物标本时，曾借宿在当地的一名傣医家中。傍晚，两人坐在庭院闲聊，傣医从衣兜里掏出一小块紫红色的木头说，将这个碾成粉末，具有止血功能，也对治跌打损伤有特效。所以，蔡老曾采过该种植物的标本及其含脂木头，并存放在昆明市黑龙潭的昆明植物研究所陈列室里。凭着记忆，蔡老绘了一幅植物标本草图，连信一起寄给在思茅地区孟连县工作的儿子蔡君葵，让他帮忙寻找那种树木。

蔡君葵收到他父亲的信后，相约好友跋山涉水，最后在孟连县去南雅乡途中的一片喀斯特岩山上，找到了父亲笔下的树。蔡老得到消息后，就带领了一个考察组到孟连县去考察。最后在孟连的喀斯特岩山上发现了1万多棵龙血树。他们采了植物标本、含脂木头、种子和苗木。回园后，蔡老立即组织了不同专业的科技人员做研究工作。通过资料的查找，血竭的名、实、图考，化学成分分析并与进口血竭比较，与有关药物研究所合作进行药性、药理试验，以及与有关医院进行临床试验等而证实了国产龙血树就是我国历史上从阿拉伯国家进口的血竭的同类植物，它所产生的树脂就是"药圣"李时珍在《本草纲目》中所称的"活血圣药"。云南省卫生厅组织专家最后认定，那就是国产血竭新资源，并于1974年入编《云南省药品标准》。后来，经过云南省卫生厅审查批准，西双版纳热带植物园建厂，首先开始了国产血竭的粉制与胶囊的生产和销售，该药由此成为云南的一种具有显著地方特色的药物。此外，他通过考察、鉴定而发现了毕拨和缩砂密等国产南药新资源。这是在"南药"的科学研究上，一生书写"立体文章"的蔡希陶教授，为人民健康事业作出重要贡献的科研项目中的最后一项。

问 您跟随蔡先生工作多年，有哪些难忘的往事？受到了他的哪些影响？

许再富：我到（西双版纳）热带植物园时，与同事一样，将年仅50出头的蔡希陶教授尊称为"蔡老"，而他则叫我为"小老广"。我们曾有好几年住在同一排房子的相邻房间。那

蔡希陶先生与他的学生们考察热带雨林（右一是许再富）

在蔡希陶先生的指导下，许再富（右一）观察、测量资源植物的生长状况

时，每周只有星期天放假，还要用半天组织农副业生产或打扫植物园的卫生，或帮厨房砍柴火。因为热带地方高温高湿，杂草长得快，所谓打扫卫生，主要是铲除杂草。蔡老的业余兴趣是养一种会打洞、专啃食竹根的竹鼠，我们便帮他找竹根喂养。说来也奇怪，他用小铁笼养得胖嘟嘟的竹鼠，放出笼后还会乖乖地回来。他曾告诉我，他在昆明黑龙潭养鸟、养猎犬，爱骑高头大马，并说他养的鸟被放出笼后还会自己飞回来。我好奇地问他为什么？他笑着说："鸟的喙上面长、下面短才会啄食小虫和植物的种子。只要把它们的上喙逐步削短，它们到外面便很难找食，只好乖乖地飞回来啄食装在小罐子里的谷子了。"我大开眼界。他也喜欢钓鱼，在星期天放假时，他会叫我坐上那时在葫芦岛上，甚至是在勐仑仅有的一辆红色的小摩托车，去植物园的边界，距我们住处六七公里的勐醒河钓鱼，可多是空手而归。

蔡老经常带我们到热带雨林和傣族村寨调查植物资源。在他的指导下，我曾为香料植物依兰香、速生用材树团花和药用植物血竭等写了几篇论文，也通过野外的考察，写了《西双版纳附生兰花生态初步调查》等论文。此外，通过对植物园栽培植物的生物—生态学特性的调查研究，我写了《西双版纳热带植物园花期初步观察》和《石灰岩季雨林若干树种引种分析》等论文。这些论文都是经过蔡老修改而定稿的。其中关于植物花期观察和附生兰花生态调查的两篇论文，经蔡老审阅和提出修改意见后，被他编进了为1963年召开的"中国科学院植物园工作会议"而准备的《中国科学院西双版纳热带植物园论文集》里。后来他在1964年（西双版纳）热带植物园的一份文件中曾提道："经济植物研究室树木园组许再富同志，1959年中专毕业，来园后工作积极、学习努力，学用结合较好，进步很快，去年植物园工作会议期间，独立写出了《西双版纳植物园花期初步调查》和《西双版纳附生兰花生态初步调查》两篇报告，初步掌握了一门外文，已具备独立的工作能力。"受到蔡老的鼓励和影响，热带雨林和民族村寨成为我一生的主要科学研究对象。

1961—1980年，虽然我从来没有单独承担过任何科研课题，但在蔡老指导下，还是在《热带植物研究》上发表了11篇论文，也主编出版了一本叫《林海行》（1979年）的科普著作。该书在1981年获"中国新长征优秀科普作品二等奖"，也在1983年获"云南优秀科技图书一等奖"。加上在1965年我已毕业于云南大学生物系，所以，1978年我就由"见习员"被破格晋升为助理研究员。

蔡老进北平静生生物调查所工作时年仅19岁，只读了一年大学，就因参加学生运动而辍学，后成为该所的"练习生"。然而，他刻苦钻研，自学成才。蔡老以切身的经历深信，科研人才不一定要有高贵的出身。后来成为他"四大弟子"的李延辉、冯耀宗、裴盛基和我中，有3人在进所时仅具有中等专业技术学校毕业的学历，而其中有3名还先后成为中国科学院的云南热带植物研究所、昆明生态研究所、昆明植物研究所和西双版纳热带植物园的所（园）长。在他的"四大弟子"中，我年纪最小，后来成为他所创建的热带植物园事业的守门弟子。

对于在蔡老指导下进行的科研工作，值得一提的是，他不仅给年轻科技人员讲专业课、上英语和拉丁语课，指导他们鉴定植物标本，还经常带领他们到热带雨林中考察，到少数民族村寨调查，也亲自为他们修改论文。他鼓励和尊重年轻科技人员在科研上提出一些新见解，即使是与他的学术观点不同。我就是其中的一个受益者。

1981年3月9日蔡老去世。这对西双版纳热带植物园、昆明植物研究所，以及云南的科学事业都是一大损失。在跟随蔡老的20年中，让我感受最深的是他那"献身科学"的精神。为了让蔡老的这种精神能长留在葫芦岛上，作为他的学生和助手，我提出了被他的家属同意的建议，把蔡老的骨灰一部分撒在昆明植物园里他手植过的一棵水杉树周围，而把他的大部分骨灰连同骨灰盒安放在他手植的一棵龙血树下。经我设计，在镌刻有他的墓志铭的一块大石头下，一股清泉涓涓淌进一个小水池，溢进一个中水池，最后流进一个大水池。这样设计是为了展现蔡老那"献身科学"的精神，使其能在葫芦岛上代代相传。

经过了60多年的发展，该园（西双版纳热带植物园）现在已经成为中国科学院的生物多样性保护及其知识创新研究的一个重要知识创新基地，也成为全国科普教育基地和国家5A级的旅游景区，并且实现了蔡老所提出的"学茂物，赶皇家"的奋斗目标而跻身于世界一流植物园的前列。

与热带雨林结缘一生的许再富

许再富在德国德累斯顿技术大学国际研究生班就读

植物园的创新文化

问 在多年担任领导之余，您还取得了令人瞩目的科研成就。您是如何看待自己的这些科研成就的？

许再富：我在1961年12月从昆明植物研究所被调到（西双版纳）热带植物园，被分配在树木园组任副组长。蔡老让我负责植物园的规划设计工作，我历任云南热带植物研究所副所长，中国科学院云南热带植物研究所副所长，中国科学院昆明植物研究所副所长、所长，中国科学院西双版纳热带植物园园长长达33年。这样我就亲历和见证了60多年来葫芦岛上的植物园建设及其景观变化的全过程。

在过去的60年中，我深知自己只读了中等专业学校，浅薄的知识很难适应科学研究的需求，所以，除了认真跟蔡老请教，与同事切磋，向自然学习和博览群书外，我还在1961年在职就读云南大学生物系的函授班；在1978年和1982年分别到浙江大学和中国科学院成都分院两次参加英语培训班；在1984年年届45岁时，到民主德国德累斯顿技术大学攻读"环境管理与保护"的硕士学位。

由于不断扩充和深化自己的科学知识，我在"七五""八五""九五"和"十五"期间主持了"国家科技攻关""国家攀登计划""中国科学院重大基础""中国科学院基础重点"等项目的一些科研课题和"中国科学院—云南省合作重大创新项目"。在过去60年的科研中，我已撰写、主编、出版了11本

许再富曾领导的中国科学院西双版纳热带植物园以"唯实、求真、协力、创新"作为该园的创新文化

1992年，中国科学院周光召院长到西双版纳热带植物园调研时，满意于该园的发展而题词"科学院的骄傲"

科学院的
骄傲

周光召
九二年二月廿二日.

学术著作，发表了250多篇论文；获省、院和国家的科技成果奖18项，其中作为第一受奖人的有11项。获省、部、国家的优秀科普作品奖10项，其中作为第一受奖人的有8项。此外，由于我为科学研究、科技管理、研究生培养，以及地方经济社会发展作出了贡献，而获省、院、部和国家的荣誉称号16项。以上的论文发表、论著出版，科技成果奖和荣誉称号的获得，主要是发生在我50~65岁，也就是我从事科学研究之后的第30~45年，可以说是厚积薄发吧。

在过去的60年中，我连续担任了植物园和植物研究所的领导长达33年。其中在1978年任中国科学院云南热带植物研究所副所长时，还兼任了（西双版纳）热带植物园主任。也就是说，我在（西双版纳）热带植物园主持工作长达23年。在我于1997年被中国科学院任命为升格后的西双版纳热带植物园第一任园长时，我把中国科学院的"唯实、求真、协力、创新"的创新文化8字刻写在西双版纳园部和昆明分部的办公楼上。以此进一步体现蔡老"献身科学"的精神。

（西双版纳）热带植物园曾在上世纪（20世纪）80年代，主要因蔡老去世而一度陷入了其历史发展最低谷。我不愿看到蔡老的未竟事业半途而废，而在1987年临危受命，本着"为人民服务"的精神，决心与葫芦岛共沉浮，而多次放弃到西双版纳州和云南省政府任高职的机会，并在"改革与开放"过程中，结合本园及其所处的环境，敢想、敢干、敢负责而不敢贪。终于在1992年使（西双版纳）热带植物园走出了发展的低谷。那时的中国科学院院长周光召到"葫芦岛"调研时，十分高兴。据说不怎么题词的他竟挥笔写下了"科学院的骄傲"6字。2001年12月，我与夫人周惠芳和儿子许序斌在葫芦岛上栽了一株铁力木，作为我卸下热植园领导岗位重担的留念。

2005年12月，我办退休手续，不久后的2006年3月，由于在科学研究和科学事业中取得的成就，我在中国科学院里，第一个被聘为"终身研究员"。被聘为终身研究员后，主要就是著书立

2001年所栽的铁力木开花以后，许再富与妻子周惠芳在该树下留影

2006年3月，中国科学院副院长陈竺在北京为许再富（左）颁发"终身研究员"聘书

说了，至今已发表了42篇论文，也撰写出版了7本学术专著。由于为中国植物园的发展事业作出了贡献，所以，在2016年，又获得了中国植物园的"终身成就奖"。这两个"终身"，以及2015年获得的"云南省第四届兴滇人才提名奖"，都表明我本人60多年来的科学研究和科研事业得到了中国科学院、中国植物园界和云南的认可。我自我感觉良好，无悔人生！

令我不能忘怀的是，我的老师蔡希陶教授那"献身科学"的精神，鼓舞了我的一生。所以，2019年，在（西双版纳）热带植物园庆祝建园60周年前，经本人建议，并受园领导的委托，我在葫芦岛上的"蔡公村"负责建了一个"蔡希陶纪念室"，以进一步弘扬蔡老的"献身科学"精神。2021年，为了纪念蔡老诞辰110周年和逝世40周年，我撰写了《怀念与纪念：一个学生心目中的老师蔡希陶》一书，愿蔡老那"献身科学"的精神能得到进一步的传承与弘扬。

许再富教授签名

2023.05.23

龙勇诚

○────────────────────

中国灵长类学会名誉理事长
灵长类研究专家

龙勇诚，男，中国灵长类学会名誉理事长，灵长类研究专家。

1955年出生于湖南通道县。

1982年毕业于中山大学，同年到中国科学院昆明动物研究所工作。

1992年6月4日，拍摄全世界第一张滇金丝猴照片，于海拔4900米处拍摄到翻越5100米垭口的滇金丝猴，第一次向全世界揭秘了滇金丝猴真实的模样。

1994年，龙勇诚团队首次将分布在滇川藏交界的13个种群约1500只滇金丝猴，几乎全部寻找了出来，后整理成学术论文，用10年的时间说明滇金丝猴是生活在高海拔的除人类以外的灵长类。

龙勇诚是中国最早的开展滇金丝猴野外研究的科学家之一，主要从事滇金丝猴的研究、保护和管理工作，长期致力于野外寻找、研究和保护中国特有的野生动物滇金丝猴，足迹踏遍三江并流地区1万多平方千米的雪山高原和原始森林，绘制出滇金丝猴群分布图。

从1987年开始，他用了近30年时间来研究和保护世界濒危野生动物滇金丝猴。近年来，滇金丝猴已由最少时的1700余只增加到3500只。

在30多年里，龙勇诚一直在为滇金丝猴的生存奔走，通过他的努力，一个可持续的滇金丝猴保护统一战线已经初步建成。保护滇金丝猴，不光保护了这一濒危物种，至少还保护了中国约5％的原始森林。

科学家系列

龙勇诚

成为滇金丝猴的粉丝

（问）您为什么会来到云南？为什么会接触到滇金丝猴？

龙勇诚：我是在1978年参加的高考，数理化平均分接近90分，被第一志愿中山大学动物学专业录取，但是当时我一心想学习物理，我以为自己报的"动物学"是"运动物理学"的简称，入学才知道是研究动物。后来我有想过转专业，但当时是计划招生，没有办法转专业。就在自己迷茫的时候，我去听了几位科学家的演讲，从中学到很多重要的思路和知识。大学毕业后，我的第一个分配选择是深圳，但我没去，因我心想："既然学的专业是'动物学'，那就应该到'动物王国'。"所以，毕业后的我就到了云南，进了中国科学院昆明动物研究所。

我第一次听到滇金丝猴这个名字是在1982年。那时，我刚到（昆明）动物研究所，我们学校同级植物专业的一位叫姬翔生的同学被分配到中国科学院昆明植物研究所。我是湖南人，第一次来到昆明，人地两生，很有一种孤独感；而他从小就生长在昆明，对昆明的一切都比较熟悉。因此，我一到昆明，未到单位报到，就先去找他聊天，想通过他先大致了解昆明以及云南的一些情况。

那天，他告诉我，在云南这个动植物王国里，最重要的动物有大象、孔雀和滇金丝猴等。听到滇金丝猴这个名字，我当时就和大多数人一样，想象不出这种动物有什么特别的地方，认为这不过就是猴子的一种罢了，根本没把它当回事。没想到，后来自己竟与它结下了如此深厚的不解之缘……特别是拍到了滇金丝猴的笑脸，得知它会微笑，我就被迷住了。

1987年，当时中国科学院昆明动物研究所的领导把我从昆虫研究室调到灵长类研究室工作。有一天，我被派去德钦县取回研究所急需的滇金丝猴骨架。滇金丝猴早在20世纪70年代国家第一次公布保护动物时，就被列为一类保护动物，他们这次却如此轻易地得到12副骨架，这种现象正常吗？显然，全部都是当地村民一次围猎的"战利品"。我一回到昆明，就马上向领导提出进一步调查滇金丝猴地理分布和种群数量的课题，当即得到领导的认可。

问 您为什么选择保护滇金丝猴这项事业并坚持了下来？

龙勇诚：当时做科学研究，总想做一些前人没做过的事，所以就选择了。在1897年，已经有法国的研究人员正式发表文章向世界公布滇金丝猴的存在。滇金丝猴对于当时的人们来说只会作为四样东西：食物、宠物、药物、饰物。在1897年法国研究人员发表科学文章以后，滇金丝猴这个物种才进入了世界认知范畴。我到昆明动物研究所的时候，所里有3个标本，是1979年中国科学院组织横断山考察时，第一次找到的滇金丝猴的3具尸体。

白马雪山自然保护区是1983年成立的，是当时全世界第一个滇金丝猴保护区。我来到保护区的时候，是在它成立2年之后。我问当时的保护人员："你们见过滇金丝猴吗？"他们说：“见过。”我又问：“滇金丝猴长什么样？”他们说：“黄黄的毛，尾巴短短的。”我一听，这不是滇金丝猴啊！我当时很纳闷，说是保护滇金丝猴，连它长什么样子都不知道。这笑话也促成了我一直留在这里（白马雪山自然保护区）。我觉得这个地方需要我，因为我可以告诉他们什么是滇金丝猴，可以把他们引到保护的正道上来，让他们知道要保护什么，如何去保护。

第一张滇金丝猴的照片

问 请您和我们分享一下您第一次在野外发现滇金丝猴的经历。

龙勇诚：这讲起来就太长了，弹指一挥间，已经过了整整38年。一开始我只是听到滇金丝猴的名字，心里产生了好奇，第一次正式见到滇金丝猴是在1987年。当时只是远远地看见它，它在树上就是一个很小很小的白点。大概在1979年，昆明已经有3个完整的滇金丝猴的标本，1982年我到昆明动物研究所的时候，正在研究滇金丝猴解剖，整天测量、看这个标本。所以虽只是远远地看见，但却能想象它完整的样子。

1988年的儿童节，我和一直与我同行的老猎手蔡沙发来到龙马山山顶的牧场。彼时我们在山上已经转了两个多星期，除了偶尔找到少量已有些日子的猴粪及猴群取食活动的痕迹外，还一直没有与猴群见过面。从所发现的猴粪来看，这山上的滇金丝猴群肯定还存在并仍在这一带活动着。可是它们到底在哪里呢？由于这里是滇金丝猴分布地区的最南端，冷杉林下的竹林灌丛相当密集，地上的杂草也很深，在山上找猴类有相当的难度，因此，靠寻找猴类来间接地判断这山上的猴群大小是很不科学的。所以，我还是希望能有机会直接与猴群相遇一次，以便大致判断一下这个猴群的大小。

刚走了半个多小时，我们突然发现地上有些刚被折断的五加树树枝尖，其上的嫩芽有被啃食过的痕迹，显然猴群刚从这里经过。猴子取食树叶时先用手将树枝折断，再将枝梢上的嫩芽送入嘴边随便咬几口就扔下了。它们的这种取食方法浪费多，而吃下去的东西并不多。这样，不但造成食物资源的浪费，还会留下明显的活动痕迹，使猎人们容易发现它们，为自己引来杀身之祸。当然，它们的这种行为也为我们找寻猴群提供了方便，否则，我们可能永远没有办法与它们见面了。

老蔡凭着多年的打猎经验，判断出猴群就在周围。他向我示意不要发出声响，随他向旁边的一座小石崖走去。我俩奋力爬上石崖边的一棵冷杉树，拨开浓密的树枝，老蔡兴奋地用手比画：猴群就在前方！我顺着他手指的方向望去，果然，离我们大约100米的一棵冷杉树树冠上面有六七只滇金丝猴。它们看上去像是"一家人"，其中一只个体特别大，可能是这个"家庭"中的"家长"，另外几只在个头上明显小得多，其中有两三只可能是这个家庭的"小孩"。

我激动万分，这是我第一次真正在野外看到滇金丝猴。我情不自禁地从背包里取出照相机。在这以前，我很少有机会摆弄照相机，我在出发前根本没有用它拍过照，因而对其性能一点也不了解，只能是对着目标胡乱按快门而已。

因为猴群是从我们那时所在的位置过去的，所以它们只会离我们越来越远，而我们并没有从这个石崖再往猴群方向逼近的路。于是，我只好待在原地，用照相机对着离我们最近的那个滇金丝猴"家庭"，为它们连拍了几张"全家福"。虽然从镜头里看过去猴子还是清楚的，但在照片上，它们最多只是几个黑点而已。但不管怎样，这终究是我第一次在野外为滇金丝猴拍照。不一会儿，猴群渐渐离我们而去。这时，我看了看手表，记下了刚才发现猴群的时间：1988年6月1日下午3点半钟。

这天下午，我们一直跟踪着这个猴群，但始终没有找到一个好的观察机会，更不用说去给它们拍照了。直到天黑，我们才踏上返回帐篷的归途。我的心情别提有多愉快了，两个多星期的辛劳以及刚才一路奔波的疲惫在此刻全都烟消云散。晚上，我躺在睡袋之中心情久久不能平静，这次的野外考察相当顺利。

我在如此短的时间内就把地理分布区域最南端的滇金丝猴群找了出来，并有机会真正地在野外目睹了它们的真容，还为它们拍了照。在这之前，我真担心这个滇金丝猴群是否还有存活的可能。因为猎杀，它们不时会受到人类的零星攻击，但现在我已亲眼看见它们还存在于天地之间，这充分证明它们的生存能力是很强的。只要我们人类能进一步规范自己的行为，彻底停止对野生动物的杀戮，滇金丝猴和其他生活在原始森林中的野生动物完全有可能世世代代地永续存活下去。

问 在您1988年第一次找到滇金丝猴之前，您已经追寻它们好久了是吗？

龙勇诚：1987年算是我正式开始寻找滇金丝猴的第一年，拍到第一张能够真正拿出手、能够印到画册上的照片是在1992年，这张照片在1998年被刊印在《云南大自然博物馆》画册上。清晰地拍到照片是在1992年，之前拍到的"白点"都不

1992年6月4日，龙勇诚拍摄的第一张滇金丝猴野外照片

1992年，龙勇诚（右）和钟泰（左）在考察滇金丝猴群途中

算。我记得1989年我还拍到个"白屁股"，当时我看到一群猴子都跑掉了，还有3个在树上，猴子没看见我，待在树上不动，我就躺在地上，2个小时一直等，其中一只还爬下来看我，我对准镜头就想拍它们，它们就开始跳动，到第三只我按了快门，结果一看是个"白屁股"。虽然只是个"白屁股"，但也算是当时画面比较大的一张照片了。

问 当时近距离看到滇金丝猴您是怎样一个感受？对它们有个什么样的印象？

龙勇诚：那是在1992年，当时也是靠运气，猴子比较怕人，拍到猴子那一天有很大的雾，猴群大概有200只到300只，刚好被我碰到。我们有三四个人在山上，但那天只有我一个人碰到猴子。我们上山以后都是分开走的，如果集中走的话，你还没发现猴子，猴子就发现你了，猴子各方面的感官都比我们人类灵敏。一般来说，你要接触到它是不太容易的，它很远就会发现你。当时我周围都是猴子，还有猴子站在我的背包上面，我的短镜头在背包里，导致我近距离用长镜头无法给它们拍照，还好石头上有一排，它们还没有发现我，我就拍到它们了。虽然与现在的画面相比，画质很差，但是是很有历史意义的，因为这是全世界第一张滇金丝猴的照片。

滇金丝猴非常胆怯，但是又非常好奇。我记得有一次我在山里，下了很大的雨，我穿了骑自行车的雨衣矮矮地蹲在那里。猴子不知道这是什么，跑过来看我。我不能动，因为我拿相机一抬它就知道了。猴子的视觉很灵敏，你看它是模模糊糊的，它看你却是清清楚楚的。

　　滇金丝猴的外观是很好看的，特别是它的脸，我那次在雾中偶然看到它的脸，觉得太像人了。我原来写的那本书，后来被改成《守望雪山精灵》，其实我交给出版社的时候是叫作《脸》的。

龙勇诚教授对小学生进行科普教育

与猎人交朋友

(问) 在这30年的滇金丝猴追寻路程中，你遇到过的最危险的经历是什么？最难忘的经历是什么？

龙勇诚：1988年在山里找猴的一天，老蔡突然警觉起来："有人在打猴子。"我仔细一听，糟糕了，这个猴群我们昨天才发现。我们加快步伐赶过去，又听到了枪声，我们进到林里，猴群在我们头顶上的树冠逃窜。老蔡突然冲我大叫起来："那里有一只猴子跑不动了！"枪声是从正下方传来的，显然这只母猴是中弹了。它拼命抓紧树枝，而怀中的幼猴一直往树下掉去。那只母猴已经支撑不住，双手撒开，直往树下落去，我和老蔡也随即往这棵树下冲去。等我们赶到这棵树下时，那里正站着一位猎手，在他的脚边正躺着那只中弹的母猴。我也顾不得什么危险，一把将母猴抱在怀中。此刻，它已不像一只野生猴子，简直就像一只听话的小猫，一动不动，也不发出任何呻吟，完全听凭我的摆布。我把它全身上下都检查了一遍，发现它的中弹部位是屁股。

这时，我除了将它紧紧抱在怀里之外，还能做些什么呢？它的体温在逐渐下降，它的呼吸在不断减弱。半个小时以后，这只母猴停止了呼吸，一声不响地死去了。

我压着怒火向我身旁的这位猎人表明自己的身份，告诉他刚才被他打死的这只"大青猴"（当地人对滇金丝猴的称谓）就是滇金丝猴，属国家一类保护动物，并向他说明滇金丝猴这一物种的珍贵性，以及猎取滇金丝猴是犯法的，是要被判7年以下徒刑的。这位猎人听后马上向我声明：过去他对此真的是一点儿也不知晓，因为从来没人告诉他这山上什么动物能打，什么动物不能打。

像这种猎杀滇金丝猴的行为的确不能责怪当地群众不守法，所以只好请他回去后向村里的其他猎人转告他从我这里所听到的这一切，也希望能通过他把国家禁止猎杀滇金丝猴的消息传遍这一带的每一个角落。滇金丝猴绝不是单凭告示就能得到保护的动物，对它们的猎杀行为必须彻底停止。

问 很多报道说，是您让这些猎手转变了观念来保护滇金丝猴。这个说起来简单，但是做起来还是挺难的，您是怎么说服他们的？

龙勇诚：以前我要到这些地方（白马雪山等地）去寻找滇金丝猴，我知道滇金丝猴是很难寻找到的。所以我寻找滇金丝猴的第一步，就是寻找那个地方最强的猎人。第二步就是让这个最强的猎人带我去寻找滇金丝猴。寻找滇金丝猴的话，必须在山里面住很长时间，我一般都要在山里住100天以上。

我们在一起那么长时间，能够天天交流，讲的都是滇金丝猴，又能够用望远镜仔细地观察滇金丝猴。他们看多了以后，会感受到滇金丝猴的美，自然都爱上了滇金丝猴。你要真正成为他们的交心的、生死相交的朋友，像我跟那些猎人在山里，有时候如果他不拉你那一把，你就可能摔下去了。所以我的寻找滇金丝猴之旅，其实就是结交猎人朋友之旅。

1994年，龙勇诚（左二）和钟泰、肖林在白马雪山找寻滇金丝猴群途中

2007年，龙勇诚（左一）和维西塔城响古箐护猴队员余建华父子考察滇金丝猴群途中

转变观念非常困难，跟猎人成为交心的朋友也是很难做到的。1983年我第一次在怒江调查，当时我碰到一个猎人，他说很多人来放电影宣传保护动物，但是根本没有什么实质的关心。所以要真正地去转变他们的想法，去了解他们为什么要猎杀猴子。其实猎人这个职业是地球上很古老的职业，这个历史传统怎么会一下子就改变？你要真正成为他的交心的、生死相交的朋友，要让他们真正和动物产生感情。他们和这些动物接触时间长了，都会觉得这些动物可爱。面对他们，我们不该只用严格的法律，我们还需要对话，要让他们发声，要听他们的诉求。

1989年，龙勇诚（左二）和曾经的猎手张志明（左一）

老张——张志明，他从1989年开始跟我上山找猴子。那年我们一起住了5个月，同吃、同住、同生活，白天晚上都待在一块儿。一下山，他对滇金丝猴就着迷了。他不但自己不再打滇金丝猴，还告诉所有的猎人："你们不要再打了。"并且他还有一句很有名的口头禅："安山下扣，吃得不够，捉鱼摸虾，饿死全家。"他的意思就是：现在山上猎物已经越来越少了，你们再靠打猎已经没法养家糊口了，还是要转向农耕。希望所有的打猎人，变成像他一样保护猴子。但他以前不是这样的，他以前看见滇金丝猴说："这个肉很多，个子很大。"因为滇金丝猴是世界上最大的猴类，比较大的可以到40公斤。它的皮很好，比羊皮好多了。一只滇金丝猴的骨头可以换100多斤大米。但他跟我上山5个月以后，想法就完全变了。

护猴队队长余建华每次与我谈到响古箐护猴队，都不禁感慨万千。我们今天能够十分容易地看得到那么多的滇金丝猴的家族，就是靠他们。保护滇金丝猴群的安全，说起来容易，但要真正付诸实践，近乎登天之难。这些年来，他们一年四季都巡护在原始高寒森林中，从来没有节假日，甚至在最隆重的春节，他们都是在冰天雪地的高寒森林中与猴群度过的。他们所付出的巨大努力远远超出常人的想象。余队长告诉我，由于长年超负荷地行进在陡峭的山林之中，护猴队平均每人每月要穿破3双胶鞋。他和他的同伴用了20年时间，让我们现在可以很轻易地看到滇金丝猴，我们也让很多狩猎者变成了保护者。现在他的儿子用他传递的最强的猎人的知识去对付盗猎的行为。

我们一定要关心他们的生活，因为他们是护猴人，我们要引导他们过上一种比他们现在所过的生活更加舒适的（日子），让他们有一种感恩的心，来回报大自然。

问 您每次去山里住的时间都会很长吗？您是如何坚持下来的？

龙勇诚：一般都是住2个月到3个月。1987年的秋天，我还是中国科学院昆明动物研究所的一名助理研究员。当时，研究所交给我的具体任务就是找寻所有现存的滇金丝猴自然种群。为了完成这一任务，我在滇西北和藏东南一带的大山沟里一干就是10年。我当时凭着一个动物学工作者的责任感和激情，信奉着"有条件要上，没有条件，创造条件也要上"，才挺了过来。

从1996年开始我就不长时间待在山里了，记得当时我跟那些猴子说"拜拜啦"。我把20个猴群都找完了，分布区域的每一个点，每一个群都找到了，觉得"滇金丝猴调查"这件事情我做完了。余下的事情，似乎都与我无关了，我也该心安理得地去做一些其他能引起自己兴趣的事情了。然而，大自然保护协会和保护国际对中国环保事业的介入又把我的心锁定在了滇金丝猴身上。

这些年来，我加入了大自然保护协会，专门负责组织与实施对这一物种的保护行动，分析滇金丝猴群空间活动规律，为制订和实施具体而有针对性的保护管理计划提供切实可靠的依据。2004年，我们开展的一次工作记录了滇金丝猴的活动轨迹，这是人类历史上第一次获取到滇金丝猴一整年的精确活动路线，对于从生物学与行为学解码滇金丝猴有着不可替代的作用。

我能叫出每一只滇金丝猴的名字

💬 您常年都在"找猴子",是不是已经对它们很熟悉了?

龙勇诚:我这一辈子都在研究滇金丝猴,在我心中它是世间最美的动物。我熟悉它到什么(程度)?到能够把每一只猴子都取上名字,每一只猴子都叫得上名字。后来也会有后悔的时候,这个事越做越难,我要把这个猴群每一群都找出来,确实很难,(但是)猴群是一定要守护的。

有一只猴子叫作红点,红点2015年才成家,但是它现在已经娶到6个夫人,有4个孩子。还有一只叫断手,它现在只有1个夫人,但是它原来有4个夫人。当地人把它叫断手,它其实应该叫断臂,但其实我看了一下,它右臂是没有的,很像《神雕侠侣》里面的杨过,猴群所有的公猴都打不过它。它力大无穷,所以当时它娶到4个夫人。可是现在它老了,只有一个夫人,这个夫人叫偏脸。偏脸长得不算最好看,现在一心一意地陪伴着它。它们有2个孩子,一个叫作四庚,是2014年出生的,今年(2021年)刚刚3岁;还有一个叫作四月,是2020年四月出生的,到今天(2021年)为止刚刚1岁。

有一个故事,是关于叫老白脸的一只滇金丝猴,它的故事很感人。当时它有2个老婆,一个老的,一个小的,可是它特别喜欢那个老的夫人。它(老白脸)把它(老夫人)最放在心上。结果老的病死了,它就抱着尸体抱了几天都不放。

我过去在三江并流地区的云岭山脉，大概接近2万平方千米的土地上一直找滇金丝猴，其中的原始森林大概6000多平方千米。从北到南400千米长。我在那么广袤的森林当中，用10多年时间，把每一群猴子都从这个原始森林当中找出来了。

问 您认为保护滇金丝猴的意义是什么？为什么保护滇金丝猴就是保护我们人类自己？

龙勇诚：我们人类最早就是从原始森林里面走出来的，人类的远亲现在还没有走出原始森林，现在全世界的原始森林已经非常少了。灵长类动物都是在原始森林里生存的，对于它们的生存环境的保护我最有体会的是在哀牢山那次，当时云南连续3年干旱，我们对哀牢山进行监测，该有水的地方还是有水，该有瀑布的地方还是有瀑布，可看周围到处都缺水。这个保护区就是个天然的大水库。"风调雨顺"不是求来的，是要靠尊重自然。在自然保护区，有猴子的地方，水就是清的。我们的白马雪山保护区环境是正在变好的，现在树也已经长大了、长高了。

(问) 滇金丝猴和其他4种金丝猴看起并不都有"金丝"，它
们之间有什么样的"亲戚关系"？

龙勇诚：它们共同的特征是仰鼻，是仰鼻这一特征把它们
连在一起，而不是"金丝"。1870年，法国研究人员将金丝猴
的毛皮带到法国，当时人们看到的猴子是全身金丝毛，鼻子的
特征是看不到的，所以"金丝猴"这一名字由此而来。自此之
后，与此相类似的猴子都叫"金丝猴"了。滇金丝猴是在1897
年命名的，黔金丝猴是在1903年，越南金丝猴在1912年，时
隔99年，在2011年又发现了怒江金丝猴。

(问) 你们科考的时候，滇金丝猴的数量是有1500只，
是吗？

龙勇诚：在我1994年发表文章的时候是1500只左右，
当时我找到了20群猴子。2019年刚做完的调查显示，现存
3000~4000只，这个数据翻番了，成果算是很大了。这样的成
就是不错的。这些年来，我觉得最重要的就是让当地的老猎人
去守护住滇金丝猴。

（猴群管理）是我最赞赏的一个工作，因为（白马雪山
保护区）通过25年的努力，使得大量的公众都能够看到滇金
丝猴的真实样子，这里本来就是滇金丝猴栖息的地方。每年
千千万万的人来到这个地方，观察滇金丝猴。我每次到这个地
方，经常听到"咔嚓咔嚓咔嚓"的拍照的声音，拍出的照片会
走向全世界，会为滇金丝猴争取更多的粉丝。可是如果没有响
古箐的村民这25年的努力，全地球知道滇金丝猴的人的数量一
定不到现在的千分之一。

所有梦想都开花

您现在已经退休了，但回顾您多年的滇金丝猴保护研究工作，您有什么感想？

龙勇诚：我当时的课题，经过10年才完成，最后把滇金丝猴所有的18个现生群体的具体地理位置及其估计数量都标出来了。在中国对分布和数量能了解到这个程度的物种是很少的。

我唯一的心愿就是希望我们所发现的这些滇金丝猴群能够永远生存繁衍下去。希望通过我们的"前赴后继"，使滇金丝猴这一宇宙间最像人类的生灵得以永存于天地之间。让我们满怀信心去迎接明天，我们的目标一定要达到！我们的目标一定能够达到！

我感觉到自己的所有梦想都开花了，因为现在的滇金丝猴保护的局面，其实远超过我原来的期望值。当然，还有很多人认为，滇金丝猴并不重要，但是我想我也会不断地说服这些人，不断地重复我的观点——滇金丝猴是全世界最美丽的动物、最像人的动物，它值得我们为之付出。

龙勇诚先生签名

2022.元.12

熊江

中国科学院昆明动物研究所研究员
昆虫学家

熊江，男，汉族，研究员，知名昆虫研究专家。筹建昆虫研究室及昆虫标本室，组团采集、收藏昆虫标本40余万号。

1940年出生。江西高安人。

1962年毕业于南开大学。

1971年由天津自然博物馆主动申请调入昆明动物研究所工作。

1987年7月至1996年7月任昆明动物研究所副所长。

在科研工作中，发表了30多篇学术论文，参与编写《中国经济昆虫志》等10多册专著，荣获云南科技成果奖三等奖和中国科学院自然科学奖二等奖、国家自然科学奖二等奖。

受聘成为《中国物种红色名录》特邀评审专家和云南野生动物司法鉴定中心昆虫专家等10多个学术团体的领导或成员。

参加编撰了《白马雪山国家级自然保护区》等多部自然保护区综合考察报告中的昆虫部分和《生物多样性调查与评价》等学术专著。

曾获全国少年儿童校外教育先进工作者，全国优秀青少年科技辅导员，2次获云南省科普先进工作者，获云南省优秀青少年科技辅导员，昆明市优秀青少年科技辅导员等。

从天津来到云南，白手起家做科研

问 请您介绍一下您的家乡及您的学习经历。

熊江：我的家乡说起来比较复杂，我老家是浙江，但是我在浙江并没有生活过。我出生在福建厦门，小学一年级我是在厦门上的，后来父母的工作调到广西桂林，我就跟着父母到了桂林去，我小学的主要学习和初中、高中都是在桂林完成的。所以实际上从学业上来讲，我出生地和祖籍不一样，而我生长的环境又跟我的出生地离得很远，后来上了天津南开大学，完成了大学的学业。我在大学是学昆虫学的，学习内容有很多，昆虫分类，昆虫生理、病理、毒理这些方面都是昆虫专业要学的。昆虫专门化的学校只有2个，一个是南开，一个是复旦，连北大都没有那么全的昆虫专业。

问 您觉得昆虫研究对生物多样性保护有什么重要意义？

熊江：在生物多样性上，最能体现物种多样性的动物物种就是昆虫。全世界200多万种生物，其中动物占150万种，植物占40万种，微生物占10万种。在150万种动物里面，有120万是昆虫，但这120万种昆虫只是我们现在已知的，只占到我们所能了解的昆虫的十分之一，也就是说，昆虫在全世界可能有1000多万种，而这还只是我们的初步估计。有些科学家认为有很多昆虫种类是我们还没有发现的，有些昆虫分类学家认为，在这1000万种的基础上，可能全世界的物种有3000万～

4000万种。昆虫这么丰富的物种多样性，为整个生物物种的多样性提供了一个最大的样本。另外，昆虫的物种多样性以及它对自然环境、对生态的贡献，是很多动物不可比拟的。因此做好昆虫的生物多样性的保护，对于其他的生物的多样性来说非常有意义。

昆虫对自然界有四大贡献：第一大贡献，昆虫能够消除所有动物的粪便污染。如果动物的粪便污染没有昆虫来消除，它对环境可能造成的危害不亚于化学污染。第二大贡献，昆虫可使农作物、植物得到非常好的遗传的保障。也就是说，有很多昆虫是植物繁衍的媒介。所以甚至连大物理学家爱因斯坦都说，如果没有了蜜蜂，人类只能生存4年，这说明昆虫对整个植物的繁衍、对于整个生态系统都起到了非常重要的作用。第三大贡献，昆虫对于抑制一些农作物、经济作物的危害是很有用的。例如，在生物防治中的昆虫防治方面，因为有很多捕食性、寄生性的种类，昆虫能自然地抑制很多危害农作物和经济作物的一些害虫。第四大贡献，以苍蝇为例，如果在春夏之交的时候，一对苍蝇的后代全部都活下来的话，到了秋冬交界的时候，苍蝇就能够布满地球整个表面。但现实中我们从来没碰到过劈头盖脸被昆虫淹没的情况，这是因为99.99%的昆虫都被其他动物吃掉了，因此昆虫在自然界里面给其他的动物，特别是鸟类提供了最丰富的食物。正是因为这样，所以有些科学家讲，如果没有昆虫对自然界的服务，地球上的整个生态系统就不存在了，我们人类也不存在了。

但是现在昆虫种族整体上的数量还是不容乐观的，化学污染和其他的一些人类的经济活动，给昆虫造成了相当大的损害，很多昆虫学家已经感觉到了，因此昆虫物种多样性的保护是迫在眉睫的重要任务之一。

问 1971年您从天津调到云南开展工作，当时为什么会想到云南来？

熊江：我大学毕业以后分配到了天津自然博物馆，馆里有很多的馆藏标本。天津自然博物馆在民国时候叫作北疆博物院，也就是黄河白河博物馆。法国人在1905年就采集标本放入博物馆了，当时他们主要是收集黄河流域以北的华北地区的一些生物和古生物的资源；而且在1957年到1958年，天津自然博物馆的老馆员们参加了中苏在云南西双版纳联合开展的综合考察项目，采到了很多云南的标本，所以当时我去了以后，看到了很丰富的昆虫馆藏标本。

这个项目是中国科学院跟苏联科学院合作进行的，考察队的分工是中国专家能够研究的标本被中国专家分，中国专家无法研究的标本，就被苏联专家拿去。当时天津自然博物馆的萧采瑜馆长在昆虫方面，特别是对半翅目昆虫的分类有非常高的造诣，所有半翅目的昆虫标本都分在了萧先生的名下，所以天津自然博物馆采到的标本很丰富。也正是因此，我开始认识到云南的昆虫，而且产生了极为深刻的印象。我当时觉得云南的标本太奇特了，无论是形态、大小，还是斑斓的色彩，在北方地区都是完全看不到的，太珍贵了。

后来为什么我想要到云南来？主要是因为当时我的爱人在

北京动物研究所工作，我在天津，两个人调动是很困难的。而在20世纪60年代末和70年代初，云南发生了比较重的农田病虫害，当时省里就向动物研究所要求，能不能由（昆明）动物研究所从动物方面来防治农业病虫害。在1970年下半年，昆明动物研究所就从所里面其他的研究室抽调了一些科研骨干，从微生物角度展开了一部分课题，同时向北京动物研究所和上海动物研究所要求调有关的昆虫专业的科技人员来组建昆虫室。他们联系了北京动物研究所，我们听到这个消息以后，就跟北京动物研究所的领导说将我们俩都调到云南来，因为我想要研究昆虫的话，云南确实是一个非常好的地方，是昆虫资源宝地。而且当时昆明这边要人要得很急，那个时候也支持科研人员和科技工作者到边疆地区来做支援工作，因此我的请求很快就得到批准了。所以1971年，我和我爱人就从天津和北京一起调到云南来了。

（问）当时来到云南，看到的云南是什么样的？昆明动物研究所又是什么样的？

熊江：当时我对云南一点都不了解，因为从来没来过。对云南有两个印象，第一个印象就是在天津自然博物馆看到的云南的昆虫标本；第二个印象就是当时有一部电影《美丽的西双版纳》，看了之后我觉得云南真是风光迤逦，民族又那么多，还有点异域风情，所以我对云南的印象非常好。

到了云南以后，我发现云南确实在那个时候比较落后。原来我想昆明是省会城市，应该还是比较大的，结果到了以后发

年轻时进行野外考察的熊江

熊江在玉龙雪山采集昆虫标本

现昆明城很小。而且我觉得大家的思想也比较闭塞，之前我听说"云南十八怪之一"是"火车不通国内通国外"，认为云南跟国外的联系应该是很多的，人们的思想可能比较开放，但实际上是很闭塞的。

（昆明）动物研究所当时在玉案山上面的花红洞，离市区不到10公里，但是它得上一个小山，必须坐汽车上去。我爱人的姐姐和姐夫1958年就来昆明了，我们来了以后，所里面让我们跟他们说，让他们开卡车来接我们上山，从黑林铺上山走的是绕山公路，看了非常惊险，因为我从来没走过这么惊险的公路，好像车很快就要掉到山涧里面去了一样。当时我觉得这个地方怎么那么远，还得跑到山上去。虽然觉得山上风景还挺好的，但是交通非常不方便。一开始只是觉得离城市比较远，后来了解到山上生活比较艰苦：一是所有的生活设施和用品，都得所里面派车从山下拉上来；二是自来水得自己打深井抽；三是除了放映队每个星期放一场电影，山上没有任何娱乐活动。因为没有其他活动，大家除了料理家务，晚上很多人都在办公室里面加班搞科研。当时是工作6天，星期天休息，在休息的时候，大家有时上山捡捡柴火、捡捡菌子，很有一点野趣的意思，同时我们自己还养鸡，好像完全是一个封闭的小社会。

从工作上来讲，我们当时是从北京、天津、上海调了十几位专门搞昆虫的专家到（昆明）动物研究所来组建昆虫室，研究生物防治农业害虫，分成两大内容：一个是以虫治虫，一个是以菌治虫。虽然项目和内容很好，但是当时的设备非常差，我们来了以后没有任何可以进行研究的基本条件。我们没有实验室，没有观察标本的显微镜，也没有标本。我当时就想，那这个研究所要怎么整啊？说实话，在开始的一年多时间，完全是在做基础设备的建设工作。

问 您到所里以后具体做了哪些工作？

熊江：我来了以后，开始的时候是围绕着"以虫治虫"这样一个大课题来研究的。"以虫治虫"是什么意思？"以虫"就是说我们要养一些大家比较熟悉的赤眼蜂，来防治稻纵卷叶螟这种虫害。云南的赤眼蜂总量是很丰富的，我个人是从分类来做的，其他员工的工作是养蜂，我们培养出很多蜂，然后把这些蜂放到大田里面去。找到实验的田块，特别是大田里面稻纵卷叶螟比较猖獗的一些田块，来释放我们培养的赤眼蜂，赤眼蜂在稻纵卷叶螟上面产卵，使它们无法产生第二代。在这样的情况下，我们很多同志在养蜂，手上大约有几百万只赤眼蜂。我的任务是和另外一个同志一起做分类的工作，我当时在云南一共采集了十一二种赤眼蜂，对它们进行分类的识别，从中选出更优秀、防治力更好又好养的赤眼蜂来进行防治工作。

问 昆虫室从白手起家，几乎一无所有，到后边的应有尽有，其间你们做了哪些工作？

熊江：主要从生物防治角度来说，开展的课题比较多。以菌治虫方面，我们新研制出来一种细菌，这种菌能寄生在其他害虫体上，我们把它研制成了一种新的微生物农药，这种微生物农药有效地喷洒了以后，虫子就得病了，就不能够再危害作物。在这方面我们发表了很多论文，同时还得到了比较多的省内奖项。以菌治虫方面，我们从害虫的迁徙规律来进行研究，包括从雪山上研究它能飞多远，能飞多高，能飞的面积有多大。同时我们还开展了一些其他昆虫的研究，比如说我们跟产科所联合用放射生物学的手段来提高蚕的吐丝量，等等。

另外，我们研究室还扩展了研究范围，进行了生物化学等方面的一些工作，这些工作成为后来我们组建生物化学研究室的基础。当时我们昆虫室是全所工作人员最多的，最多的时候有33个工作人员，其他室就十几个人员。因此在基础设施完备了以后，我们进行了大量的野外工作、室内工作和其他方面的工作，使我们当时所获得的科研成果和得奖比所里其他室稍微多了一些。

将动物研究所
从山上搬迁至昆明市区

（问）为什么想把动物研究所从花红洞搬走？

熊江：其实生活上的艰苦我们是能克服的，所里面想了很多办法来满足大家生活上的基本需求，大家也能够全力以赴地投入到工作上面去。但是有两个方面的原因让我们想把所址搬离花红洞。第一是我们与外界的交流比较困难。当时每个研究室大概占一个楼层，最多只有一部公用电话，所领导和业务部门有电话，我们是没有电话的，只能在传达室接。当时看门的大爷拿广播叫两遍接电话。王什么言？到底是叫谁呢？有时候还听不清楚，叫王类似音的有三四个同志，他们同时从宿舍跑到门口来接电话，走到半截问这是你的电话还是我的电话，最后都跑到那儿去，电话那边说了其中的一个才能接到正确的电话。在这样的情况下，除了我们订的杂志和我们发表论文的杂志以外，跟外面联系比较困难。第二是山上只有我们所跟医学生物研究所共同建的小学，员工的孩子只能到山下上初中，因为交通不便，孩子们非常辛苦，班车每天早上要去接在昆明市区里住的同志上山上班，孩子们要5:30起床坐车下山上学，下午班车从山上把员工送下去，再把上学的孩子接上来。因此，孩子们每天在学校里的时间非常长，得不到很好的休息，也得不到很好的家庭辅导。而且孩子们只能在花红洞下面就近的黑林铺十四中上学，因此遇到了一个很大的问题，就是我们所山上的住户的孩子没有一个能考上大学的，而在山下的有家属照顾的孩子很多都能考上大学，这对科研人员的影响比较大，这两个方面使大家的情绪受到了比较大的影响。

除了这两个方面以外，我们还遇到了几件大事。最大的一件事情就是有一年昆明下大雪，整个昆明市交通运输断了一个星期，我们所在的山上更是10多天没有班车开得下来，因为山上的积雪融化不了，融了以后还结冰，而班车又没有防滑链，所以不敢开。那时我们在山上几乎把所有的存粮吃光，如果再不能开班车的话，我们山上的整个生活就断掉了。而且下大雪的时候，学校也没放假，但是根本不敢开班车，孩子只能自己从学校里面往山上爬。我那个时候喜欢照相，我就去拍雪景，拍雪景途中看到孩子们在半山上爬不动了，躺在雪地里面，我就赶紧回来跟家长们说：他们谁的孩子赶紧去接，孩子们在半山上爬不动了。家长们到了那儿，看到孩子就抱头痛哭，连拉带拽、连抱带背地把他们弄回来，这对他们的影响是非常大的。第二个就是我们还出了两次车祸，还死了一些人。这样两件事情对大家的情绪影响比较大，因此有很多科研骨干想办法要走，从外头调来的想办法调回去，在山上的想办法调到山下去，这样的话就影响了科研队伍的稳定。

这个时候正好遇到了中国科学院生物学部院士办公室组织学部委员到所里面来视察、考察工作，他们认为（昆明）动物研究所基本上能够完成科研任务，但是遇到的困难也还是有的。这个时候，恰好我作为所里面指派的接待这些专家的接待组的成员，这些专家中带队的正好是我的学弟，我们俩住在一个宿舍，我跟他聊了3个晚上，把山上我们所遇到的一些困难给他讲了3个晚上，每天大概讲到凌晨一点到两点，把我的学弟都说哭了，他回去后就以学部办公室的名义向院里面反映内部情况，包括当时我讲的一个小故事：当时我们山上烧的是柴煤，这种煤开始烧的时候是冒烟的，冒完烟以后有一段时间火很好，但很快火就没力量了。如果天气好，我可以在院子里头或者走廊上煮饭；要是天气不好的话，我还得搬到屋里去，导致一屋子都是烟，所以每一年我自己都要重新刷我的房子，因为烟熏得白墙变成了黄墙。

那一次跟我的学弟把这些情况说了以后，他写了一个报告，院里面专门开了院长办公会，定下来同意（昆明）动物研究所能够往山下搬，这对动物研究所来说是很大的鼓舞。那个时候从20世纪80年代的后期开始真正地动手来做这个事。

问 新所是怎么建立起来的？

熊江：实际上从征地基建到完全搬下来也就是8年时间，不算长。当时包括征地基建费用、搬迁费，我们总共才被批了800万元。新所址是当时的所长施立明先生选的，他专门派人员考察了昆明的很多地址，最后觉得教场东路这个地方还比较好，而且经费有限，我们只能在这里买57亩地。基建大概用了3年时间就完成了，由于地面比较低洼，我们用了很多土把地基垫起来，但是还是不够。在开始的时候，因为下水道不通，我们这里淹了好几次水，差点把图书馆的一层楼都淹了。基建建好了以后，我们真正搬来是1992年。

当时我们搬下来的时候也很有意思，我们专门成立了搬家委员会，房子怎么分配，完全由搬家委员会来定，除了黄副所长参与了以外，其他的所领导，包括施所长、党委书记、我都不在搬家委员会里面，都不知道怎么分配。所以完全根据个人的条件来分配房子，大家分完以后，基本上没有闹出很大的意见，所以当时搬家做得还是相当不错的，我们这些所领导也都带头遵守大家定下来的规矩。当时院里（中科院）还怕我们的基建很糟糕，来视察过2次，他们视察后觉得基建质量是很好的。举个例子，后来有几栋宿舍楼要拆掉，拆楼的人说你们这个楼怎么盖得这么结实，拆卸的人都累得不得了，这说明当时的基建的质量还是能过关的。我们搬下来以后，（昆明）动物研究所的面貌完全不一样了，我们有了很好的吸引人才的基本条件，而且跟外头的联系完全顺畅了。

熊江为时任中国科学院院长的周光召院士介绍中国科学院昆明动物研究所所况

熊江（右一）与专业人员研讨（2001年）

难忘的野外考察

问 在您所有的这些研究工作中，您最难忘的是哪一项？

熊江：我觉得最有成就感的还是我带队进行的几次野外采集。这是给所里面的建设做的一个最基础的工作，在这个基础工作里面，如果没有大家的共同努力，一个人出去不可能采集那么多的标本。大家一起去，白天要进行野外采集，晚上还要进行灯诱。灯诱就是挂上灯，让那些有趋光性的昆虫到灯下来，以便我们采集。我们都是在野外工作，同时还要把采到的昆虫标本及时整理出来，集成到一定程度以后，放在一个棉花层里面，把昆虫标本包起来，然后再从采集地寄回昆明。

问 你们那时候是怎么做野外考察的呢？

熊江：当时真正在做野外考察的，除了我们这样的具体的任务以外，还有叫作"任务带学科"的方针。后来珠江电影制片厂到云南采访动物研究所，觉得我们昆明动物研究所在云南的动物研究方面已经有所成就了，想拍一部纪录片，这个纪录片要讲云南的野生动物的考察，当时选了一些专业人员来配合珠江电影制片厂拍这部纪录片。

他们选人的时候，我有幸和甘于心老先生入选，协助他们来拍摄。我们是到西双版纳进行拍摄，如果没有我们的镜头，我和甘于心先生在拍摄的间歇里，就在我们住的村寨里面和林子里面去采集。我们采了第一批将近1万号昆虫标本，作为将来昆虫研究室里面的标本室最初的一些标本。后来在这样的基础上，所里让我来组队，在云南全境进行了3次野外考察，把云南基本上走完了，从滇中到滇西北，沿着保山—德宏—临沧—红河这一线，一直到文山的边境线，还到滇东北，基本上把云南境内的标本都采集到了。后来到我手上的有40多万号标本，我们考察对策的基础就是在那个时候打下来的，后来陆陆续续地还有一些零星的其他的野外科考的项目，日积月累，才有了现在的将近60万号昆虫标本。

1982年、熊江、王吉先组织并带领科考队在高黎贡山大蒿坪采集昆虫标本

问 在野外的经历是什么样的？有什么有意思的事情吗？

熊江：野外经常碰到蛇，有一次遇到很大很长，还很漂亮的蛇，我举起来蛇尾巴还离不了地，可惜没有做标本的工具，太可惜了。我在元江蹲点的时候，蛇组叫我在那收蛇，我自己手写广告，说一条蛇一块钱，好多人来找我卖蛇，我看到这个品种比较稀有的蛇，就提高价钱，说1块5一条。当时采了好多蛇，蛇拿住了以后，装蛇是不把头先放进去的，是先把尾巴放到布兜里头，最后将整条蛇丢进去，口袋一扎，蛇就装在里头了，不用怕。

退休后从"科研人"变为
"科普人"

问 退休后您专心从事科普事业，有哪些经历和成果？

熊江：其实在退休前我就已经接触科普工作了。在天津自然博物馆工作时，博物馆会办一些展览，我参与解说词的撰写、展览的布置等工作；来到云南后，我经常被请去做昆虫科普讲座。1980年，云南省科协举办首届全省青少年科技夏令营，我和另一位科研人员担任辅导员。1981年，全国举办青少年发明创造与科学研讨会，也就是今天的青少年科技创新大赛。从那之后的每一届大赛，我都担任评委。

除了这些，我还积极参加云南省和昆明市科协组织的各项科普活动，包括历年的"科技周"中的小型动物（昆虫）展览、知识竞赛、动物和昆虫知识讲座，我的昆虫讲座，从幼儿园讲到研究生，面对不同的听众讲不同的重点。这些昆虫故事都很有趣，很受欢迎。

除参加省、市的科普活动外，我还在多个学会、协会中担任职位，比如说云南省科普作家协会副理事长、中国科普作家协会理事、昆明鸟类协会副理事长等，在这些群众团体和学术团体中承担主要的组织工作和起到骨干作用。我还受聘担任多所大学、科研院所的昆虫学科研成果鉴评人员、研究生论文答辩委员会委员、主任委员，是《中国物种红色名录》特邀评审专家，是云南野生动物司法鉴定中心昆虫学专家，还经常受邀

熊江辅导青少年
采集昆虫

熊江为青少年科
普昆虫知识

协助一些大学、研究所做昆虫标本鉴定。我还参加编撰了《白马雪山国家级自然保护区》等多部自然保护区综合考察报告中的昆虫部分和《生物多样性调查与评价》等学术专著。

寄语年轻人

问 您觉得为什么昆明动物研究所能取得那么多的科研成就?

熊江:我觉得一个原因是当时的科研人员,在党的培养下,从大学毕业以后能够来到这样一个专业的科研单位,对这样一个把自己所学贡献给国家的机会,大家是非常珍惜的。所以当时很多同志,包括自己,对生活条件要求得并不是很高,只要能满足基本需求就行。当时的科研人员建设社会主义祖国的信念始终都是饱满的,所以大家才愿意从北京、天津到这里来,而且坚持留下来。这种信念,我觉得是我们这一辈人受到党的培养和教育的直接结果,是我们觉得欣慰和自豪的一件事情。

问 您有哪些经验或哪些话想对现在的年轻人说?

熊江:我退休后积极参加各种社会活动,坚持科普教育工作和力所能及的专业学术活动。对此,我自己有三点体会想分享:一是摆正位置,不为名利,发挥余热;二是与人共事,保持平和心态,尽力而为,和谐相处,才能长久合作;三是坚持适度的身体锻炼,戒除不良生活习惯,保持旺盛的精神和体能,方可承担各项工作。

熊江教授签名

曾孝濂

中国科学院昆明植物研究所正高级工程师
中国植物科学画家
中国植物画第一人

曾孝濂，中国科学院昆明植物研究所教授级画师、工程师、植物科学画家，中国美术家协会会员。祖籍云南威信，1939年6月出生于昆明。

1958年，曾孝濂高中毕业，被中国科学院昆明植物研究所招录，职务是见习绘图员。对自幼爱好涂鸦的曾孝濂来说，能从事与绘画相关的工作，比考取大学还要高兴。

1959年《中国植物志》立项，需要大量画师。自此，曾孝濂在研究所里，一画就是整整37年。

20世纪60年代，曾孝濂参加了国务院组织的"523"项目（疟疾防治药物研究项目），数十家地方和军队的科研、医药单位组成的攻关工作队共同研究如何对抗恶性疟疾。曾孝濂参与负责的是绘图工作，在与越南、老挝、缅甸接壤的林区实地写生。

1997年，曾孝濂以研究员级高级工程师的职称退休。他的孩子创业有成，他也跟随家人移居北京，此后创作了不少以花鸟为主题的作品。

他曾花了好几年的时间，创作了《云南花鸟》。

1992年和1998年在香港举办2次个人美术作品展，1998年在中国美术馆举办"百鸟图"个展。

2017年7月，拥有百年历史的国际植物学大会首次在中国举办，曾孝濂负责参与了此次植物科学画展览的筹备评审工作。为这次大会，他拿起画笔，创作了10余幅新作。

曾孝濂曾任中国植物学会植物科学画协会主席，毕生都在科学和艺术之间寻求结合点，用绘画形式讴歌大自然、宣传呼吁保护鸟类、保护珍稀植物、保护地球环境。40余年的科研和艺术生涯中，参与完成多项科学研究项目，先后为50余部科学著作画插图，在日本出版《云南百鸟图》个人画集和《云南药用植物》图谱，在国内出版多种个人画集。

2019年应香港中文大学生命科学学院的邀请，再度在香港举办个人作品展，并进行多项交流。同年9月应昆明当代美术馆的邀请，举办了《花花世界》个人作品展。2021年初应北京商贸学院邀请，举办了《笔下生息》个人作品展。2021年9月，为配合在昆明召开的COP15，昆明当代美术馆再度举办《一花一鸟一世界》新作展。2022年3月应上海摄影艺术中心邀请，在上海举办《画与相》个人作品展。经昆明当代美术馆聂荣庆馆长以及华侨城领导多次协商，在原昆明世博会园址内建成"曾孝濂美术馆"，为曾孝濂先生的作品找到了理想的归宿。他的作品从来不参与艺术市场，退休以后，早中期作品都藏于浙江省自然博物馆，后期作品悉数藏于曾孝濂美术馆。

曾孝濂在创作

对生态艺术的理解

问 作为观众，我们特别喜欢您的画风，好多人都说您的画能让人美"哭"了，对此您是怎么看的？

曾孝濂：我的画都很通俗，生物画或生态艺术画有别于主流绘画。首先，你得了解生态，生态就是物种的生存状态，就是物种与物种之间，物种与环境之间的关系。生态学就是研究动物、植物、微生物与人类和环境之间的关系的学问。

生态艺术就是以生物物种为创作主体，反映它们原初的自然状态和形态特征的绘画，它必须具备鉴别物种特征的功能。还有一类生态绘画，侧重表达物种之间或物种与环境之间的相互关系，需要遵循相关生态学的知识和原理，属于一种功能性的绘画，同时也具备较高的审美诉求。它虽然带有学术性，必须用写实的手法来真实地反映客观物象，但是它又是通俗直观的表现手法，必须大众化，力争让读者一目了然地看懂你想要表达的内容。

我认为，各种画派都有它存在的理由，不要互相贬低，要互相尊重。美术应该是多元共存、百花齐放、各行其道的，但是要真正做到却是很不容易的事情。

问 请您跟我们介绍一下您身后的这幅画。

曾孝濂：这幅画是负责拍北京世界园艺博览会新闻片的李成才导演在这个会议开启前半年向我约的稿。当时就说要画一

曾孝濂的画作《亚美鹅掌楸》

曾孝濂的画作《影响世界的中国植物》

幅《影响世界的中国植物》，我的理解就是画上面的植物都要原产于中国，然后通过各种渠道，传播到世界各地，造福于世界各国人民。

比如水稻，一粒粒水稻，养育了世界半数以上的人口；一片片茶叶，造就了世界第一大饮料；一颗颗果实，滋润世界各国人民，留下了甘甜的回忆；一片片桑叶，丰富了人类的衣着，给人们带来温暖……还有中国的这些原生植物，既给世界各国人民带去了友谊，也给他们带去了很多实惠。

一个英国的植物学家（E.H.威尔逊）写了一本书，叫作《中国：园林之母》；书上面的所有花都原产于中国，一朵朵

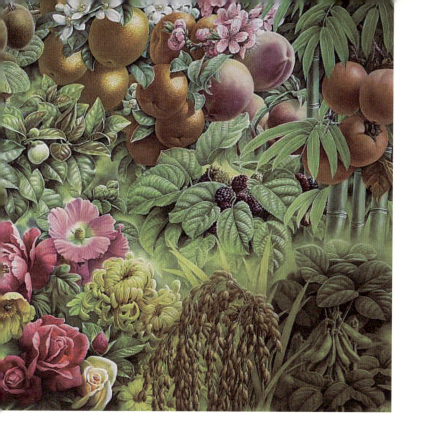

鲜花给人们带来了爱和美的回忆，也传播了中国对各国人民友好的情谊。

　　基于这种理解，在创作这幅画的时候，我尽可能选择了一些既普通又比较特别的植物。

　　李成才导演找到我的时候，我已经79岁了，怀疑自己能不能完成这个作品。我只有半年的时间，而同样的作品在我们同行里边，要更多的时间才能完成。而且如果在此期间出了错误，没有重画的可能，所以当时是既要大胆又要谨慎，画错了就没有机会和时间再改。整个创作的过程中，我足不出户，结果还不错，尽了该尽的力，如果时间充裕一点儿，可以画得更好。

问 您被称为"中国的植物科学画家"，请您给我们介绍一下，通俗来讲，植物科学画应该怎么定义？

曾孝濂：生物类绘画，包括动物、植物、微生物……它有不一样的叫法，有的叫博物画，有的叫科学画，有的叫生态艺术画，有的叫植物艺术画、动物艺术画……但是不管叫什么，它的主要功能，都是介绍生物的物种，让更多的人认识。它必须用一种写实主义的手法，把物种的形态特征画得非常具象、准确，这是植物科学画跟别的类型的画的不同。

它在美术界是一个比较小的画种，是一种实用美术，不是纯艺术。因为纯艺术主要是表达画家本人的情感和内在的情绪。而生物绘画一定要真实地反映生物物种的形态特征，不能发挥想象，不能任意删减。

只要是写实主义，你用什么画法都可以。用中国的工笔画也可以，油画也可以，水彩画也可以，水粉画、丙烯画都可以，但是必须是写实的。更重要的是必须有一个主体上的明确性，对于主体不能随意发挥，不能进行任意的删减，更不能发挥想象力去创造新的主体。

所以在主流的美术界当中，植物科学画的创作要求比较严格，也就比较局限。

曾孝濂的画作《睫毛萼杜鹃》

传统手绘需要继承和发扬

问 刚才您说到要写实地来画植物画或者说生物类绘画，如今手机和相机都很普及，有人可能会说那我拍张照片就可以了，画植物画还有必要吗？您是如何看待这一问题的？

曾孝濂：这是一个比较具有普遍性的问题，这应该说是一种文化，而文化是有传承的。

在18世纪以前，摄影技术还没有发展起来的时候，人物肖像的表现基本只能靠绘画。到了18世纪下半叶，照相技术越来越成熟，很多画家就也发出了疑问："既然有了照相机，那为什么我们还要画这些写实画？"所以，一些表现主义的画派芸芸而生，表现肖像的任务大都交给了照相机。

生物绘画过去也是这样，在没有产生印刷的时候，主要是石版画、铜版画，要是彩色的话，就是用石板印刷，然后再用手工填颜色。到了上世纪（20世纪）90年代，也有人提出同样的问题："现在彩色照相那么发达，我们为什么一定要画？"因为绘画要投入很多时间精力，这样的人才也不是很多。但是后来在短时间地用彩色胶卷代替绘画以后，发现它（照相）并不能取代生物绘画的传统，生物绘画已经形成一种传承。

绘画是有选择性的，它要突出最主要的特征，它还可以突出这个物种和那个物种之间最重要的区别点。而照相是平均主义的，虽然它也可以真实地反映物体，但是它可能不是特别的突出，所以恢复了老传统，还是通过手绘来表现。

传统手绘作为一种优秀的文化传统，也需要继承和发扬。随着专业技术的发展，我们可以看到，有很多非常精彩的照片也完全能达到手绘的程度，但是现在反过来了，喜欢生物绘画的人越来越多，而且比以前更多。这说明在过去生物绘画只是存在于一些专业著作、教科书或者是教材里边的一些插图，现在随着植物志、动物志等大型专著完成，也随着人们对自然环境的重视和对回归自然的渴求，生物绘画被越来越多的人关注和喜爱，也逐渐地成为一种大众喜闻乐见的艺术表现形式。

所以随着时代的发展，照相和手绘应该是互相补充的，不是对立的。比如说，过去我们都是靠速写来收集素材，这样速度就会很慢，而现在大家利用照相机收集素材，在同样的时间内接收到的信息量更大，让效率提高了很多。所以说，它们应该是相辅相成、互相促进的关系。

问 请您跟我们讲讲，画生物类科学画的过程是怎样的？

曾孝濂：我们那个年代，画每一张插图都必须和植物分类学家一起。因为他们就是研究这个植物的科、属、种的，他们更专业，而我们在这方面掌握的只是片段的知识，不是植物分类学的系统知识。

其次，我们可能要画水彩画、油画、中国画等很多种类的画，要上课、要练基本功，所以分类上就只有交给他们了，我们的重点在于怎么把画画好，我们要画得生动，要把干标本画活。标本都压干了，有些标本甚至比我的年龄还大，它没有生命，它是平的，所以有的画家在画标本的时候会用硫酸纸把它拓印下来，然后再用毛笔、钢笔上墨，这样画出来是很准确的。

但是那不是我的追求，我要把它画活，把没有生命的标本变成一个活灵活现的形象来作为植物志的插图，呈现给读者。

在完成《中国植物志》《云南植物志》的过程当中，我们跟他们不一样。我在任的30多年时间里没有买过一张硫酸纸，正因为这样做，才没有辜负我的职业，没有辜负我们几代植物学家和植物插图画家的凤愿。

曾孝濂的画作《紫薇》

编纂《中国植物志》的经历

问 您参与编纂《中国植物志》这项工作耗费了46年的时间，这可以说是一个非常浩大的工程了。请您给我们讲一下您在这个项目当中承担的工作内容主要有哪些？您为什么那么热爱这一画种？

曾孝濂：画植物志是我这一生中最主要的工作。我大概有30年的时间在作画，另外有将近10年的时间去跑野外，那时我真正能够到大自然当中认识自然、理解自然。我下决心一辈子用画笔讴歌自然是在上世纪（20世纪）六七十年代的时候。

有一个非常重要的工作，就是"523"项目，当时治疗疟疾的特效药奎宁有抗药性，吃那个药不管用了。后来中央军委协调成立了"523"办公室，最后有了后来屠呦呦研究的青蒿素。那时候大量的人员到野外去考察，搜集一些可以抗疟疾的植物，我就跟着去实地写生。

对于我来说，能参加这项工作感到非常的荣幸。因为我们过去画植物志大部分时间是在标本馆、植物园和图书室参考别人怎么画，很少有机会到原始森林中去。所以到了热带雨林以后，我非常兴奋，对自然的力量由衷地膜拜。那种体验和在书本里看是完全不同的，好像到了一个新的宇宙里边一样，能感受到人是那么渺小，感受到自然的宏伟、奥妙和神奇，并一点一点去认知和感受。然后我就立志在完成植物志的工作以后，用我的画笔把我见过的所有打动我的美好的事物描绘下来。

除了画植物志，那时候也拼命地练基本功，没有一个晚上是闲着的。我时刻都得想我该用什么方法来表现我在野外看到的这些生态环境，这些奇妙的动物、植物。

退休后终于有时间来完成自己的这个愿望了，我大概画了五六百幅画，基础都是那个时候打下的。参加"523"项目和《野菜图谱》绘制的过程，不仅影响了我整个人生的选择，可以说对我的价值观也产生了根本的影响。一辈子做这个工作我感到非常满足、非常愉快，其乐无穷。

（问）你们在参与编纂《中国植物志》这套书的时候，整个工作是什么样的？

曾孝濂：除了"523"项目，后来还有个"热区军马饲料"项目的工作，我们也要负责，那时候我又能去画画了。投入在这几个工作以外的时间，我全部都拿去画《中国植物志》了，画《中国植物志》就是坐冷板凳，但是我们也要到植物园去写生。那一段时间就是跟专家、植物学家做朋友，每打好一张草稿都要拿给他们看，他们点头说可以了以后我们再开展下一步的工作，然后再给专家看，就这样日复一日地工作。《中国植物志》完成以后获得了国家科学进步奖一等奖，大家都欢欣鼓舞。

（问）您还记得当《中国植物志》这套书终于编完的时候，你们是什么样的心情吗？

曾孝濂：《中国植物志》编纂完成的时候我已经退休

了。我退休的时候《云南植物志》才编到第8卷，《中国植物志》大概是在2012年才完成的，而我在20世纪90年代末就退休了。

当《中国植物志》完成的时候，我们所有从事这个工作的人当然是欢欣鼓舞，尽管我们做的基本上都是默默无闻的工作，但也是由衷地感到激动和自豪。

我们是一个"不为人知"的群体，有的人为完成《中国植物志》工作了一辈子，没有做完就去世了。我已经是第三代了，我的老前辈们从1924年就开始为各种志书画插图，到我的时候已经是20世纪50年代末60年代初了。《中国植物志》正式开展编纂工作时，我还是20来岁的小青年，现在我这一辈人80多岁，大部分故去了，留下的很多都不能再画了，只有少数的两三位朋友还能画。我是一个幸运者，我不仅能画，甚至我比上班时还忙。

我前几天跟朋友说我是"年纪不老小，积习改不了"，这一辈子的习惯就是每天画两笔，"每天画两笔，无暇寻烦恼"。

有很多人不相信这些画是我这么一个80多岁的人画的，有时候甚至连我自己都感到莫名其妙。虽然我生病，但是我的心态让我有信念，我不要求活得很长，但是我要求活得有质量。我虽然得了癌症，但是我没有做化疗，因为担心做化疗会把我的一些免疫系统打乱，有副作用，身体会颤动，手脚都会抖，这样我就画不了画了。我宁肯活得少一点，也一定要做我喜欢的事情。

顾炎武讲过的一句话对我有非常大的鼓舞，他说："有一日未死之身，则有一日未闻之道。"只要你还活着，你就有很

年轻时正在画图的曾孝濂

多不知道的事，有很多需要你学习、掌握的东西。我现在画了一辈子，还有很多想画的没画，还有很多表达不出来的东西想要画得更好，但是人不可能把什么事都做到尽善尽美，总有不足，总有缺憾，意犹未尽才能进步。

我觉得我退休以后是处在一个最好的时间，环境好，国富民强，国泰民安，老百姓都能做自己喜欢做的事儿。我还有比较好的身体，手不抖，头上戴一个三倍的放大镜，我还可以画很细致的画，已经非常知足了。

垂暮之年还能继续做自己喜欢的事，一息尚存，折腾不止，何乐而不为之。

问 您说大自然原始森林里看到的那种美是让人震撼的，让您坚定了从事把这种自然的美给表现出来的工作的决心。我们也看到一些资料，你们在考察的过程当中也经历了很多危险，您在这么多年的野外考察当中有没有比较难忘的一些事情？

曾孝濂：当时我们的向导赤脚背着一个竹篓子，背篓里边放一把砍刀，带我们走那些原始老林。我们都穿着布袜子，都是有预防的，擦了趋避剂，可以在短时间内预防蚊虫、蚂蟥叮咬。当地的向导真的太令我们佩服了，有时候蚂蟥到他们腿上来了，他们就用砍刀像刮胡子一样，"唰"的一下把蚂蟥给刮下来了。

那个时候也没有好的装备，最多只能穿一双塑料鞋和布袜子，偶尔蚂蟥还是会钻进去，一看到塑料鞋里都是血，就知道是蚂蟥咬了。开始的时候我们也是觉得不得了，其实当地人根本不当回事。马驴虻子更厉害，它咬你的时候，它的头会钻到你的肉里边去，你一打，它的头就断了，然后你那一块受咬的肉就会发炎溃烂，有时候要把那块肉都给挖掉。马蜂也很可怕，据说有种马蜂的威力足以让一头水牛丧命，它们是在土里面筑巢。我们同事就踩到了，然后就被叮了，皮肤马上就肿起来，穿的牛仔裤脱不下来，我们赶紧送他到县里边的卫生所住院。这样的事情太多了，后来慢慢地我们也习惯了。

曾孝濂在野外考察

1971年，曾孝濂在西双版纳丛林里写生

人要善于独处

问 您曾说过要画好生物学的这种画，一定要心静和心沉。这个说起来是大家都知道的道理，但是真正要做到心静还是很难的。那么您是如何做到心静，不被各种杂事、烦心事所搅扰的？

曾孝濂：人要有定力，要"不为利所诱，不为名所累，不为情所困"，专心专意去做你喜欢的事。不是赶热闹，不是哪儿人多去哪儿，不是哪个工作赚钱就去做哪个工作，要像范文澜说的，"文章不写半句空"，要坐得住冷板凳，扎扎实实地去学习，去动脑筋。

植物画的职业是孤独的，要坐冷板凳，要耐得住寂寞。寂寞是人生的必修课，一旦尝到了甜头，你会明白不是度日如年，而是人生的财富。独自入静时，思绪最清晰，凝神专注的效率最高。孤独应该是人生的常态。孤独并非与世隔绝，作为社会上的人，不可能没有人际交流，工作团队必须协同配合，一旦明确了责任和分工，就要独自去完成分内的工作。人际交往和热闹也是人生的常态，但是热闹是属于大家的，孤独才是自己的，唯有做到闹中取静的人，才能最大限度地利用有限的人生。古人云"非淡泊无以明志，非宁静无以致远"。淡然于心，不随波逐流。澄净心怀，点滴积累，一步一步地靠近自己的目标。孤独就是学会与自己相处，无论人生路上有多少纷繁热闹，终都是独身而来，独身而去。叔本华言之有理，他说：

"只有当一个人独处的时候，他才可以完全成为他自己。"在孤独中自省，在孤独中开悟，在孤独中积累，在孤独中担负起社会责任。

另外，不要去攀比。别人生活得再好，条件再好，再有钱，那是人家该有的。你要拥有工匠精神，奋力笃行，尽到自己最大的能力去实践，把你的知识用在你的行动上。

蔡希陶先生是我的引路人

问 您跟蔡希陶先生一起共事过，在您的印象中蔡希陶先生是个什么样的人？他给了您哪些影响？

曾孝濂：1938年，蔡老受北京静生生物研究所的委派到云南工作，开创了云南农林植物研究所，把毕生的精力都奉献给云南植物研究和云南植物资源开发利用工作。蔡希陶先生是我最敬重的领导，也是最慈祥的长辈和最严格的教师。

1959年他带领一批年轻人去开辟西双版纳热带植物园，我想跟他去，但是他不要我，他说你要准备画《中国植物志》的插图，这是重要任务，要赶紧打基础。我虽然没有在蔡老的直接领导下工作，但他仍然是我的引路人，每次他回昆明或是我去西双版纳聆听他的教诲都受益匪浅，他待人坦诚，幽默诙谐，谈笑间充满智慧和哲理。他培养了一大批优秀的植物学家，他的言传身教影响了几代人。

择一事终一生，大幸也

问 您是怎么看待自己的成就的？

曾孝濂：谈不上成就，只能说机缘巧合，有幸成为昆明植物研究所的一名职工。在长辈和老师们的帮助下，我从知之甚少的中学生成长为有一技之长的生物画家。植物所本身就是人和自然交融的平台。再者，工作需要与个人的兴趣爱好相吻合，在多年的学习工作实践中，我明确了责任，增长了知识，练就了技能，择一事终一生，大幸也。可以说，我痴于工作，笔耕不辍，一意孤行，自得其乐。

曾孝濂在野外考察

昆明植物研究所的绘图团队相对而言是年轻的，但是逐渐跟上全国的老大哥单位，并且形成了自己的特点，取得了一定的成绩。但是我们清醒地认识到，任何成绩都是阶段性的，任何人都做不到极致。我们非常高兴地看到全国各地涌现出一批非常优秀的青年生物画家，我们走了几十年的道路，他们十几年就走过来了，我们没有了却的心愿，他们一定会去实现。

曾孝濂先生签名

2024.4.16.

蔡景霞

中国科学院昆明动物研究所研究员
神经科学学科带头人

蔡景霞，女，汉族，中国科学院昆明动物研究所研究员，神经科学学科带头人，博士生导师。

1940年出生于四川省绵阳市，1957年毕业于绵阳南山中学。

1961年毕业于云南大学生物系人体及动物生理专业，同年分配到中国科学院昆明动物研究所工作。

1984—1987年作为访问学者在美国耶鲁大学医学院神经生物学系P.S.Goldman-Rakic院士研究室进修。

2005年退休。

退休前曾任云南省生理学会副理事长、云南省动物学会副理事长、中国神经科学学会理事、中国生理心理专业委员会常务委员、《动物学研究》副主编、*Neuroscience Bulletin*编委、中国老年学学会衰老与抗衰老科学委员会常务委员。

获国务院政府特殊津贴、中国科学院优秀导师奖、云南省三八红旗手称号和中国科学院首届妇女十杰提名奖。

历任中国科学院昆明动物研究所脑与行为研究组（神经精神药物药理学研究组）学科负责人、灵长类生物学研究室主任、所学术委员会委员、所职称评审委员会委员，国家自然科学基金委员会生命科学部神经和心理学科一审和二审评审专家。

主要研究灵长类动物叶认知功能的神经机制和老年痴呆症（AD）的病因及防治。

从1990年开始，历时15年，与中国科学院昆明植物研究所研究员郝小江所长合作，完成了化学类Ⅰ类新药芬克罗酮治疗老年痴呆症的临床前研究，于2005年合作申报药品注册，经国家食品药品监督管理局批准，进入临床试验，在合作完成Ⅱa期临床试验后，于2017年12月将该研究成果转让给北京优和康生物医药科技有限公司，继续后续临床试验。

已发表论文百余篇，参与编写出版专著4部；获云南省自然科学成果奖1项、国家发明专利3项、合作获省部级科技成果奖多项。在昆明动物研究所神经科学学科的建设和发展方面作出了重要贡献。

投身神经生物学研究

问 1961年您从云南大学毕业以后来到了昆明动物研究所开始工作，请您给我们介绍一下您当时的工作情况，以及来到昆明动物研究所之后主要开展了哪些方面的研究？

蔡景霞：1961年，我们从云南大学坐着卡车来到1959年新建的中国科学院昆明动物研究所。到所后第一年就到西双版纳建工作站，自己动手建土坯房。一年以后，所领导安排我与李朝达（昆明动物研究所同事）等5人组建神经生理组，研究灵长类动物脑高级功能。

昆明动物研究所1959年成立时，接管了中国科学院生物物理所昆明生物站饲养的数百只猴子。猴的大脑与结构与人类最接近，是研究大脑如何学习、记忆和思维，如何控制行为的理想动物模型。为利用好这批宝贵资源，揭示人脑工作的奥秘，所领导决定组建神经生理学组。当时，不仅仪器设备缺乏，文献资料还须去上海、北京查阅，但是没有学术积累的我们仍满怀热情，充满对科学研究的憧憬，梦想着可以像巴甫洛夫一样去研究条件反射的神经机制，了解大脑决策行为的奥秘和神经精神疾病的病理机制，为人类医学进步添砖加瓦。我们扬长避短，发挥资源优势，比较研究了进化程度不同的灵长类动物及不同年龄恒河猴的认知功能分别与大脑系统进化和个体发育间的相关性。1967年所领导安排我去中国科学院上海生理所徐秉煊教授研究室学习，徐教授采用行为神经学和电生理方法研究恒河猴认知功能的神经机制，以此揭示大脑学习记忆功能的神经机制，当时在国内为一流研究水平。

20世纪60年代，我被安排到二室，参加一项重要的国防科研项目，探讨针灸在治疗急性放射病中的作用。我们和中国军事医学科学院基础研究所的同志，为此项任务在花红洞共同奋斗了数年，直到1978年。

1978年，研究所全面整顿学科布局，我被调到新调整的资源动物化学研究室负责研究蛇毒纯化组份的生理活性，为此项新工作，我曾短期到中国科学院上海生理所徐科教授实验室学习，回所后便自己动手仿制了鉴定蛇毒神经毒活性的膈肌膈神经收缩的记录装置，用此装置完成了蛇毒神经毒镇痛作用的研究，为推进其成为镇痛新药用于临床贡献了一份力量。此外，还参与了抗凝新药蝮蛇毒去纤酶的研究。1981年，潘清华所长决定正式组建灵长类生物学研究室，我被调到该室重建灵长类神经生物学研究组。1981—1984年，我们与贵阳医学院和中国科学院心理研究所合作开展了树鼩神经生物学研究，该研究于1989年获中国人民解放军科技进步奖二等奖。同时，开展了原猿类懒猴、树鼩和恒河猴认知功能与前额叶发育关系的研究。有关研究结果被"科学前沿丛书"第一辑《神经科学前沿》（1986，曹天钦、冯德培、张香铜编著）收录。

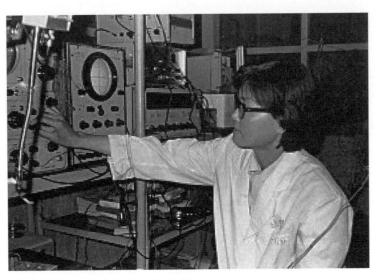

1980年，神经生理研究组蔡景霞在做生理实验

学成归国　参与多项重大科研项目

问 您工作几年之后就去美国进修学习了，请您跟我们谈一谈当时到美国进修学习的情况，以及您回国以后主要开展了哪些工作？

蔡景霞：1984年我被公派到美国耶鲁大学医学院神经生物学系P.S.Goldman-Rakic院士实验室学习，主攻灵长类动物前额叶的结构和功能，以及老年记忆障碍的神经机制，直到1987年回国。1984—1987年在美国耶鲁大学医学院进修期间，我与Arnsten博士合作，首次获得非人灵长类大脑内存在两种不同的去甲肾上腺素alpha-2亚型受体的功能性证据。其中，alpha-2Rs亚型受体与血压调节、自发活动功能有关，而alpha-2A亚型受体与工作记忆有关。并证实alpha-2A受体刺激剂guanfacine对自发活动的抑制作用有望成为治疗儿童多动症的候选药物，该结果当时即在美国申请了专利，并转让给英国的一家企业继续完成后续研究。

在美国学习期间，我时刻提醒自己，我是中国学者，要不卑不亢、虚心学习、努力工作，不给祖国丢脸。我回国时，导师和合作者Amy分别写了信给施立明所长，表扬我在耶鲁大学的工作态度和取得的成绩。

1987年，所长施立明要求我尽快结束国外工作，早日回国发展云南的神经生物学研究。接信后，我便与导师商量回国的事，得到导师同意后，我立即停止了刚开始的新课题，返回国内。

　　1987年，中国科学院开始体制改革，我1987年回国时，国家自然科学基金委接受项目申请书的时间还有一个月截止。我回国的第一件事便是撰写项目申请书，申请研究经费。我很幸运获得了当年最高额度的基金资助，开展了去甲肾上腺素alpha-2受体激动剂改善老年猴记忆功能的机理。之后我们又获得两项国家自然科学基金资助：非人灵长类大脑前额叶对空间视觉信息调控功能的研究和猕猴大脑前额叶功能状态的变化对其社会行为的影响；一项省基金的资助：去甲肾上腺素alpha-2受体在癫痫发作中的调控作用；并在生物物理研究所所长王书荣主持的国家科委重大基础性研究项目"神经科学一些前沿课题的开拓"中承担"老年记忆障碍机理"专项研究；在白东鲁、周俊主持的科学院"八五"和"九五"重大应用项目"治疗肿瘤、心血管疾病、艾滋病和老年痴呆症新天然药物的研究与开发中（ky85-05）承担"治疗老年痴呆症新天然药物的筛选与研究"专项研究；及国家"1035工程"重大项目专题；中国科学院特别支持项目专题和云南省应用基础研究重点项目共同资助的"促智新药KMBZ-009的研究"（负责药效和药理研究）。在杨雄里院士主持的国家"973计划"项目"脑功能与脑重大疾病基础研究"中承担"脑高级功能研究"子课题。

问 在您所开展的科研工作当中，您最难忘的一项工作经历是什么？

蔡景霞：在45年的科研生涯中，我经历过无数次失败、困惑和期待，经历过取得成功的喜悦，也更多地经历了失败的沮丧。我最难忘的一件事是测试神经细胞内钙浓度的经历。我们认真地分离了神经细胞，制成悬液后放到仪器中，并严格按照操作程序测试，但就是测不出来，每天都以失败告终，不甘心失败的我，再次复习了测试细胞内钙的原理，并再次测试，结果成功了。发现以前失败的原因竟是测试时没有盖上仪器的盖子，紫外线干扰了荧光反应。这次教训让我铭记终生。

我最为满意的一项工作是，我们利血平的药理机制建立了利血平猴实验模型，并在此模型上无争议地证明alpha-2NE突触后受体，多巴胺D1和D2突触后受体与工作记忆有关，而它们的突触前受体不参与工作记忆功能。

我最为自豪的工作是，我们自主筛选出了具有治疗老年痴呆症的候选新药KMBZ-009（芬克罗酮）。我们的研究发现，其具有部分钙拮抗剂作用的药理特性，该特性使其具有保护神经元，改善记忆障碍的作用。

见证灵长类生物学研究室成立

问 多年以来您一直在主持灵长类生物研究的工作，请您给我们介绍一下灵长类生物实验室建设和发展的情况。

蔡景霞：灵长类动物是人类的近亲，是了解人类自身，研究人类疾病防治的理想实验动物，在生物医学研究中的重要性不言而喻。云南灵长类动物资源丰富，昆明市气候四季如春，适合灵长类动物生活。昆明动物研究所成立时，从生物物理研究所昆明工作站接手的饲养规范的数百只猴子是动物研究所开展灵长类实验生物学研究的坚实基础，云南灵长类动物的资源优势是动物所培养研究灵长类动物生态、种猴分布、生态行为的基础，1981年老所长潘清华亲自将分散在各室的从事灵长类生物学研究的人员集中，正式组建了灵长类生物学研究室，下设形态解剖组、免疫组、生殖组、神经生物学组、饲养场等。1982年中国科学院生命学部在全面评议昆明动物研究所时，冯德培副院长在总结中特别指出，灵长类生物学研究是昆明动物研究所很有特色的研究工作，建议生物学部予以大力支持。

现在昆明动物研究所的灵长类生物学研究室的建制虽已不存在，但相关研究仍以学科组为单位，处于进一步蓬勃发展中。特别值得一提的是，国家"十二五"期间批复建设的"模式动物表型与遗传研究国家重大科技基础设施（灵长类设施）"已建成投入使用。

1990年蔡景霞在实验室分析利血平猴工作记忆的实验数据

中国科学院昆明动物研究所姚永刚所长（右）为蔡景霞团队颁发奖励

问 您觉得这个实验室的建设对于当时的昆明动物研究所来说有什么意义呢？

蔡景霞：前面已讲过，灵长类生物学研究发挥了云南的资源优势，推进了生物医学研究工作的发展，1982年被院领导评议为"很有特色的研究工作"，符合研究所"立足云南，面向西南，走进世界"的办所方针。对当时贯彻中国科学院1986年提出的"一院两制"的方针有重要意义；对后来开展生殖工程研究、老年痴呆症防治研究和建立帕金森氏症、抑郁症及孤独症的灵长类动物模型有重要意义。

牢记党恩　寄语新一代科技工作者

问 这一路走来，昆明动物研究所也取得了很多令人骄傲的成绩，那么您觉得昆明动物研究所为什么能取得这么多的科研成果呢？

蔡景霞：中国科学院在中华人民共和国成立后一个月便诞生了，昆明动物研究所是在国家经济最困难的时候建立的，可见党对发展科学技术的重视程度和决心。

昆明动物研究所从1959年仅有几位大学生和复员转业军人的赤手空拳创业模式发展至今，不仅在人才数量和质量上有了一定规模，而且成为国内外均有较大影响的多学科综合性动物学研究所。这与党的领导和培养教育密不可分，与政府的政策、财力、人才支持分不开。不忘党恩，永远跟党走，昆动人牢记党的谆谆教导："胸怀祖国，把自己的科学追求融入到建设社会主义现代化国家的伟大事业中。"昆明动物研究所取得的各项成果正是具有这样胸怀的几代昆动人坚持不懈、顽强拼搏创下的。同时，云南丰富的生物资源和得天独厚的生物多样性也成就了昆动人，感谢云南！

问 您认为这些年来党的领导对科研工作的开展，以及对昆明动物研究所的发展有哪些影响？

蔡景霞：坚持党的全面领导是昆明动物研究所科技事业发展、走向世界科技强国的根本政治保证。党的十八大后，党中央作出全面实施创新驱动发展战略，引领国家科技实力从量的积累迈向质的飞跃，从点的突破迈向系统能力提升。

昆明动物研究所在党的领导下，立足国家科学事业发展全局，以国家重大需求为导向，构建和制定昆明动物研究所发展全局和长远科技问题，提升研究所对国家发展战略的整体支撑效能，包括实施重大创新科技、护佑生命健康、发展国民经济等。

（问）作为老一辈的科技工作者，您对年轻一代科研工作者有什么想说的话？

蔡景霞：每个时代的人有每个时代的责任和担当，你们生逢伟大的时代，肩扛科技强国的使命，希望年轻科技工作者、青年科学家做国家人、担国家事、扛国家责，胸怀祖国，服务人民，为实现中华民族伟大复兴的中国梦贡献自己的力量。

蔡景霞教授签名

蔡景霞 2021.4.9.

杨宇明

云南省林业和草原科学院二级教授
中国林业科学研究院博士生导师
林业和生物多样性与生态环境学专家

杨宇明，男，1955年7月出生，云南昆明人，清华大学环境科学与工程学博士，云南省林业和草原科学院二级教授，中国林业科学研究院博士生导师，林业和生物多样性与生态环境学专家。

1970—1978年在原林业部西南林业勘察设计总队第四森调大队从事森林资源调查工作；1982年毕业于昆明师范学院生物系，获得理学学士学位；1988年毕业于西南林学院，获农学硕士学位；2003年毕业于清华大学环境科学与工程系，获工学博士学位。曾先后公派到菲律宾大学、新西兰皇家植物与食品研究院和美国哥伦比亚大学做访问学者。

曾历任云南师范大学地理系助教，西南林学院林业系讲师、副教授、教授，系副主任、主任，院长助理，西南林业大学副校长，国家高原湿地研究中心主任，云南生物多样性研究院院长，大自然保护协会（TNC）中国部项目主任，云南省林业科学院院长。

现兼任国家濒危物种科学委员会委员，国家高原湿地研究中心首席科学家，中国植物学会理事，中国竹产业协会常务理事，云南省产业协会名誉会长，云南省植物学会副理事长，云南省国家公园专家委员会委员等社会职务；并担任《林业科学》《西部林业科学》《植物资源与分类学报》《森林与环境学报》等学术期刊编委。

杨宇明教授曾在林业生产、林业教育和科研部门工作。长期从事林业调查规划、生物多样性与自然保护、野生动植物保护与利用及竹藤资源开发利用；自然保护区、国家公园和高原湿地等保护地科学考察与规划等教学、科研和农林技术推广工作。有较扎实的理论基础和较丰富的实践经验，取得了诸多重要发现和研究成果。

先后主持了南滚河、高黎贡山、西双版纳、大围山、文山、元江、乌蒙山、澜沧江和铜壁关等30余个自然保护区和新疆尼雅、民丰，甘肃酒泉、瓜州，上海崇明东滩，广州海珠湿地，云南大理西湖、文山普者黑、普洱五湖、沾益西河等10余个国家湿地公园的科学考察、总体规划和申报工作。2005年作为主要倡导者之一，在云南省政府研究室领导下与大自然保护协会（TNC）合作，引进了国家公园保护地模式，在滇西北建立香格里拉普达措国家公园，在国家公园引入中国大陆的理论研究与应用实践中作出了重要贡献，为云南生物多样性保护与经济社会可持续发展的双赢开辟了新的途径。2007年参与组建了中国国家高原湿地研究中心，并任第一任主任。其间曾多次代表中国《国际湿地公约》履约办公室和国家林草局湿地管理中心，到美国、印度、尼泊尔、越南、老挝等国出席《国际湿地公约》缔约方大会和亚太理事会会议，并在大会上代表中国《国际湿地公约》履约办公室作《履约报告》。曾主持国家科技支撑计划课题、"973计划"课题、国家自然科学基金联合基金项目和省部级项目10余项。作为竹藤科学云南省创新团队带头人，带领团队提出云南竹藤产业的创新发展思路，主持编制《云南省竹藤产业发展规划》，创建了"云南省丛生竹高效利用工程研究中心"，在竹藤资源调查、培育、开发利用和产品研发方面做出大量开拓性工作。在国内外核心期刊上发表论文150余篇，主编学术专著20余部，参编多部；获国家奖1项，发明专利10余项，省部级科学技术奖一等奖3项、二等奖6项、三等奖13项。

在2021年COP15大会昆明第一阶段会议期间作为大会筹备专家之一，向学生、公众和媒体介绍了大会的背景、内容、特点和意义；出席了2021年9月23日生态环境部在北京举办的COP15新闻发布会，回答了中外记者提出的"云南省生物多样性保护成效与开展国际合作"等相关问题。作为COP15"云南生物多样性保护实践成效展览"的科学顾问，为COP15云南展览馆的设计和布展工作提供了科学指导，并参与接待国内外专家、为参观者讲解及接受媒体的采访等活动。同时作为云南广播电视台制作的COP15大型纪录片《生命之歌》撰稿人和科学顾问之一，为COP15大会宣传云南保护工作提供了科学支持和贡献。第一阶段大会期间主持了大会新闻中心举办的"云南生物多样性保护与利用"的连线互动直播。在COP15大会第一阶段"生态文明论坛"上作了"云南生态产品价值实现机制"的报告，介绍了云南国家公园创建和极小种群蒜头果的保护实践并有效解除濒危的案例，宣传了云南在保护生物多样性方面的实践与成效。在COP15大会第二阶段由昆明市主办的"生物多样性城市峰会"上，代表昆明市政府作了"昆明生物多样性保护地位与价值"的发言，受到参会各国城市代表一致好评，为昆明市成功竞选"生物多样性魅力城市"作出了贡献。

1982—2012年，从事大学教育、大学管理工作，培养本科学生10余届，指导硕士研究生100余名、博士研究生6名、博士后3名。

1993年，享受国务院政府特殊津贴。

1996年，被评为"林业部有突出贡献的中青年专家"。

1997年，当选为云南省党代会代表，获"云南省高校工委优秀共产党员称号"。

1998年，被评为云南省省级重点学科"野生动植物资源保护与利用"学科带头人。

1999年，获台湾著名林学家刘业经教授奖励基金。

2000年，被选为"云南省中青年学术和技术带头人"（第一层次）。

2001年，被云南省人民政府授予"云南省农业科技先进工作者"。

2003年，获"云南省教育功勋奖"。

2004年，获美国菲尔德博物馆"Park Jantry环境保护杰出创新奖"，为该奖全球第九获奖人、亚洲第一人。

2007年，被遴选为"竹藤科学云南省创新团队"带头人。

2010年，被评为"全国林业优秀科技工作者和全国环境保护优秀工作者"。

2012年，被评为"第五届全国优秀科技工作者"。

2021年，被评为"云南省林业和草原局优秀共产党员"。

认识自然

问 请您给我们讲一下您的求学经历。

杨宇明：我的经历比较曲折，我出生在20世纪50年代，因1966年"文革"没完成义务教育阶段的学习，当时我只有小学四年级的文化水平，就停学了。1969年9月，我从小学进入昆明东风半工半读技工学校（后改为"盘龙中学"），后参加了滇池"围海造田"、捡废钢铁和学工、学农劳动，几乎没有正式上过一天的课程。1970年7月1日，刚参加完成昆铁路通车典礼后的第二天，学校宣布：因国家经济建设需要，1966、1967、1968三届从小学统一入学校的学生直接分配工作到工业生产第一线。当时大多数同学都分配到了工厂，此时也正遇上我国林业的大转移，森林工业的重点从大东北转向大西南，中央在云南成立了"西南林区会战指挥部"，全国9个森林调查大队中的6个调往西南成立了西南林业勘察设计总队，同时还有工程总队、运输总队、水运局和12个森工局，整体建制从东北、西北和华东前来西南集聚，进驻滇西北和川西金沙江流域的林区。西南林勘总队急需一批工人充实森调大队，便来学校招工。大多数同学一听森林调查要跑野外考察，觉得没有当产业工人好，都不愿意去。而能够接触大自然，在森林里搞调查工作对我有非常大的吸引力，就立即报名了。前来招工的同志得知我只有15岁时，不想要我。我好说歹说，保证大人能做的事我也一定能够做到，班主任也为我说情，最后终于被招工分配到了林业部西南林业勘察设计总队。林勘总队有森林资源调查大队、工程勘察设计院和规划的大队，而森林资源调查队是最艰苦的，我被二次分配到森林资源调查四大队一中队，当了一名学徒工。报到后做了一周的外业工作培训后就去了滇东北开展森林资源二类调查，当时一接触丰富多彩千变万化的大自然，地上有植物、动物、菌类，地下有土壤、微生物和岩石，开展样地调查都要识别并记录，对我简直是一种冲击。当时我一切得从头学起。白天上山打样地，测树高，量胸径，采标本；晚上在帐篷里的马灯下，压标本，对记录，写日志。我在森林调查队接触的调查对象是岩石、土壤、植物、动物或菌类，每天都会看到新的东西，虽然很好奇，但却不懂，最大的困难就是对植物的识别。只有向师父或书本学习，更多的时候是自学，在实践中学习。

从1970年到1978年，8年间我跑遍了西南山地的主要林区，边工作边学习，日复一日，年复一年，从云南到川黔桂，这一段难忘的经历为我对林业知识的积累和大自然的认知打下了坚实的基础。后因我在植物调查中工作出色，从森林资源调查四大队一中队转到了生态调查队专门做植被调查，一直工作到1978年考上大学。在考大学填报专业时，对口的第一个专业就是林学，其次是生物学。我的师父汤家生对我说林学的学科面相对比较窄，要做好森林调查特别是植被生态调查需要深厚的生物学基础知识，并建议我选学生物学。于是我就填报了生物学专业，并考上了昆明师范学院（现云南师范大学）生物系。

让我印象深刻的是我上大学的第一节课，动物学李华恩老师讲了20世纪60年代蕾切尔·卡逊著的《寂静的春天》，讲述了美国西海岸原本是鸟语花香万物复苏的春天，为什么会变得死一般的寂静？这本书以故事讲述了当时在西方工业发展最快的时期，过度使用化学药品和化肥而导致环境污染、生态破坏，给人类带来了不堪重负的灾难。作者针对人类接触化学毒害问题，提出了警告。以生态学的原理分析了化学杀虫剂给人类赖以生存的生态系统带来的危害，指出人用自己制造的毒药来提高农业产量，无异于饮鸩止渴，人类应该走"另外的路子"。这本书在社会上唤起了人类对环境意识的起步，我的环境意识和生态学启蒙也就是从那一堂课开始的，并一直影响着我以后的生物多样性和生态环境保护研究工作。

大象奇遇记

问 在您读书或者是工作中有没有发生什么有趣或是令您难忘的事情？

杨宇明：我当时在学校里非常努力学习，1981年大三时就入党了。在读书期间最有趣和难忘以及价值最大的一件事就是首次正式发现并报道了沧源南滚河流域的亚洲象。1980年夏天，我的同桌王耿民的父亲在临沧地委工作。当地群众反映在沧源县南滚河流域有大象活动，破坏了庄稼，给村民造成了很大的经济损失，要求政府想办法予以解决。当时只知道西双版纳和普洱有大象，还没听说过其他地方有大象。临沧有无大象事关老百姓的生产、生活，需要调查落实。他父亲想到让学习生物的儿子来做这个调查，锻炼他野外考察的能力。王耿民知道我有野外调查经验，就跟我商量，这立即引起了我极大的兴趣。于是我们又约了两个同班同学，利用暑假前往沧源县开展了亚洲象野外调查。当时交通不便，行程很艰苦，从昆明到临沧乘车就走了4天，从临沧到沧源又走了2天。在边防战士的护送下，我们从县城徒步走了3天才到达南滚河村民反映有大象活动的石头寨。

到了之后，当地村民告诉我们，这里长期就有大象生活，他们把大象称为"老象"。由于当时信息、交通都很闭塞，外界对此不了解，一直没有这方面的报道和科考记录。在向导的带领下，我们开始了对亚洲象的活动踪迹的寻找。在绕南滚河一周的行程里，我们看到了很多大象留下的痕迹，有脚印、粪便、吃过的食物的残渣以及竹林里它们活动的痕迹等，这一切都证实了亚洲象的存在。我们沿着大象的脚印苦苦寻觅它们。一天，村民突然赶来告诉我们在河边一块稻田里看到了大象。我们立即赶到附近，在河对面的一个棚子里蹲守着，可守了很长时间大象也没有出现。我们准备晚上住在窝棚里继续蹲守，两个同学回到寨子里，去准备吃的食物和御寒的被子。他们走了没多大一会儿，一群大象就慢腾腾地从森林里出来到河边吃象草（当地老百姓的叫法），实际上是蔓生秀竹，一种秀竹属的禾草，是亚洲象的主要食物。这群大象有成年象和小象，成年公象长着长长的象牙，警惕性很高，保护着象群。这群象很守规矩，只是在竹林里吃竹笋和嫩叶子，没有到田里破坏庄稼，吃完后散步到了水边喝水。我们第一次在野外看到大象，都兴奋不已，当时只有黑白相机，就迅速抓拍了几张照片。

从南滚河回到昆明，我们写了一篇"追踪野象群"的报道，发表在了《中国青年报》上。报道一经发出后，（云南）省林业厅保护办的主任就来到学校教室找我们，问："你们是不是真的见到了亚洲象？"我们把当时拍到的照片给他看，主任说："这真是个重要发现！"我们的这一发现第一次报道了中国云南除西双版纳、普洱之外，在临沧市沧源县的南滚河区域也分布着亚洲象。这次的发现在《云南林业调查规划》1982年第2期正式发表了调查文章，第一次确认了南滚河流域的亚洲象的存在并记载下来。

南滚河的亚洲象比较特殊，分布在怒江西岸。从地理种源（看）属于南亚次大陆，与热带雨林区中南半岛地理种源有着地理区系向东扩散的分布东限。西双版纳亚洲象种群属热带雨林区中南半岛地理种群。后来西双版纳的亚洲象又向北扩散分布到普洱市的江城县、思茅区和宁洱县。

1995年，我又作为项目负责人主持了对南滚河自然保护区的综合科学考察，对包括亚洲象生活的热带雨林、整个树林生态系统和生物多样性进行全方位的考察，同时包含地质、地貌、水文、气候、土壤、民族文化等。特别在民族文化调查中发现，沧源当地的佤族群众祖祖辈辈一直保护和传承着与亚洲象和谐共生的生态文化。他们崇拜大象，和大象之间有一种和谐共存的关系。沧源佤族有一个节日叫——贡象节，每年都会如期举行。用竹子编成一个象，抬到山上贡奉，还要给大象送去食物，比如甘蔗、玉米等，以希望大象保佑他们有吉祥幸福的生活，有点像传统文化中"吉象"的意思。

考察中，我带领森林生态系统调查组在做样地调查时，同时也对亚洲象栖息地环境做了调查，有幸在一条小溪边捡到一个亚洲象臼齿的化石，经年代鉴定距今约有10万年。我们的这一重要发现更加证实了亚洲象是云南的原住民，南滚河流域现存的亚洲象群就是历史上的延续，我们要加倍地珍惜它们、爱护它们、保护它们，让亚洲象在南滚河永远生存繁衍下去。

杨宇明在介绍亚洲象臼齿化石

问 2021年一群亚洲象从西双版纳出发，一路向北都引发了大家的关注，您和我讲一讲亚洲象吧！

杨宇明：历史上，亚洲象曾在华北、华东、华中、华南、西南的广阔地区栖息繁衍。到12—13世纪，亚洲象在闽南绝迹，17世纪在岭南、广西绝迹，此后仅分布于云南。云南的亚洲象目前分布在西双版纳、普洱、临沧3个州（市），是分属两大地理单元的不同生物地理种源。其中，西双版纳和普洱亚洲象属中南半岛–老挝种群的代表；而临沧沧源南滚河流域的亚洲象则是印度–缅北象群向东扩散中国境内的延伸，是两个不同地理亚洲象种群在我国的代表，但由于地理隔离不同，象群间没有基因交流，遗传变异很低。

大象为什么会北上？究其原因，亚洲象活动区域约2/3都在保护区外，一是森林植被逐渐茂密，林下食物减少，不利于亚洲象觅食和活动。保护区内，亚洲象的觅食行为多发生在热性灌丛和稀树灌木草丛中，其他植被很少被利用，郁闭度大于0.75的密林内更是很少发生觅食行为，导致不少象群到保护区外取食农作物。二是保护区的面积不足，成孤岛状态，满足不了大象的迁移和觅食，这也导致大量象群逸出保护区，到保护区以外的区域活动。

生境的破碎化进一步降低了野生亚洲象对有限生境的利用率。亚洲象偏爱的许多低海拔地段被人类生产活动占据，所以它们的生境在很大程度上与当地社区范围重叠。不得已亚洲象从原来主要在森林内活动转向到林缘、农田附近栖息和觅食。

不论西双版纳还是沧源南滚河流域，当地少数民族历史上都与亚洲象结下不解之缘，孕育出丰富的象文化，至今仍保留着崇象、爱象、护象的习俗。比如，在西双版纳的傣族，象文化拥有神话、传说、地名、诗歌、谚语、舞蹈、绘画、雕塑等丰富的载体，并成为其传统文化的重要标志。在南滚河流域的佤族，不能直呼大象为"桑"（佤语对象的称呼），而是把大象称为"达"或"达顶"——"达"是佤族对老人的尊称，意为长辈、祖先、国王。

傣族进入景洪初期，为防止亚洲象侵扰，人们在离村寨较远的地方种植竹子、芭蕉等大象爱吃的作物，此后亚洲象纷纷去那里采食，很少进入村寨。由于村寨周围有亚洲象活动，老虎等一些猛兽不敢再来。人们认为这是大象在保护自己，因此种植更多的作物供大象食用。我们要解决人象冲突，学习少数民族传统的好的做法，不失为一种解决问题的途径。

杨宇明与被救助的亚洲象"羊妞"

自然保护区是生物多样性的宝库

问 您是怎么从事现在这份工作的?

杨宇明: 毕业后我曾留任云南师范大学地理系做了2年的生物地理教学和研究。承担了一个学期进修教师的"自然地理"课程和2个学期的本科生物地理课程。在地理系2年的时间里系统学习了地理学的基本知识,为以后的生物多样性保护研究奠定了非常重要的地理学理论基础。

我对生物多样性的系统认知其实就是从做自然保护区开始的。1983年大学毕业后,我参加了云南省第一个保护区——西双版纳自然保护区的综合科学考察。以后对自然保护区考察的工作就没有间断过,全省的保护区保护工作,我参与了20多个,有铜壁关、澜沧江、文山、元江……我在西南林业大学做自然保护区的调查研究、保护工作将近20年,逐步发现建立自然保护区是我国保护地体系中保护生物多样性的最有效的措施。在自然保护区中,基本的生态过程和生命系统得以维持,提供了物种生存和进化的场所,保持了物种和生态系统及其景观的多样性,是地球上生物多样性分布最集中、生态系统结构组成最完整、物种多样性最丰富的保护区域,更是我们认知生物多样性与大自然的知识宝库。在保护区中还有很多东西我们目前还不知道,需要我们逐步去发现和认知。

我主持或参加的保护区科学考察和规划是比较多的,西双版纳、高黎贡山、南滚河、铜壁关、大围山、文山、澜沧江、乌蒙山、元江和剑湖等有24个，其中几乎在每个保护区都有重要发现，如在高黎贡山发现了天然分布且长得最高大的秃杉林和世界上唯一具有附生习性的竹子——贡山竹（新属）；在南滚河发现了亚洲象臼齿化石；在铜壁关发现了大面积分布的以盈江龙脑香和阿萨姆娑罗双树为标志的热带雨林和世界上最大的"降河型洄游"淡水鳗鱼——云纹鳗鲡；在乌蒙山保护区海子坪片区发现了地球上唯一天然分布的野生毛竹林；在龙陵发现了世界首例竹子化石等。大多数考察过的自然保护区都编辑出版了考察研究专著，主编了《西双版纳国家级自然保护区总体规划研究》《高黎贡山国家级自然保护区》《南滚河国家级自然保护区科学考察研究》《铜壁关自然保护区科学考察研究》《文山国家级自然保护区科学考察研究》《澜沧江自然保护区科学考察研究》《乌蒙山国家级自然保护区科学考察研究》《元江国家级自然保护区科学考察研究》《云南生物多样性及其保护研究》《云南生物多样性保护战略与行动计划》《云南生物多样性与文化多元性》《洱海高原湿地生物多样性研究》《云南竹类图志》和CHINA'S BAMBOO（《中国竹类》）等；还参编了PLANTS OF CHINA（《中国植物》）《云南植物志》《云南树木图志》《云南省志·地理志》《云南大百科全书·地理卷》等志书的竹类或生物地理等部分的内容。由于我在生物多样性保护与可持续利用中的努力工作，2004年获得了美国菲尔德博物馆Parker/Gentry Award "环境保护杰出创新奖"，为全球第九人、亚洲第一人。

2004年，杨宇明在美国菲尔德博物馆接受Parker/Gentry Award "环境保护杰出创新奖"

今天没有用的东西，明天就是无价之宝

问 在您的工作中有没有哪段经历对您影响至深？

杨宇明：热带雨林是一个国家地位与价值的体现。

1992年，我第一次出国，是林业部派我到马来西亚参加国际热带木材组织（ITTO）的关于热带雨林的保护与可持续经营大会，并在大会上代表中国发言交流。这次会议深深地触动了我，认知到我们为什么要保护热带雨林。第一次与国际上热带雨林的顶级专家和热带国家的林业管理官员接触，更进一步认识到了热带雨林在地球上的存在意义和对一个国家的重要性。

热带雨林是地球上主要见于赤道附近热带地区的森林生态系统，主要分布于东南亚、南美洲亚马孙河流域、非洲刚果河流域、中美洲和众多太平洋岛屿。还分布在墨西哥、巴西的东南部、马达加斯加东部、印度南部、澳大利亚东北部，是地球上最重要的陆地生态系统。

热带雨林常年气候炎热，雨量充沛，季节差异极不明显，生物群落演替速度极快，是地球上物种组成最丰富、结构最复杂、生产力水平最高，对太阳光、对整个空间的利用效率和生产力水平最高、抵抗力稳定性最强的生态系统，是世界上大于一半的动植物物种的栖息地。热带雨林无疑是地球赐予所有生物最为宝贵的资源之一。由于有超过25%的现代药物是由热带雨林植物所提炼，所以热带雨林被称为"世界上最大的药房"。同时由于众多热带雨林植物的光合作用，雨林净化地球空气的能力尤为强大，其中仅亚马孙流域热带雨林产生的氧气就占全球氧气总量的1/3，故有"地球之肺"的美誉。

热带雨林主要的作用是调节气候，防止水土流失，净化空气，保证地球生物圈的物质循环有序进行。

热带雨林不仅对于研究陆地生态系统的结构与功能、物质循环与能量流动具有不可替代的价值；同时是农林生态可持续经营实践的自然经典模板，对于一个国家或地区而言，有着无可估量的价值和意义。云南的热带雨林就是国家战略的核心组成部分，是国家价值的体现。

回国后，我就写了一个关于《我国热带雨林的保护与可持续发展的专题报告》，得到林业部领导的高度重视，指示一定要保护好我们国家的热带雨林。

云南是我国热带雨林分布面积最大、物种组成最丰富、结构最完整和保护较好的地区。然而由于过去对云南热带雨林的重视和研究不够，"什么是热带雨林"，"云南有没有真正意义上的热带雨林"等问题也一直争论不休，国外学者也曾多次到云南西双版纳和大围山热带森林区域考察，认为云南南部的热带森林具备了热带雨林的主要特征，如板根、气生根、老茎生花、绞杀植物以及热带雨林的组成物种，但就是没有龙脑香科的标志性树种，因为标志性物种的发现是认定森林性质和类型的主要依据，龙脑香科树种是组成整个亚洲热带雨林的标志性物种，以至国际热带雨林权威专家普遍认为，在亚洲没有龙脑香科树种出现的热带森林都不能称为真正意义上的热带雨林。直到1975年蔡希陶教授、裴盛基教授在西双版纳发现了望天树，这是龙脑香科柳桉属的一个新种，紧接着又发现了龙脑香科青梅属的版纳青梅，龙脑香科2个属的新种在西双版纳的发现，显示了东南亚热带雨林标志性的龙脑香科树种不仅在云南西双版纳有分布而且是新发现的特有种，证实了云南有真正意义上的热带雨林。此后在屏边大围山与河口接壤的南溪河谷发现了北越龙脑香和毛坡垒；1995年我们主持的铜壁关自然保护区科考在羯羊河、红崩河又发现了盈江龙脑香、羯布罗香和阿萨姆娑罗双等龙脑香科树种组成的热带雨林，并证实是大陆龙脑香科树种组成最丰富、分布面积最大和结构保存最完整的热带雨林，总面积大于7000公顷；2015年又在江城县牛洛河保护区发现了北越龙脑香，进一步证实了云南不仅在西双版纳，在滇西南、滇东南的整个边缘热带地区都分别出现了以龙脑香科树种为标志的热带雨林，这不仅证实了云南南部与中南半岛的热带亲缘关系，还有来自南亚次大陆向东扩散的热带雨林成分，充分显示了云南在连接中南半岛与南亚次大陆的连接过渡的位置，出现了生物地理区系的边缘效应，而成为云南生物多样性丰富、地理成分复杂多样的重要地理基础。龙脑香科树种的发现不仅显示了云南热带雨林在地理分布上的重要意义，还是国家地位与价值的体现。

橡胶的发现说明了雨林中有着无限的宝藏，今天还以为没有用的物种，明天可能就是无价之宝。

20世纪80年代中期，云南省热区开发小组决定要开发临沧地区沧源南滚河流域和耿马县曼卡坝一带的热带雨林以发展橡胶林。吴征镒院士在会上当即表示不同意这个开发计划，他为此讲述了200多年前哥伦布为保护亚马孙流域的橡胶野生原产地，阻止了欧洲殖民者的马铃薯种植计划的故事。他说："我们不能为了要发展一个好的物种，去毁掉更多的有可能比它更好的物种。当年新大陆殖民者在亚马孙流域的热带雨林区计划发展马铃薯种植，差点把橡胶原生分布区毁掉。现在我们又要发展橡胶，橡胶的确是国家急需的战略资源，但可能会在开发热带雨林发展橡胶的过程中有比橡胶价值更高的物种被毁掉，我们不能重蹈覆辙。"吴征镒院士的高瞻远瞩给我留下了深刻印象。

　　说来也巧，就在2000年我随同国际竹藤组织（INBAR）去南美洲考察竹子资源时，来到了巴西与秘鲁交界的亚马孙流域的橡胶原生种群分布区域，在那里看到了一个树立的石碑，碑前有一个哥伦布的塑像，在石牌上记录着哥伦布保护野生橡胶原生种群的生动故事。仔细一看，就正好是吴征镒院士15年前所讲的哥伦布保护天然橡胶种群故事的发生地。石碑上这样记载着：哥伦布15世纪登上南美大陆来到这里进行考察，看到印第安人拿着一种又黑又重的球在地上弹跳着玩，把它扔到地上能够弹得很高；同时他们还把这种东西做成一个套子套在脚上，可当鞋穿，进去森林里面就不怕踩到荆棘。他觉得这种物质十分奇特，后来了解到是印第安人将当地的一种树割开后流出的白色乳汁凝结做成圆球，当地人把这种乳汁叫作"树的眼泪"，这种树就是今天的橡胶树，其天然种群仅分布于巴西亚马孙流域靠近赤道附近的热带雨林中，当哥伦布得知欧洲殖民者正在谋划将这里的热带雨林开垦后种植马铃薯，以来解决移民者的食物短缺问题。哥伦布意识到在这里种植马铃薯，可能会毁掉会流眼泪的树，立即与殖民者交涉，终止了这项开垦种植马铃薯的计划，保护了这片天然橡胶种群，最后成为全世界热带地区发展的一个重要的工业用原料，这片野生种群为今天的人工橡胶园的发展源源不断地提供着种质资源，也为当地的经济社会发展作出了贡献。为了纪念哥伦布保护橡胶原生种群的故事，巴西和秘鲁政府在野生橡胶原生地共同树立了这个纪念碑和哥伦布的铜像。

这个故事告知我们，虽然当时在亚马孙流域执行马铃薯种植计划确实能够为殖民者提供所需要的食物，但要是当时没有哥伦布的保护意识，制止种植马铃薯计划，因而毁掉了橡胶树原生种群，也就没有今天被引种到世界热带区域大面积发展的人工橡胶林和橡胶工业了。现在发展橡胶的时候，同样应该意识到，可能在发展橡胶而毁林的过程中，说不定会有许多各种经济用途，甚至还有比橡胶价值更高的物种被我们在不经意的情况下毁掉。经过不懈的努力和争取，云南省终止了对南滚河流域和曼卡坝的橡胶垦殖计划。

果然，后来在西双版纳及沿边的热带雨林考察中，不断发现了雨林中许多具有特殊价值的雨林植物，都成了很重要的医药和工农业有用的资源。如抗癌药物美登木、降压药萝芙木、被称为血液病圣药——著名"血竭"的主要来源龙血树、油脂低温抗凝剂争光树、石油裂化剂瓜尔豆和从傣医药传统知识中获得的称为"天然胰岛素"的降血糖植物——金线开唇兰及消肿驱虫的跳蚤草等，都是在云南南部的热带雨林中发现的，显示着热带雨林中蕴藏着丰富的多用途的天然医药化工原料物种，每一种植物就是一个个生物合成工厂，它们是人类发展生

2010年，杨宇明在巴西考察竹子

2003年，杨宇明在云南龙陵发现的世界首列竹子化石标本（存于西南林业大学标本馆）

物医药健康产业的重要源头。热带雨林是一座神奇的生物宝库和知识与财富的源泉，特别是蕴藏在传统知识中对雨林植物的应用价值，需要不断地努力去探索认知它们，为热带雨林的科学保护与可持续利用提供有力支撑。

🔵问 在保护生物多样性的过程中，你们会碰到很多很多问题，那为什么还保护这些物种？

杨宇明：在西南林业大学做森林生物资源调查和自然保护科考的30多年实践经历中，我们坚持利用一切机会给公众、保护区管护人员和地方领导宣传保护生物多样性的重要意义，但都会有不同的人群问我们同一个问题，"你们调查和保护的这些物种有什么用途？"然而在大多数情况下，我们除了知道它的分类地位与系统发育关系等基础科学意义或潜在的利用价值，对于更多的用途和经济价值的确还不知道或认知不够。当我们回答说目前还不知道经济利用价值时，他们紧接着又会问"那你为什么不去研究它们的经济用途或其他利用价值，只研究如何去保护它们？"类似这样的问题还层出不穷。这时我们会感到愧疚，这深深地触动了我们作为从事生物多样性资源调查和保护工作的科技人员的内心。我们不能只局限于从科学层面去认识保护对象，更应该去认知研究探索它们在经济社会发展中有什么目前我们还不知道的利用价值，并证明它们的存在对人类的意义所在。

2002年到2003年，我公派到新西兰皇家植物研究院作了一年的访问学者，那次给我最大的感受，就是发现新西兰植物研究者们对研究的每一个物种包括珍稀保护植物都是从现实或潜在的应用价值入手开展研究，他们对保护一个物种重要性的认识、保护意识的建立以及保护等级的划分都是以利用价值为基本的前提的，这是与我们植物学家最大的区别之处，值得我们借鉴。在研究植物的科学价值和保护意义的时候，不要忘了保护的最终目的也是要服务于人类福祉。无论是从生态价值方面为地球和人类提供生态服务的功能，还是经济价值方面为人类衣食住行提供直接的原材料，还有尚未发现的野生生物物种遗传多样性潜在的利用价值，都可以为培育和改良农林畜禽品种提供所需要的各种基因资源。此外，还有包括文学艺术、美学文化和社会存在价值等，这些都是非常有现实或潜在的应用价值。而关键是我们怎么去发现和认识它们，并把它们不同的利用价值发掘出来，为生态建设、经济发展和社会服务。

保护实践告诉我们，只有当大众和社会人群知道生物多样性的经济利用价值和其他用途之后才会在普遍意义上认为它们是有用的并具有存在价值，也才会唤起社会力量去保护的积极性和主动性。

这里有一个很能说明"今天认为没有用的物种，明天可能就是无价之宝"的很好案例。滇东南—桂西是世界著名的古老特有植物的分布中心之一，保存了丰富的珍稀特有的古老孑遗物种，铁青树科的蒜头果就是其中之一，由于蒜头果在植物系统发育处于较古老地位，该属仅遗了蒜头果一个种，野生种群最少时不到3000株，一旦灭绝，整个属也就都不存在了，是典型的单种属古老濒危物种，它的存在对于研究被子植物起源与演化和滇东南—桂西的地质历史演变都有重要的科学意义。为抢救性保护这一濒危特有的古老物种，1987年被列入（第一批）国家二级保护植物；云南省2010年将其列为极小种群保护工程重点保护，在当时并不知道它的利用价值。在我们对蒜头果进行保护生物学的调查研究时，从对壮族和瑶族群众的采访中得知，蒜头果种仁富含油脂，当地居民历史上就有采收蒜头果取种仁压榨出油作为食用油的传统，而且普遍反映食用蒜头果种仁油有缓解头痛和改善睡眠的作用。当得知民间有利用蒜头果种仁油的传统后，我们立刻与相关机构合作开展了对蒜头果种仁油的深度分析研究，发现了蒜头果种仁油中有高含量的神经酸，是20世纪英国神经学家从鲨鱼脑中首次发现的（顺-15-二十四碳烯酸）。经实验证明，其具有调控神经元的信息传递和修复受损神经髓鞘的功效，当地群众食用蒜头果种仁油能够缓解头痛和改善睡眠。就目前研究结果显示，蒜头果不仅是含神经酸最高的物种，而且油脂中除神经酸外还有麝香酮前体——麝香大环内脂；鲜果的青皮中还含有日化工业必不可少的定香剂——苯甲醛；种仁中还有抗肿瘤的活性蛋白，可以说全身是宝。日本星火株式会社20世纪花了10余年进行了神经酸人工合成，由于路径长、副产物多、合成体不稳定和成本过高而终止。我们将云南蒜头果种仁油送到日本国立食品检测中心检测，发现蒜头果种仁油含46.9%~50.0%的神经酸，是鲨鱼脑的2.5倍，他们惊呼这蒜头果树就是大自然赐予云南的一个天然的生化合成工厂，为什么还要花巨资来建神经酸合成工厂，也不用去捕鲨鱼了，种植蒜头果即是建工厂。这个从传统经验中得到的乡土知识，经过科学研究实验证实，生动证明了吴征镒院士早在30年前说过的"今天认为没有用的物种，明天可能就是无价之宝"。从传统知识中发掘和认知生物资源的利用价值，是我们科学家保护和持续管理利用生物资源的有效途径之一。

蒜头果神经酸的发现使得蒜头果这一珍稀濒危特有物种变得身价百倍，科学家通过开展保护生物学研究，突破了人工快繁技术，在短期内培育了大量优质种苗；在地方政府推动下，林草、生态环境主管部门和环保组织将这些种苗免费送给当地群众回归种植到野外，并利用蒜头果在喀斯特地区的适应能力，与滇东南石漠化治理结合起来，育苗总数达到了280万株，10年间种植发展了3.5万亩近自然的石漠化地区生态防护林，有效保护了野生种群，解除了蒜头果的极小种群濒危状态，实现了有效保护与持续发展的目标；群众采收果实加工成油脂销售给生物制药企业，得到了保护与利用的惠益；企业生产的神经酸为解除脑神经功能性障碍者提供药物，真正意义上体现了一个物种的保护与利用，产生了生态、经济和社会效益的共赢。这个案例以一个珍稀濒危特有物种的保护与持续利用的结合，实现了《生物多样性公约》总则提出的三大目标：保护生物多样性、持久利用其价值部分和利用遗传资源产生利益的惠益分享。蒜头果的保护与价值部分的可持续利用，在COP15大会上作为云南省生物多样性保护成效的成功案例——我作了"蒜头果保护成效与生态产品价值实现机制"的大会发言和云南卫视专题片宣传。

1996年，杨宇明在高黎贡山南段铜壁关自然保护区考察

杨宇明在进行蒜头果相关研究

国家公园建设

问 请您和我们讲一讲您参加香格里拉普达措国家公园规划建设的经历。

杨宇明：回想当初云南省在滇西北引进国家公园理念，并创建了香格里拉普达措国家公园，感慨万千。1999年，为了将碧塔海省级自然保护区晋升国家级自然保护区，我带着西南林业大学生物多样性与自然保护中心的团队，开展了碧塔海省级自然保护区的科学考察，2001年底完成了保护区的科考和规划工作，计划2002年申报国家级保护区。由于当时刚刚启动"天保工程"，滇西北20世纪60年代以来以木材采伐为主的地方财政受到了极大的影响。在当时地方社区处于深度贫困，经济需要快速发展；而天然森林与生物多样性保护的压力又日益加大的双重压力下，地方政府计划将碧塔海优美的高原湖泊与环绕的高山森林开发为生态旅游地，以作为当地藏族农牧民的替代生计和经济发展的一个途径，因此不愿意晋升国家级保护区。怎样走出这个困局？既要有效保护好滇西北金沙江上游的生态环境和极其重要的生物多样性，又能够将优美的生态景观资源开发出来开展生态旅游，让自然保护区的原住民从中得到实惠，选择平衡兼顾的发展道路是当时地方政府和我们共同面临的主要问题。

当时，西南林业大学作为国内第一个开设生态旅游本科专业和成立第一个生态旅游系的大学，从云南师范大学地理学院引进了叶文教授任系主任，我与叶文教授正在商量向大自然保护协会（TNC）首代（中国首席代表）牛红卫女士申请支持西南林业大学生态旅游学院在碧塔海保护区编制《生态旅游发展规划》项目。在我和叶文教授与牛红卫女士讨论的过程中谈到了当年建立美国黄石公园也是碰到了开发与保护冲突的类似问题，而通过建立国家公园能有效化解这一矛盾。这使我们产生了顿悟，觉得在碧塔海建立国家公园是一个很好的选择，既是建立起范围更大的保护地，又可以科学规划功能区，增加环境教育和有序开展生态旅游，达到保护与利用的双赢。大自然保护协会表示愿意帮助引进国家公园的建设理念和规划技术并给予国家公园创建规划编制资金的支持，于是由西南林业大学和大自然保护协会共同向当时的（云南）省政府领导提出了在云南滇西北碧塔海自然保护区基础上扩大保护范围创建滇西北国家公园的建议。在云南省人民政府研究室车志敏主任的主持下，由迪庆州政府、大自然保护协会和西南林业大学等相关机构进行了为期2天的研讨会，经充分讨论与认真分析研究后一致认为，以碧塔海保护区为基础，扩大保护的范围，创建一种新的保护地模式——国家公园，就是一种能够兼顾保护与发展的保护地模式，既以保护生物多样性为主要管理目标，又能够开展生态旅游和环境教育，经各方共同协商后，决定由省政府研究室向省政府请示启动云南省香格里拉普达措国家公园创建工作。经省政府领导研究批示后决定由云南省政府研究室作为领导部门，牵头成立了国家公园创建工作领导小组，迪庆州和香格里拉县政府作为创建工作的实施主体，西南林业大学和大自然保护协会（TNC）为技术支持单位，还有若干协作机构。2006年1月6日，由西南林业大学与大自然保护协会（TNC）合作，成立了我国首个国家公园体制研究机构——"国家公园发展研究所"，并同时成立了西南林业大学生态旅游学院（迄今全国唯一的生态旅游学院），为云南省开展国家公园生态保护管理模式的研究和建设搭建了国际国内合作交流平台。同时云南省人民政府研究室把我和田昆教授借调到研究室工作，负责与大自然保护协会合作开展普达措国家公园建设的各项具体工作。西南林业大学生态旅游学院的叶文教授负责主持了普达措国家公园规划设计和建设实施工作。通过一年半的规划设计与建设，香格里拉普达措国家公园完成了一期规划建设。

2004年，杨宇明（左一）在香格里拉普达措国家公园创建地考察

2006年1月6日，杨宇明（右二）参加国家公园研究所授牌仪式

　　在各方共同努力下，2006年7月，普达措国家公园启动试点建设，2007年7月正式挂牌。这个开创性的保护地模式扩大了保护地范围，将核心保护对象和生态脆弱区域划为重点保育区实施严格保护；在景观价值高、环境承载力强的区域开展生态旅游与环境教育，社区全方位参与管理，生态旅游所获惠益得到合理分享，有效缓解了保护与社区生计发展的矛盾，成为

在生物多样性保护地的热点地区，同时又在边远贫困的民族地区很好地协调了保护与发展，是一种共赢的新型保护地模式，得到国家有关部门的充分肯定。普达措国家公园成立后，很快就取得了明显的生态、经济和社会效益。当地的藏族年轻人经培训当了导游和环保车驾驶员，妇女在家开办家庭旅馆，提供民族特色食宿和旅游产品，晚上举行篝火晚会，生态文化旅游业红红火火。当地藏族群众从国家公园中得到了实惠，对生养他们的森林和土地更加珍惜爱护。不仅偷猎偷伐的行为少了，还会主动自觉地宣传保护自然环境，劝导游客文明旅游，爱护景区环境，公园内和周边的生物多样性与生态环境得到了有效的保护。普达措国家公园成了云南省著名的生态旅游景区，每年游客接待量平均约200万人次，2012年到2019年实现旅游收入达18.9亿元。可以说香格里拉普达措国家公园的成功经验为我国生态环境保护与经济发展找到了一条切实可行的路子。在党的十八大报告中首次将国家公园保护地体制作为我国新保护地体系开展了试点建设，普达措国家公园列为11个试点建设之一；党的十九大正式将国家公园保护地体制作为我国保护地体系的主体全面推进。这与云南滇西北10年前开始创建的香格里拉普达措国家公园有着密切关系，云南普达措国家公园的探索为我国国家公园保护地体制的创新发展作出了重要贡献。

特级保护

（问）您在做保护工作中，有没有遇到令您难忘的人和事？

杨宇明：我们在香格里拉普达措国家公园考察规划的时候，给居住在保护区内的村民特别是小孩子开展保护野生动植物的宣传，我们拿着保护对象的照片给一群小学生宣讲：雉鹑和虹雉是国家一级保护鸟类，小熊猫是国家二级保护兽类……这些都是不能捕猎的，如果伤害了它们就违法了。此时万万没有想到其中一个叫扎西的小男孩突然问我："我们是几级保护？"我愣了一下不知如何回答是好。但瞬间我急中生智，回答道："你们是'特级保护'！"

他又接着问我："什么是特级保护？"我问他："一级二级知道吗？"他说知道。我又问："那特级呢？"他摇摇头。我再问他上过学没有。他摇摇头。我问他："你有几岁了？"他说"10岁"。我心里顿时非常难过。为什么呢？他知道一级比二级要更加重要这个概念，但不知道特级是什么意思，因为10岁了还没有上学。我后来想，当他问我他们是几级保护时，其实还问了我一个问题："他们重不重要？"我说："特级就是最重要的意思。比一级、二级还要重要！"这时他和他的同伴们同时露出了笑容，我立即抢拍下了这一生动的镜头。我此时兴奋地告诉他们："你们是这里最需要保护的优先重点保护对象，我们保护工作者首先就是要保护好你们，如果连你们都保护不好，那么这些一级、二级保护动物靠谁来保护？都因为你们同这里动植物朝夕相处、相互依存，是它们最直接和最主要的守护者。"

实际上，无论是生物多样性还是生态环境的保护，主要依靠广大的民众和社会力量，特别是生活在当地的老百姓与大自然朝夕相处，不管是植物还是动物都与原住民建立了密不可分的联系，特别是居住在保护区内的原住民，是最直接、最重要的保护力量！如果我们做生态保护工作，连当地老百姓都保护不了，就凭提供一点技术支持的科学家，怎么能够保护好我们的保护对象。因此，我们认为任何有人居住或与原住民交叉分布的自然地在确立规划建设时，最优先的重点保护对象就应该是祖祖辈辈生活在这片土地上的原住民，只有保护好他们，才能有效地保护好与他们共生共存的生物多样性和生态环境。

那个叫扎西的小男孩的一个发问使我顿悟了，如果连他们都不属于优先重点保护对象，那些滇金丝猴、小熊猫，甚至亚洲象和大熊猫，靠谁去保护？我们应该更加清醒地认识到只有原住民才是保护生物多样性的大众力量，只有优先保护好他们，发挥他们在保护实践中的主导作用和力量，才能有效地保护好那些保护对象。此后我进一步感悟到，我们保护一个对象应该从认知它的价值开始，保护好原住民是由他们的存在价值所决定的，他们的生存地位无比重要，他们的保护价值无可替代。只有建立这样的认识，我们才会去敬畏原住民，尊重自然，顺应自然，保护自然，共建人与自然和谐共生的地球家园。我们保护的目的是什么？最终目的就是人类的福祉！

扎西的问话对我来说是一个很大的冲击，使我开始思考生态保护的终极目的是什么。以前我从来没有考虑过这个问题，认为生态保护就是为科研保护，为了保护而保护。建立一个保护区，对当地老百姓确立许多"不准"的规定，然后发表几篇文章或出一本书，没有思考过建立保护区如何与当地经济发展相结合，给老百姓带来实惠。历史上才会出现地方政府对建立保护区不积极，老百姓不理解，甚至反对的情况。实际上，无论是生物多样性还是生态环境的保护，其目的就是要保护地球这个生物的共同家园，动物、植物以及人类都是这个家园的主人，都是生物链中不可或缺的一环，保护了生物多样性就保护了地球，保护了地球就最终保护了人类自己，终极目标是人。

亲近自然

💬 **问** 您有什么话想对现在的青少年，还有正在学习的年轻人说？

杨宇明：我觉得现代人离自然越来越远，对自然的认知越来越少了。这是因为城市变得越来越多了，建得也越来越大，自然空间也就越来越小。他们所知道的有关自然的知识基本都来自书本、网络。特别是人工智能的发展，信息化高度发达以后，人们正在远离自然，这是一件很可怕的事情。"以自然之道，养万物之生"是中国传统的生态智慧。要亲近自然，目的是要认知自然，向自然学习。科学的本质是揭示自然规律，解释自然现象，认识自然价值。我觉得应该从小学生开始就亲近自然、认识自然。小到你看到一只小虫、一只小青蛙，大到海洋、山川和星空都有着无穷有趣的故事。

2021年，杨宇明（右一）在西藏定结喜马拉雅南坡考察

20世纪90年代初期，我女儿上幼儿园的时候，从人民东路云南省林业资源调查规划院到西南林业大学之间就是成片的稻田、菜地和果园，在那里可以看到蚂蚱、蝌蚪、青蛙、蜻蜓、蝴蝶和田埂上的野花等，我在那里教她认识昆虫，学做标本。也就是转瞬之间，她小学的时候那里变得高楼林立，她经常会问青蛙去哪儿了？现在我的小孙女在上海念小学，只能在书本上认识青蛙是什么样子，只能空讲青蛙是田间作物的守护者等，我作为一个生物多样性保护的工作者深感悲哀。所以要让孩子们亲近自然、认识自然，建立一种人与自然和谐的关系，大自然是孩子们的老师。2020年西双版纳一群亚洲象北上南归的旅行，引起了全世界的瞩目，这就是引导孩子们了解亚洲象、认识动物的生态习性与环境演变的极好机会。人类的智慧无一不是大自然无私的赋予，人类从蜻蜓的身体结构与飞行功能获得了制造飞机的启示；潜艇发明家从鱼鳔能够控制沉浮和鹦鹉螺的分隔气室获得了潜艇设计的智慧；降落伞是受蒲公英启示发明的；建筑师根据蜜蜂蜂巢发明了六边形高强度结构板材；无线电发射同样受到蜂巢的启示，工程师们建立蜂巢形状的无线电覆盖区；等等。大自然隐藏着无穷的奥秘与智慧，只要人类善待大自然，她会无私地把人类社会发展需要的智慧奉献给人类。年轻人特别是学生"要走进大自然、亲近自然，认知自然界的生命世界，大自然就是我们最好的老师"。

杨宇明教授签名

孙卫邦

○————————————————————

中国科学院昆明植物研究所研究员
昆明植物园主任
云南省极小种群野生植物综合保护重点实验室主任

孙卫邦，男，中国科学院昆明植物研究所研究员，博士生导师，昆明植物园主任，云南省极小种群野生植物综合保护重点实验室主任，云南省极小种群野生植物保护和利用创新团队带头人，云南省中青年学术与技术带头人，云南省有突出贡献的优秀专业技术人才。

1982—1986年，就读于西南林学院（现西南林业大学）。

1987—1990年，于中国科学院成都外语培训中心任研究实习员一职。

2003—2006年，于南京林业大学完成博士学业。

2008年以来，主持承担的主要科研项目（课题）：

云南省林业和草原局极小种群野生植物拯救保护专项项目"极小种群野生兰科植物高效扩繁与综合保护"；

第二次青藏高原考察研究任务五"生物多样性保护与可持续利用"专题之"植物多样性保护与综合评估"；

云南省科技创新人才计划项目"中国科学院昆明植物研究所极小种群野生植物保护与利用创新团队"；

云南省科技人才和平台建设项目"云南省极小种群野生植物综合保护重点实验室"；国家自然科学基金面上项目"青藏—黄土高原地区互叶醉鱼草地理分布格局与生态适应性研究"；国家重点研发计划科技基础资源调查专项项目"中国西南地区极小种群野生植物调查与种质保存"；

云南省科技厅国际合作重点项目"云南特色观赏植物自然杂交群体园艺利用关键技术研发"；

中国科学院重点部署项目"西南—川藏地区本土植物清查与保护"；国家自然科学基金（NSFC）—云南省联合基金重点项目"极小种群野生植物高风险灭绝机制及保护有效性研究"；

国家林业和草原局及云南省林业厅物种资源调查项目"云南省文山州第二次国家重点保护野生植物调查"；

国家林业和草原局及云南省林业厅物种拯救保护项目"典型极小种群野生植物回归自然试验示范研究"；

国际合作项目"滇东南濒危木兰科植物保护及滇西自奔山木本植物研究"。

问 请您与我们分享一下您的求学经历。

孙卫邦：我是1982年考的大学。我考大学时，没想过将来要做什么，那个时候只是想考上大学。填报志愿时，想了一下，决定学林学是因为当时上农林院校国家给补助，不需要花费过多的费用，还可以到处去转。就这样我报考了西南林学院（现为西南林业大学）的经济林专业，其实那个时候，我不知道毕业以后会做什么。

我是1986届毕业生，毕业的时候我的成绩比较好，是经济林专业的全优毕业生。那个时候全优毕业生可以自己选单位，可以到北京的林业部（现为国家林业和草原局）……我想了半天，学校那时候想让我留校当老师。但因为那个时候我大哥是老师，我妹妹也在师范学校上学，我想我还是不当老师了，就回绝了学校。

当时中国科学院昆明植物研究所（下称"植物所"）到学校要人，我就来了植物所。1986年毕业后我刚来植物所工作，就参加了组建的省级机关讲师团去学校教书。那时只要分在省级机关的都要去当一年老师，我正好赶上首届去当老师，觉得很荣耀。我被分配到了澄江县第一中学，兼任生物老师和英语老师。很有趣的是，我本来不想去当老师，结果又去当了老师。我毕竟不是师范院校毕业的学生，备了一晚上的课，上课时半个小时就讲完了，讲完就不知道讲什么了，没有经验。这一年的锻炼，我学会了怎么跟学生打交道，怎么去备课，怎么教书。

从澄江回来以后，我就一直在植物所工作，慢慢地从研究实习员到研究员，其间到瑞士等其他国家去学习、做学术访问。我们的工作当中，每年都会有大量的野外考察。

1999年，孙卫邦在瑞士苏黎世大学系统植物学研究所进行学术访问

1986年，孙卫邦在云南澄江一中支教（首届省级机关讲师团）

春天看花，秋天看果

（问）请您与我们分享您野外考察的难忘经历。

孙卫邦：1993年我从英国皇家园艺学会威斯利植物园（学习交流）回来以后，野外考察非常多，每年基本上都是两到三次，不是春天就是秋天。春天可以看到花，容易找到我们需要考察的植物；秋天可以看到秋景，采到植物的种子，进行人工繁殖和驯化栽培。野外考察很辛苦，我有很多经历：翻车、在野外搭帐篷、骑马、走非常危险的路……大量的野外考察，使我不但积累了丰富的野外工作的经验，而且培养了我对植物的热爱和对大自然的尊重，坚定了毕生从事植物科学的信心。

野外考察工作很多时候是和外国学者一起进行的，植物名称要用拉丁学名才能同外国专家交流。那时，苦学植物的拉丁学名伴随着整个野外考察工作。多年的野外考察工作提升了我在野外识别植物的能力，结交了朋友，为后来的植物学和植物多样性保护研究打下了基础。哪怕到现在，一些重要植物分布在哪里，我都能记得，也肯定都找得到。

1996年，孙卫邦在野外考察

让它们绝境逢生

问 您是什么时候开始研究极小种群的？是一个什么样的契机让您开始做这个课题的？

孙卫邦：2004年6月，有一个重要会议——"中国木兰科植物红色名录和保护现状研讨会"在昆明召开，我受邀参加了这个研讨会。参会的时候，我总在想，中国的木兰科植物很丰富，到底有哪些物种受威胁？这些物种是极危、濒危，还是易危？在这个研讨会上，大家讨论认为中国有21种木兰科植物处于极度濒危和濒危状态，其中有14种应作为优先保护对象，14种中的5个种应采取紧急保护行动，包括华盖木、大果木莲、显脉木兰、凹叶木兰和西畴含笑。会后，一个外国专家建议说："既然这5个物种那么重要，你就写个申请书，先开展这5个木兰科植物种群现状调查。"后来我就向一个物种保护的国际基金会写了一个申请书，并获得了资助，系统地开展了华盖木、大果木莲、显脉木兰、凹叶木兰和西畴含笑种群现状调查。我们的调查结果在保护生物学经典刊物 *Oryx*（《羚羊》）上发表了2篇文章。当时，华盖木只在滇东南的西畴和马关发现10株。从那个时候起，我就开始重点关注野外种群数量极少的植物保护了。

云南省一直重视野生植物的保护工作，于2005年首次提出了"野生动植物极小种群"的保护理念，并率先实施了极小种群物种的拯救保护工作。

2008年9月，国家林业局、云南省林业厅和中国科学院昆明植物研究所在昆明联合举办了首届"全国极小种群野生植物保护研讨会暨回归自然启动仪式"，该会议把"极小种群野生植物"单独提出来进行研讨，并启动了由中国科学院昆明植物研究所负责技术支撑的华盖木、西畴青冈和杏黄兜兰回归自然的试验示范工作，这标志着国家层面对极小种群野生植物拯救保护工作的重视。

2009年12月，云南省林业厅和云南省科学技术厅组织编制了《云南省极小种群物种拯救保护规划纲要（2010—2020年）和紧急行动计划（2010—2015年）》（以下简称《规划纲要和行动计划》）。《规划纲要和行动计划》于2010年3月28日得到云南省人民政府的批复（云政复〔2010〕15号），《规划纲要与行动计划》中指出：极小种群物种是指分布狭窄或呈间断分布，长期受到外界因素胁迫干扰，呈现出种群退化和数量持续减少，种群（population）及个体（individual）数量都极少，已低于稳定存活界限的最小生存种群（MVP），而随时濒临灭绝的野生动植物（云南省林业厅和云南省科学技术厅，2009）。这是对包括动物和植物的极小种群物种（没有"野生"二字）的定义。

2010年8月，在国家林业局组织编制的《全国极小种群野生植物抢救保护实施方案（2011—2015年）》（送审稿）（以下简称《实施方案》）中，首次使用极小种群野生植物。《实施方案》中对"稳定存活界限"和"极小种群野生植物国家级就地保护点"以专栏的形式进行了说明，但未对极小种群野生植物进行说明或定义。

2010年8月25日，国家林业局组织专家对《实施方案》进行了论证。《实施方案》论证会后，受国家林业局的委托，我对该方案进行了修改和补充，认为有必要对极小种群野生植物这一概念进行科学定义，提出了极小种群野生植物是指分布地域狭窄，长期受到外界因素胁迫干扰，呈现出种群（population）退化和个体（individual）数量持续减少，种群和个体数量都极少，已经低于稳定存活界限的最小生存种群（MVP），而随时濒临灭绝的野生植物（基于《规划纲要和行动计划》中对极小种群物种的定义）。

2012年3月23日，国家林业局、国家发展和改革委员会（以下简称"国家发改委"）联合下发了"关于印发《全国极小种群野生植物抢救保护工程规划（2011—2015年）》的通知"（林规发〔2012〕59号）（以下简称《保护工程规划通知》），在《保护工程规划通知》的附件《全国极小种群野生植物拯救保护工程规划（2011—2015年）》（在《实施方案》的基础上修订形成）中，采纳了我建议的极小种群野生植物的定义，将其作为四个专栏中的"专栏二：极小种群野生植物"放入了《全国极小种群野生植物抢救保护工程规划（2011—2015年）》中。这一概念、定义在《云南省极小种群野生植物保护实践与探索》中正式出版发行，并被广泛引用，并全面开启了我国极小种群野生植物的拯救保护工作。

2013年，在国家林业局、云南省林业厅和中国科学院昆明植物研究所的支持下，我主编的《云南省极小种群野生植物保护实践与探索》出版发行。该书对极小种群野生植物进行了概述，同时对云南省在极小种群野生植物保护方面取得的经验进行了归纳和总结。

从2014年开始，中国科学院昆明植物研究所昆明植物园每年编辑发行一期内部交流刊物《极小种群野生植物拯救保护通讯》，也进一步推动了这一概念、定义的不断普及。

回看这几年，从2005年"野生动植物极小种群"保护的提出，到2010年极小种群物种概念的形成，至2012年极小种群野生植物这一概念正式编入《全国极小种群野生植物抢救保护工程规划（2011—2015年）》和2013年《云南省极小种群野生植物保护实践与探索》正式出版发行，以及目前这一概念不断在国内外主要学术论著中出现、普及推广，经历了不断发展和完善的过程。这一路走来，真的值得，希望能影响我国乃至世界珍稀濒危物种的综合研究与保护实践，让更多极小种群不再"极小"。

2016年是一个非常重要的年份，科技部把"中国西南地区极小种群野生植物调查与种质保存"纳入了国家科技基础资源调查专项的重要支持方向。我牵头组织了14家科研院所共同申请。项目答辩后一直没有消息，直到2016年底，记得是过小年那天晚上，几个朋友在外吃饭，我又习惯性用手机浏览科技部网站，发现我们申请的项目进入立项公示了。当时我非常激动，赶快把这个消息发到项目申报微信群中，可以想象，激动的不只是我一人……

"中国西南地区极小种群野生植物调查与种质保存"项目于2017年5月18日正式启动。同年，我又牵头申报了"云南省极小种群野生植物综合保护重点实验室"，该实验室依托中国科学院昆明植物研究所，于2017年底顺利获批建设，并于2020年通过验收正式挂牌。

2018年，由我作为带头人申报的"中国科学院昆明植物研究所极小种群野生植物保护与利用"团队入选云南省创新团队，于2021年通过云南省科技厅组织的考核认定，正式授予"云南省极小种群野生植物保护与利用创新团队"称号。

我们团队从2004年开始极小种群野生植物拯救保护工作。"十三五"期间，我们作为中流砥柱支撑着云南省极小种群野生植物的综合保护，一步一个脚印，顺利拯救了一批极小种群野生植物。由于我们的坚持，极小种群野生植物保护事业撑过了艰难的"婴儿期"，逐渐吸引着来自各地、各单位的研究团队参与到其中。

2009年，孙卫邦在全国极小种群野生植物保护研讨会暨回归自然启动仪式上发言

重要的2016

问 您的研究推进过程其实很困难，那在其中有没有遇到什么事情，让您产生过放弃的念头？

孙卫邦：2017年7月，我们团队在金沙江流域执行国家科技基础资源调查专项项目"中国西南地区极小种群野生植物调查与种质保存项目"野外调查过程中，意外地发现了被认为可能在野外已经灭绝的云南梧桐。这是时隔20年在该流域的首次发现，作为一个植物学家是非常激动的。这个用云南冠名的梧桐树种此前已被世界自然保护联盟（IUCN）评估为野外可能灭绝的植物。云南梧桐随后发生的故事，开始与"极小种群"紧紧联系在一起。

目前，我们团队在金沙江流域发现云南梧桐共6个种群14个分布点约4000株，其中比较大的一个种群有2000余株。该种群分布面积非常集中，我们主要担心发生不可逆的自然灾害，对该种群产生破坏性的影响。为了科学保护云南梧桐，我先后培养2位硕士，较系统地开展了云南梧桐的保护生物学研究，研究了其种群生态（生物）学特征、繁殖生物学特性、遗传多样性与遗传结构。此外，由于当地老百姓采集云南梧桐的种子食用，因此我们还分析了云南梧桐种子的营养成分，发现种子富含脂肪、蛋白质、钾、镁、磷、赖氨酸、天冬氨酸等营养成分，含量高，是极具开发潜力的木本油料植物。

云南梧桐叶片宽大、背面密被毛，开的花儿会从黄色变成紫红色，曾广泛分布于中国西南部，为我国特有树种。20世纪

80年代以前，当地供销社集中收购用云南梧桐树皮搓制的麻绳，云南梧桐数量急剧减少。此后，其种群数量、规模大幅萎缩并呈片段化分布。1998年，世界自然保护联盟（IUCN）将其评估为野外可能已经灭绝的3种中国特有植物之一。

野生物种若已不存，就失去了特殊保护的必要。1999年，我国发布的《国家重点保护野生植物名录（第一批）》中就没有列入云南梧桐。2004年，四川省攀枝花苏铁国家级自然保护区发现了残存的200株云南梧桐，但此后再无发现报道。

目前，云南梧桐的种子繁殖和组培快繁技术已经解决，"一种云南梧桐的组培快繁方法"获得了国家授权的发明专利。结合我们团队在云南梧桐保护生物学研究方面取得的进展，云南梧桐就地保护（建立保护小区保护现存种群及其生境）、迁地保护、种群增强和回归等综合保护工作已经开始实施。我们同阿拉善基金会西南中心、云南省农业科学院热区生态农业研究所和元谋县林草局合作，开展了云南梧桐的采种育苗、保护小区建设和苗木回归等抢救性保护工作，于2021年9月在元谋县江边乡沙沟箐村云南梧桐的野外种群处，建立了云南省第一个云南梧桐就地保护点。同时，保护点工作人员向村民和护林员赠送了人工繁育的云南梧桐幼苗，由村民和护林员自行栽培和管护。这既增加了当地居民对本地濒危物种的认知，也激发了大家对保护本土物种的积极性。

任何一个物种在自然界中，都是很重要的一个组成环节。所以保护物种实际上就是保护人类赖以生存的环境，也就是保护人类自己。

2009年，孙卫邦在文山西畴小桥沟进行回归自然的
华盖木监测与数据采集

2021年9月，孙卫邦在元谋县江边乡沙沟箐现场进行云南梧桐保护小区建设和
种群增强技术讲解

2021年，孙卫邦研究员（右一）、阿拉善基金会西南中心负责人萧今（右二）和云南省农业科学院热区生态农业研究所廖承飞（左一）指导云南梧桐苗木回归定植

2018年，孙卫邦研究员（左一）在丽江大东乡云南梧桐树下接受云南广播电视台采访，介绍云南梧桐的发现之旅

保护极小种群野生植物

问 为什么要保护极小种群野生植物？

孙卫邦：我给你举两个例子。

第一个是巧家五针松的例子。这个物种是1990年发现的，野外只有34株。熟悉园林植物的人对五针松和白皮松或许不会陌生，它们都是园林中常见的绿化树种。而巧家五针松又叫"五针白皮松"，兼有五针松和白皮松的特点，树形婆娑，不仅观赏价值高，对研究裸子植物进化还具有重要的科研价值。自从它被发现以来，在各级政府职能部门、科研院所、大学和社会组织等多方合作和努力下，在对它进行科学研究的同时，展开了抢救性保护。经过多个保护项目的实施，目前野生个体已经全部编号，并进行了单株GPS定位，对其生长发育情况和植被群落进行了长期监测，人工繁育幼苗累计超过5000株。其中，巧家县内回归及种群重建植株2281株，昆明、大理等巧家县外迁地保护点种植植株798株，另有2000余株幼苗/幼树保存于苗圃。其中，中国科学院昆明植物研究所共迁地保存巧家五针松50余株，2012年、2016年分两批定植于裸子植物园及极小种群野生植物专类园，园区海拔近2000米，巧家五针松在园中适应良好，生长迅速。2021年8月，中国科学院昆明植物研究所内的巧家五针松首次结实，标志着该物种在昆明植物园的迁地保护初步成功。

如今，该物种种群规模已大幅增加，灭绝风险大大降低，抢救性保护成效显著。随着这么多年的迁地保护，人工培育巧家五针松的技术越来越成熟，苗木储量也越来越丰富。我们相信在不久的将来，巧家五针松会逐渐走进园林景区，让更多的人欣赏到它的美丽身姿。

第二个典型的案例是漾濞槭的综合保护过程。记得在2008年10月的一天，我收到了一个"来历不明"的包裹。什么东西？谁寄来的？我按包裹上留的电话打回去，才知道寄件人是云南大理漾濞县石钟村的村民张国树。纸箱里，是他受中国科学院植物研究所（北京）的陈又生博士所托，给我寄的漾濞槭种子。

2001年，陈又生在四川大学标本馆查看槭树科的标本时，发现一份采自石钟村马鹿塘的标有"贡山槭"的标本，特征与贡山槭有别。当时他初步推断，这应是一个新种。2002年4月，陈又生来到马鹿塘寻找，几经周折，终于在村子附近找到了这种槭树。由于这种槭树是云南漾濞特有的，2003年陈又生和杨亲二两位研究员将其正式命名为"漾濞槭"。

收到种子后，我们团队攻克了漾濞槭种子育苗的关键技术，通过人工技术处理让种子萌发；隔年2月，终于用张国树寄来的两三千粒种子培育出了1606株漾濞槭幼苗。这些幼苗有的种在了昆明植物园，有的回迁到苍山西坡上张国树家附近漾濞槭的原生境中。

我的研究生赵琳琳开展了漾濞槭遗传多样性的研究，经过遗传学分析发现，张国树寄给我的种子均来自同一植株，但花粉还有来自这5棵树以外的其他植株。据此判断，应该还存在其他尚未被发现的漾濞槭植株。2014年，我的研究生陶丽丹开展了漾濞槭的系统调查与种群生态学研究，最终发现，漾濞槭共有12个分布点577株。

2016年，研究人员又采集了一批漾濞槭种子，并于2017年培育出5万株漾濞槭苗木。

前后繁育的5.1万余株漾濞槭苗木中，昆明植物园专类园保育了50余株，苗圃保存了约3.8万株，保障了回归自然和种群规模化恢复工作的实施。我们团队目前已分别在大理云龙志奔山林场和红河州芷村林场迁地保育各4000株，在漾濞槭原生境回归了4600余株。

目前，2009年在昆明植物园种下的第一批漾濞槭已经能够开花，产生成熟的种子。为了保护漾濞槭，2016年以来，我们团队的科研人员平均每年去漾濞县4次，开展调查、采种、回归、种子实验、开花观察等工作。此外，每年还要不定期去2个漾濞槭重建居群进行幼苗生长监测等工作。漾濞槭和巧家五针松不同，它的树形并没有那么婆娑，也不是常绿树种。但是对我们而言，它同样是一个非常宝贵的物种。我们目前还讲不清它到底有什么用，然而无论什么物种，生活在自然界中都会丰富当地的生物多样性，对生态系统的稳定作出贡献。漾濞槭从2003年首次被发现开始，至今不过20余年，这么短的时间里，我们只知道它守护着一部分水源林，给早春觅食的蜜蜂提供花粉花蜜，一些松鼠在它的树洞里囤食物，羊吃它的嫩叶解馋……我们还无法人为地利用它，如果它灭绝了，那我们就永远失去了一份重要的生物资源。

许多极小种群野生植物具有药用、食用、保健、材用、工业原料、观赏等价值，一些种类还在生物演化史上处于十分重要的地位，有些种类的基因资源犹如潜在的"绿色金矿"，将会被人类不断发掘利用。可以说，保护极小种群野生植物，就是保护国家可持续发展的战略生物资源。

2021年，孙卫邦（右一）与团队在青藏科考（川西）途中

2022年12月15日，孙卫邦在COP15会议第二阶段蒙特利尔PSESP边会上发言

期待花开

（问）在您那么多年的极小种群野生植物保护研究中，是不是已经跟这些植物有了感情？

孙卫邦：20世纪70年代，中国科学院华南植物研究所（现华南植物园）的植物学家刘玉壶带队在云南省文山壮族苗族自治州西畴县小桥沟野外考察时，无意中发现一株树干挺拔通直、树冠形状奇特的树：高约40米，树冠状如华盖，嫩叶泛白，老叶翠绿。后来，这种高大乔木被刘玉壶教授形象地命名为"华盖木"，为我国云南特有的木兰科单种属植物，在之后的野外调查中仅发现6株，属极度濒危物种。

还有没有散落野外、不为人知的华盖木？为摸清底数，2001年起，沿着刘玉壶等老一辈植物学家的足迹，我带领团队开始了10多年的野外调查。"我们这儿发现一棵树有'盖'，是不是你们说的'华盖木'？"好几次，我们按村民提供的线索，欢喜而去，却又失望而归。

为让更多人了解并帮助寻找华盖木，每次野外考察，我和团队成员都会带上专门复印的华盖木资料图，分发给华盖木可能分布区域周边的村民。保护华盖木，必须广泛动员群众参与。

野外调查华盖木的过程，是宣传的过程，也是科学研究的过程。好不容易在野外发现了华盖木，为一睹它开花，我曾等了2年。头一年只看到枯萎凋零的落花；第二年，终于等到了花开！

当时我带领学生造访屏边大围山国家自然保护区，经历了6个多小时的山路跋涉，终于在一片密林深处，见到了一棵巨大的华盖木。大围山国家级自然保护区于2001年6月由国务院批准建立，位于云南省东南部，地跨红河哈尼族彝族自治州屏边、河口、蒙自、个旧4县，属森林生态系统类型的自然保护区。

当真正站在华盖木面前时，我却又怎么也无法相信自己的眼睛，"这就是华盖木呀！"眼前的华盖木十分朴实，周围生长着各种繁茂的植物，以至于受到其他植物枝叶的遮挡，几乎都不能看到它的全貌。

我请了一位当地的爬树能手顺着笔直的树干爬到了树冠。但树冠上没有绽开的花朵，爬树能手费尽心机只采集到了一个弱小的花骨朵。大家的心情沉了下来，都认为这个花骨朵不会开了！

回到住所，我用瓶子装糖水并将花骨朵泡上后，便去吃晚饭。夜里吃完饭回来，奇迹发生了！那个弱小的花骨朵绽放了，非常的美丽。与此前文献记载的粉色不同，我看到的是温润如玉的白色。我难掩兴奋，抓紧拍照，这张照片成为后来研究华盖木的重要参考资料。华盖木是我国特有的木兰科单种属植物，木兰科植物的分类依据主要是花和果，花朵色彩、花被片数量，都是科学研究的对象，任何细节都不能放过。

第二天清晨，大家发现那朵花已经谢了。由此推断，华盖木的花有可能像昙花那样在夜里开放，进行传粉繁殖，怪不得它那么稀少！在自然环境中，它的生长速度是十分缓慢的。

野外调查华盖木的过程，也是保护华盖木的过程。我们团队调查发现，野生华盖木分布在各地。于是，每找到一株华盖木，我们都会对植株精准定位，并将具体经纬度告知其所在的自然保护区或者属地政府相关部门，推动日常巡护、病虫害防治等就地保护工作。迄今，野外调查共发现散生于西畴等5个县的52株野生华盖木，都得到了有效保护。

为了拯救保护这一濒危物种，1992年，华盖木被列入国家珍稀濒危保护植物名录，在1999年发布的《国家重点保护野生植物名录（第一批）》中被列入国家一级重点保护。自1983年起，中国科学院昆明植物研究所便对华盖木开展人工引种栽培和迁地保护。直到30年后，昆明植物研究所栽培的华盖木才迎来了首次开花，这是首例华盖木迁地保护后开花，这意味着华盖木迁地保护到昆明植物研究所获得成功。从最初仅在野外发现6株，到如今回归自然1.5万余株，很感慨！

说到华盖木，还有一段我与曾孝濂老先生的故事。之前，由于没有华盖木的照片，曾老自己画了一幅华盖木的画，问我像不像。我一看，确实不太像华盖木，就提供了资料图给曾老。他重新画了一幅，这幅画完美展现了华盖木的风采。

我对它们都有感情了……按昆明植物研究所华盖木迁地保护的观察结果，等开花等了30年。一个人一辈子有多少个30年？能看到它们开花很难得，所以我们搞这个研究是很辛苦的。木本植物开花需要很长时间，漾濞槭要8年，华盖木要30年，西畴青冈要12年，巧家五针松要12年……

现在，只要我去文山，我都要去看看华盖木长得怎么样了，到树的周围去看看。当时我还开玩笑说："等到我退休都不一定看到它开花，虽然看不到，但我还是希望看到它长得怎么样了。"

平时，我只要有机会就会到植物园里去转转，同事们都知道我喜欢去极小种群野生植物园，植物开花、结果基本上都是我发现的。我每天都可以看到它们长得怎么样，希望看到它们开花结果。

我时常跟我的学生讲，希望他们有自己的方向。只要认定了一件事，你就做下去，你就能得到成果，一定能等到花儿开……

2008年5月12日，在马关古林箐首次看到的华盖木花朵（开花末期）

2011年5月8日，在屏边大围山国家级自然保护区中岭岗村长虫坡看到的华盖木树（左）、花蕾及花蕾水养后的花朵

華盖木 *Manglietiastrum sinicum* ···· 花莲的植物园

曾孝濂先生于2021年手绘的华盖木

孙卫邦教授签名

杨君兴

中国科学院昆明动物研究所研究员
鱼类学家
IUCN/WI淡水鱼类专家组（FFSG）中国区主席
中国鱼类学会理事
云南省高原鱼类育种重点实验室主任

杨君兴，男，汉族，中共党员。

1960年，出生于广东省廉江市。

1983年，毕业于湛江水产学院淡水养殖专业。

1983—1986年和1987—1990年，到中国科学院昆明动物研究所，师从著名鱼类学家褚新洛先生，先后获硕士和博士学位。

1995—1996年，到加拿大安大略皇家博物馆做高级访问学者。

1997年起，曾任中国科学院昆明动物研究所副所长、党委书记。

2009年起曾任中国科学院昆明分院副院长、党组副书记。

享受政府特殊津贴专家；省、部级有突出贡献专家。

2009年获国家科学技术部"野外科技工作先进个人"荣誉称号。

2021年获云南"最美科技工作者"称号。

现为中国科学院昆明动物研究所研究员。

IUCN/WI淡水鱼类专家组（FFSG）中国区主席，中国鱼类学会理事，云南高原鱼类育种重点实验室主任。

杨君兴领导的团队研究领域为鱼类的系统进化、保育与可持续利用，囊括鱼类分类和谱系进化研究、珍稀土著鱼类生态研究、湿地恢复研究和珍稀特有鱼类育种和产业利用等多个研究方向。团队共发表学术论文250多篇，其中SCI论文160多篇，先后主编专著1部，合编专著5部。发表鱼类新属2属、新种40余种。先后获得1997年度云南省自然科学奖、1999年度云南省自然科学奖、2003年度和2011年度云南省科学技术进步奖，以及2006年度云南省科学技术发明奖。

杨君兴的团队获国审新品种2种，已经完成研发的新品种1种，已经成功繁育和产业化推广的名贵特有鱼类2种。主持完成的国家水产养殖新品种滇池金线鲃"鲃优1号"是我国自成立以来审定的第100个鱼类养殖新品种，也是云南省第一个国审新品种。团队先后收集并转移到迁地保育基地进行保育研究的云南土著特有鱼类102种，保育了核心亲鱼10万余尾。团队基于长期对云南高原湖泊生态学研究积累，提出了以土著旗舰物种"花—鱼—螺蚌—鸟"的新型生态修复模式，运用于滇池、洱海、程海和杞麓湖等高原湖泊的水生态修复，取得了良好的生态效益和经济社会效益，得到了国际著名学术刊物 *Science*（《科学》）的专门报道和肯定。

人生经历

问 您为什么一直留在没有海洋的云南，而不是在广东湛江的沿海进行水产的研究？

杨君兴：我是1979年读的大学，1983年毕业，我们应该是改革开放之后第三批招收的大学生。那个时候，我们大学毕业生都是国家包分配工作的。但是我主动选择报考昆明动物研究所的硕士研究生，当时我很向往云南这个地方，我在那时就已经知道云南是一个动物和植物的王国，它的生物多样性，在我读大学时就给我留下了一个非常良好的印象。同时，昆明号称"春城"，我也特别地向往。所以我当时就没有选择广东广州的一些高校或者研究所。当时我毕业分配的时候，已经把我分配到位于湖北的农业部直属水产研究所，但是我主动报考昆明动物研究所，幸运地成为一名硕士研究生。我向往这里的"动物王国""植物王国"和生物多样性。

大家都知道，好像应该是海洋的鱼要更多一点，但是海洋鱼类（多样性）没有像内陆的云南"动物王国"的物种多样性那么丰富。云南的多样性是什么呢？像抚仙湖的鱼类跟滇池的鱼类是不同的物种，而海洋鱼类物种之间的分化就没有这样强烈。所以，我当时选择来云南第一是冲着"动物王国"和"植物王国"的名声；第二是"春城"昆明是我向往的地方；第三是这里有中国科学院的研究所，在我们的心目中是科研的殿堂。当时确实没什么犹豫，也是自己的选择，当然也听从了大学老师的指引，最后我就报考到这里了。

问 可以分享一下您做科学研究、野外考察的经历吗？

杨君兴：在多数人的心目中，野外科学考察充满着艰辛和危险。而我的野外科考经历却与此大相径庭。对成长在农村的我来说，打鱼摸虾，实在是自小就有的爱好。记忆最深的野外科考，基本都发生在1985—1990年。因为我参加了青藏高原科学考察——横断山生物资源考察的后期野外补点采集，还结合开展硕士、博士论文研究，多数考察都是独自一人在野外，足迹遍布云南的山山水水。因规模小，经费有限，从来没有用野外考察车。从研究所到县城，基本都是乘长途班车。县乡以下基本靠马车、拖拉机或步行。离开研究所时的基本装备是左右两肩各挎一个4公斤左右的马口铁标本箱，外加一个双肩背包。至考察将结束时，标本和行李通常有几十公斤重。

每次考察结束后，最受鼓舞的时刻是把采集标本的名录和数量呈给恩师过目。以严厉著称的恩师认真审核标本和名录后，轻轻点头肯定考察收获，一股暖流就会从头到脚，把半个月野外奔波的辛劳全部赶得无影无踪了。

偶尔也有幸能随鱼类组的前辈老师一起到野外考察，每次都能听到他们讲述20世纪六七十年代青藏高原生物资源科学考察的经历。最让我着迷的是听他们分析野外考察数据背后的生物演化规律，老师、前辈们对梦想的追求总让我感动和难忘。我的野外科考及研究经历是特别幸运的，因为早期有严慈恩师的鼓励，耳濡目染前辈们的科考故事和科学理想，还有老乡淳朴真挚的滋润，后来更有全球环境基金会、云南省发展和改革委员会、云南省科技厅和云南省环保厅、国家自然科学基金及中国科学院等部门给予的慷慨经费资助。这些支持的力量与我团队科研人员的努力相汇合，才成就了现今高原鱼类演化、保育与可持续利用的系列成果。也许正是这些难得的善缘巧合，构成了我们这一代从外地来到红土高原追梦的科技工作者的成长历程——平凡、独特且难忘，一路温暖与感恩相伴。

问 请问您在科考过程中有哪些难忘的事情？

杨君兴：我最温馨的记忆是那座滇南偏僻红土地上的夯土房子。那是我读硕士研究生期间，当时要到文山州的砚山和丘北去采集一种白鱼属的鱼类的标本。我独自一人背着很多行李，包括采集的工具，早上8点多从县城步行10多公里到龙王庙水库采集标本，往回走时已是下午三四点钟了。走在那红土高原上，附近没多少人家，5月热辣的太阳烤得叫人干渴饥饿难忍。前方乡间小路的转弯处，有一座夯土房子。我敲开门想讨点儿水解渴，敦厚的老乡却端给了我一碗米粥！仿佛他看透了我既饥又渴。临走时他又从树上摘下一大串熟透的青皮李子，揣到我怀里，让我带在路上吃。我想给些钱，他不要……云南老百姓真的很淳朴。面对老乡关爱，从我嘴中滑出的一串"谢谢"显得那么苍白！我一步一回头，这座弯曲乡间小路尽头处的夯土房子就停留在了我记忆深处。

我曾经得到一个中国科学院竺可桢野外科学工作奖，他们叫我写一些事迹，我就写了这些考察时让我感动的事。这是我在回首科研生涯里非常难忘的一件事，类似的事还有很多。

年轻时的杨君兴（左）与他的导师——著名鱼类学家褚新洛先生

（左起）杨君兴、陈银瑞、崔桂华在鱼类标本库工作

难忘那一个个平凡而充满兴奋的野外调查采集的日子。白天在河里采集鱼类标本十分消耗体力，但却让我很兴奋。天黑回到当地老乡家里的住处，帮着准备夜饭。炉火通红，干辣椒放进热锅时冲起一股呛辣的烟雾，席间还能享用老乡自家酿造的苞谷酒。通红的炉火和老乡的淳朴，还有无时不在的恩师的关爱至深至远，呛辣的烟雾裹着考察的兴奋和艰辛实在够劲，浓浓的苞谷酒沁满科学的理想，让人陶醉。

最喜出望外的时刻是在嵩明白邑黑龙潭发现在滇池湖体已经消失将近20年的滇池金线鲃野生种群。同样惊喜的是经过近3年的失败和数不清的挫折后，终于研究繁殖出第一批滇池金线鲃鱼苗100余尾。"云南四大名鱼"之首的滇池金线鲃终于有望免于灭绝的命运了！

问 请问您的导师褚新洛先生对您有什么影响？

杨君兴：我的恩师褚新洛先生事事以身作则，对学生言传身教，循循善诱。他十分重视对年轻人的培养，将自己的经验和知识悉心传授。在组织野外科考时，他和年轻人一道肩挑背驮，跋山涉水，下河拉网。褚新洛先生是一个非常严谨的科学家，作为他的第一个博士研究生，我看到了他们老一辈科学家身上那种忘我的科学精神，对我影响巨大。他从中科院水生生物研究所来到云南工作，条件艰苦，通过几十年野外和实验室的工作，奠定了这一学科基础，我们在他和陈银瑞等其他鱼类研究团队的基础上，能够继续延续珍稀鱼类的保育这个学科，现在又有了潘晓赋、王晓爱、张源伟等年轻一代接续这份事业。

杨君兴（后排左1）、陈银瑞（后排左2）与褚新洛先生（前排左2）和其他同事

2018年，杨君兴团队在纪念褚新洛先生诞辰学术研讨会后合影

科学研究

问 滇池金线鲃为何会成为旗舰物种？

杨君兴：滇池金线鲃是我们云南"四大名鱼"之首，它已经被列为云南的旗舰物种。滇池金线鲃能够成为旗舰物种，主要是有三个方面的原因。

第一个方面，从进化的角度来看，它是一个重要的标志。滇池金线鲃是从滇池诞生起，伴随着滇池的演化而演化的，形成了滇池的特有种。这是从进化的角度来看的。从时间的角度看，根据滇池形成的地质年代，它大概存在有300多万年了。它是伴随着滇池的形成和发展，成为了全世界别的地方都没有的特有物种。

第二个方面，从生态系统的角度来讲，它是滇池生态系统的一面旗帜，因为它主要生活在清水里面，特别是产卵的时候，要回到地下水的出水口（我们叫龙潭的地方）来产卵。所以说它在生态系统里面存在就意味着湖泊的水质很好。如果它消失了，那就说明湖泊的生态系统很可能发生了很大的变化。而且从另外的角度来讲，滇池的食物链，从氮磷无机质到藻类到浮游生物再到鱼虾，在这样的食物网里，它也起到了非常重要的作用。滇池金线鲃以虾等小动物作为食物，平衡了食物链，起到稳定生态系统的作用。像后来滇池金线鲃消失了，滇池的生态遭到破坏，也间接导致了蓝藻的暴发。

第三个方面，从人文的角度来看，滇池金线鲃也是很重要的。滇池金线鲃自古以来就是我们云南的"四大名鱼"之首，甚至在明代的《滇南本草》这本书里面，也记载着这种鱼是有食疗作用的；在《徐霞客游记》里面也记载了滇池的这种鱼。所以说，不论是从进化的历史来看，或者从生态系统来看，还是从人文的角度来讲，滇池金线鲃都是滇池的一面旗帜。大家通常把这种物种称为"旗舰物种"，它当之无愧。

问 从进化的角度看，滇池金线鲃和整个滇池的生态系统有什么关联性？

杨君兴：其实最早在滇池没有形成湖泊的时候，滇池还是一个个河流和沼泽，大概是360万年前，那时候滇池金线鲃还是一个河流型的鱼类。随着印度板块向东挤压，滇池慢慢积水成湖，从沼泽变成湖泊。之后，滇池金线鲃就慢慢适应了湖泊，从河流型向相对静水的湖泊型方向演化。在长期的进化过程中，它逐渐适应了环境，慢慢就形成了滇池的特有种。在过去的进化过程中，可以说这种鱼既伴随了滇池的形成和演化，自身又在不断演化。它也见证了滇池的整个演变的历史，从沼泽浅湖期到大湖期，再到现在。滇池原来流入玉溪盆地，流向南盘江。后来在1万年前左右的时候，西山龙门断裂带整体错位抬升，这个错位现在可以在西山龙门看到，有一个很高、垂直的断裂错位面。错位抬升之后，滇池改从昆明海口，从螳螂川流入金沙江。泄流之后，滇池的面积就比面积最大的时候小了很多，大概相当于大湖时期的1/4。滇池巨变的整个过程，滇池金线鲃都见证着，同时它也参与了这一演化。从它身体里

杨君兴教授（中）与团队成员在云南省高原鱼类保育基地工作

杨君兴教授在察看"花—鱼—螺蚌—鸟"高原湖泊立体生态修复模型缸

的DNA中，我们可以看到这种变化的历史，可以看出它与滇池的演化是紧密相连的。

问 滇池金线鲃为什么会消失？是何时消失的？

杨君兴：滇池金线鲃从滇池消失，这是一个非常让人伤感的事情。它消失其实不是进化的原因，是因为我们人类的干扰。20世纪70年代，滇池周围出现了比较多的工厂，以及当时的生活用水都通过盘龙江等河流进入滇池，滇池的生态环境就被慢慢污染了。20世纪80年代，基本上在湖体里面就再也见不到滇池金线鲃了，很长时间内我们都以为这种鱼已经灭绝了。

问 滇池金线鲃的消失，对滇池的生态环境有什么影响？

杨君兴：滇池金线鲃消失，首先就指示了我们整个湖泊的水体发生了比较大的变化，可能水体遭到了比较严重的污染。其次因为它主要以虾为食，它消失后，湖里面的虾数量就多起来了，整个生态系统就发生了变化。我们观察到的这种虾到20世纪80年代以后，大概从1988年开始，数量上升得就比较快了。而且从虾数量的上升和滇池金线鲃的消失，就可以看到食物链已经发生变化了。湖泊的食物链一旦发生变化，湖泊里面的整个氮磷流动的路径就发生了变化。氮和磷发生变化，直观一点的表现是滇池发生蓝藻暴发。蓝藻暴发的根源是氮和磷的堆积达到了极限，且没能够通过食物链保持有效的平衡。或者说食物链效能下降，输入的氮和磷多了，食物链消耗不完，超过了食物链转化的能力，就出现了蓝藻暴发的现象。

（问） 滇池金线鲃后来又是如何重新发现的？

杨君兴：2004年，我们正好在做全球环境基金会的一个项目，抱着一些希望，想看看这种鱼还能不能在滇池周围的龙潭里面找到。因为我们知道滇池金线鲃是比较喜欢龙潭的，它产卵的时候一定要到龙潭里面去，所以我们预计在偏远的一些龙潭里面，很可能会存在一些小的种群。在全球环境基金会的支持下，我们对整个滇池流域进行了拉网式的调查，在滇池的汇水面以内，都进行了拉网式的搜索，也找了100多个龙潭，最后大概有11个龙潭是有鱼的。特别是在白邑黑龙潭，有数量比较多的滇池金线鲃还保存在那里。后来我们把少量个体迁移回来，放到保育基地里面进行观察研究。我们做繁殖研究的种源主要是从嵩明白邑这里采集的。

（问） 你们当时找了100多个龙潭，花了多长时间？

杨君兴：将近花了一年时间。这是因为我们不想放过任何一个小的细节，所以对滇池流域里面每一条河流的每一个支流，都顺着河流去找，在周围一直找到河流的源头，找龙潭的同时，也对当地的老百姓进行访问。这样找了总共有100多个龙潭，最后确定有滇池金线鲃的龙潭大概有11个。

（问） 您当时在白邑黑龙潭第一眼看到金线鲃的时候，它长什么样？有多少条在那里？是怎样的一个状态？

杨君兴：去白邑黑龙潭的时候，当时我没有在现场。我团队的成员，他们都是博士、硕士，去到那里看到龙潭里面游的鱼像是滇池金线鲃，因为我们标本库里有标本。他们把鱼捞起来，从侧面一看，就证实了是滇池金线鲃。他们当时非常高兴，立即就在现场打电话告诉我，说："杨老师找到了。"我们认真核对后确认是找到滇池金线鲃了，特别激动，学生们也兴奋地在那里手舞足蹈。

问 花了这么长时间，您曾经有没有想过它可能真的已经灭绝了？

杨君兴：开始的时候，因为我们对它的生态习性还是了解的，总是抱有一点希望。但是随着我们的调查，特别是在白邑的黑龙潭发现了它之后，我们是喜出望外的。这又鼓舞我们更加有信心地对每一个龙潭都进行调查，因为很可能每一个龙潭它都在里面。它们隔离的时间已经很长了，龙潭跟龙潭之间的金线鲃，已经很长时间都没有进行基因的交流了，相对来讲它们也有一定的分化，去适应每一个龙潭。虽然它同样是滇池金线鲃这一物种，但是它的遗传多样性可能会有一些变化，所以我们尽可能去找到更多样的金线鲃，这样才能够让我们人工恢复的种群保持最大限度的遗传多样性，我们将来才能在滇池里面恢复它的野生种群。

问 可以描述一下您当时的心情和想法吗？

杨君兴：当时非常激动，能够找到金线鲃非常激动，为什么呢？刚才说了它是旗舰物种，既是进化上的旗舰，也是滇池湖泊从形成到演化的过程的见证者，也是一面旗帜。另外就是，除了刚才说的它有药用价值之外，金线鲃应该是昆明人自古以来的一份难以忘怀的记忆，可以说是上天恩赐给昆明人的一份财富。能够找到它的话，我们就觉得能够恢复它的种群，我想这绝对是一个让人兴奋激动的事情。为什么？当然也有我们昆明人的一种情怀、一种记忆在里面，更重要的是，滇池金线鲃是独特的高原湖泊生态系统里一面重要的旗帜，它一旦灭绝的话，你也只能从图画上看看，或者从保存在标本库里面的，泡在福尔马林里的标本看看。但是现在能够恢复种群了，我认为这个是多么伟大，或者说多么让人激动的事情啊。

我相信我们昆明人、云南人，甚至是全世界都会珍惜滇池金线鲃，这个是一个很重要的事情，为什么这样讲？刚才提到了，我做这个项目是全球环境基金会捐款给我做的。他们认为滇池的生物多样性具有的价值，不仅仅是属于昆明，不仅仅是属于云南，也不仅仅是属于中国，它作为生物多样性的价值，是属于全世界的，通过我们的努力能够让它避免灭绝的命运。同时现在因为繁殖的数量比较多，它还可以用来恢复野生种群。我们每年都会放一些回滇池，去恢复它的野生种群。我相信终有一天，通过云南省和全国的共同努力，滇池的水会变得很清，又回到20世纪60年代以前的清澈状态，到那个时候，我们的滇池金线鲃又能够在里面恢复，那真正地意味着滇池的治理进入到一个非常好的阶段了。

昆明动物博物馆里的展示缸

滇池金线鲃图片

问 找到滇池金线鲃后，您的团队是怎样进行保护以及人工繁殖的？

杨君兴：找到它之后，我们觉得它太珍贵了。第一方面，要研究滇池的形成演化这样的一个大的历史，就需要有这样的一个特有物种；第二方面，它在生态系统里面也扮演了重要的角色；第三方面，它在历史上就是一大名鱼，在高原特色渔业、特色水产业里也是一个非常良好的标志，有一个很好的龙头作用。所以我们基于这几方面的认识，经过特许批准，从白邑捕了200多尾滇池金线鲃，迁到我们的保育基地里面进行养殖和观察。

我们面临着一系列的问题，第一，它平常在野外是吃什么东西的？第二，滇池金线鲃在我们的保育基地里相对静止的水体里面它适不适应？保育基地的温度、水体条件都和龙潭有区别。第三，它性腺的发育，精子和卵子的发育需要什么条件，才能让它进行繁殖？这一系列的科学问题当时我们都不知道。以前只知道有这种鱼在滇池，是滇池的特有种，但是对它吃什么，它需要什么样的温度，它在什么季节繁殖，它繁殖的时候需要什么样的水温，什么条件？我们都是不知道的。所以我们只有一点点地试验，一点点地观察。通过很多鱼缸的这种进行组合试验对比，找到它的生活习性。

因为之前没有人研究过它的生态习性，虽然可以参照像青草鲢鳙等鱼，但是从进化上讲，青草鲢鳙跟滇池金线鲃亲缘关系太远了，可以参照的东西不是那么多。滇池金线鲃是滇池的特有鱼，所以生物学方面的问题，需要一点点地去观察、去研究、去测试。我们去观察它需要什么流水条件，需要什么营养，需要什么食物，包括它繁殖的季节、繁殖的习性、它的受精卵需要多少温度等一系列的问题。最重要的是它的繁殖习性，这是困扰了我们很长一段时间的问题，我们前后花费了将近两年半才搞清楚。

（问）滇池金线鲃有什么样的繁殖习性？

杨君兴：它繁殖的时间很奇怪，在春节前后。每年这个时候学生放假了，很多员工轮流值班。而恰恰是这个每年人最少的时候，在大年三十前后几天，它就会大量产卵。所以我感觉它自己也知道农历的时间变化，这个是非常非常神奇的。因为在云南，绝大部分鱼类是五六月份产卵的，像鱇浪白鱼是在4月份，有时候晚一点在5月份，那时候比较温暖一点，在快要下雨的时候产卵。而滇池金线鲃它在春节立春的时候，那时应该是最冷的，它在这个时候产卵，我们原来根本就没想到。只有发现它在什么时间产卵，才能够相应给它配套一些繁殖需要的条件和刺激。所以说这是比较困难的事情。但是在饲养的过程中，因为我们的人观察都很细，会发现它体形的变化。我们通过食物来调节它的生理变化，到一定的时候，我们发现它体表上会长出细小的珠星，很细的，白白的，像微小的珍珠一样在头部和体侧。我们的博士们观察得很细，基本上天天都要看，看见这种珠星，还有它的体形，肚子变大一些了，就知道可能是快要产卵了，只是都没想到它会这么早产卵。但是我们通过各方面观察，也会感觉得到它会有一些变化，通过看它的生殖孔，摸它的肚子，慢慢我们会感觉到它从性象不成熟到成熟。

它们第一次繁殖的时候，200多尾大概孵化出来有100多苗。当时是大半夜，我的博士们就打电话来给我报告这个好消息。我们都兴奋得不得了，如果它繁殖的话，我们就知道这种鱼有希望了，它们不会灭绝了。

问 到目前金线鲃的繁殖形成了怎样的规模？

杨君兴：能够有第一次的繁殖成功，我们就喜出望外了，因为前面两年一点都不成功，用了很多激素等，它都不繁殖。第一次繁殖成功虽然只有很少的100多苗，但这也是给我们整个团队的一个巨大鼓舞，我们终于能够突破它的繁殖的瓶颈，知道它繁殖需要什么条件了。在之前的两年里面，两个繁殖季节都没有能够成功，其实我的很多团队成员都几乎要丧失信心了，认为太难了。而且它之所以濒危，可能也跟它的繁殖难度有关系。但是第三年的这100多苗让我们坚定了它能够繁殖成功的信心。有这样的一个指引之后，我们就可以在现有的实验方案里面进行优化，包括温度的优化，包括食物的优化等各个环节的优化，来摸索怎么样能够让它更好地繁殖。

到第四年的时候，第二个繁殖季里，繁殖数量就能够达到1万多尾了。就是这么一步一步地往前，到目前，基本上一年1000万苗都不成问题。

这个技术我们一直摸索到现在，我们叫作全流程繁殖成功。所谓全流程繁殖成功，就是我们繁殖的鱼苗，像刚才说的

100多苗，从鱼苗养大，养大又让它成熟让它繁殖，这个才是叫全流程。有一些人做野生鱼类不是全流程，从野外捕回来的鱼，像从野外潭捕回来的已经是成熟的鱼了，通过优化一些条件让它繁殖，缺乏从鱼苗到成鱼这样的一个全过程，那样不叫全流程。要从鱼苗到养成到繁殖，繁殖之后又开始一个循环，这才叫全流程繁殖成功。全流程繁殖成功之后，就有两个方面的作用了，一个方面就把它放野，回到滇池湖体里面，恢复它的野生种群。另外一方面我们也会选一些具有良好的生长性能，而且更能够适应池塘静水水体的个体作为后备亲鱼，作为高原特色水产养殖业这样的目标进行培育。现在每年通过政府的资助，能够有二三十万鱼苗回放进到滇池里，恢复它的野生种群。更多的时候，是一些企业通过采购我们的鱼苗去养殖。像曲靖有两三家很有实力的企业，他们就在做这件事情。通过政府采购，企业下订单，他们就能够保证生产；从技术上来讲，由几十万苗到几百万苗到一千万苗的规模化，已经没有任何问题了。

问 滇池金线鲃放回滇池后生活得怎么样？

杨君兴：我们先是把它放回了滇池，然后过不久再监测拿回来的个体，发现它吃得很好，长得比我们鱼塘里面人工养殖的还更好。因为它回到湖里面，吃的都是鲜活的像虾之类的饵料，还有包括银鱼的幼苗，比在鱼塘里面吃人工饵料的鱼长得更好更快。我们放生的地点在河口附近（或水质较好的区域），后来居然在盘龙江也发现了一些小的种群，而且是幼

杨君兴教授讲解滇池金线鲃的生活习性

苗。不仅有大鱼，还有一些小苗，我们初步的监测结果表明可能它在盘龙江也能够自然繁殖。滇池金线鲃它必须在地下水的出水口附近产卵，它的卵才能够孵化，它在河道里面产卵是孵化不了的。所以说它繁殖的条件要求是很苛刻的，一定是地下水，很清洁的地下水，就像矿泉水一样，细菌要少，它才能够完全孵化。你看这个盘龙江堤岸有很多是石头修的，堤岸里面我估计有些洞里面有龙潭，有地下泉水，这些小的地下水出水口，它能够进去产卵，然后孵化成鱼苗。将来如果它能够进入到瀑布公园，在那我估计它也能够找到繁殖的地方。这说明它的适应性已经在不断地变强，不仅是我们人在努力拯救它，它也在努力拯救自己，这也是一件挺令人感动的事情。

（问）您刚才提到我们云南的高原特色水产养殖业，我们怎样将科研成果转化成特色渔业的发展？

杨君兴：现在我们的工作是尽可能地突破所有技术环节的难关，然后带动一些比较有技术经验的养殖专业户或者小的企业。从高原特色渔业来讲，滇池金线鲃是一个非常有价值的鱼类。它能当上"云南四大名鱼"之首，一定有其内在原因。首先它的肉质特别鲜，特别细腻。然后我们在许多淡水鱼类里面做了生化检测，它的DHA（深海鱼油的成分）含量在淡水鱼类里面是最高的。比如说鲤鱼的DHA是2%，滇池金线鲃的DHA能到4%，所以说它好是有道理的。我们如果将这条鱼打造成产业，绝对是高原特色水产养殖业的一个王牌。现在我们也经常讲高原特色渔业，但是实际上不是完全概念上的高原特色渔

杨君兴教授与滇池金线鲃

杨君兴教授（左）与学生在实验室

业。比如说三文鱼或者鲟鱼这两种鱼，原来云南是没有的，它不是自然分布在云南的，只是把它的苗种拿到云南来，利用云南的水体，在这里养得比较好，还有一些经济的产出。这个充其量也只能说是高原渔业的概念。我个人的理解，全概念的高原特色渔业是以我们云南特有的鱼种资源来进行养殖，然后形成产业。像滇池金线鲃，如果形成产业，全世界只有我们云南有，别的地方没有，这个才是全概念上的高原特色渔业。我们昆明动物研究所是一个科研单位，主要的作用是发挥研发技术、突破技术瓶颈。至于推广和产业化这块，还是企业和政府部门的职能范围，我们只能说尽量地把所有技术环节的问题都给解决了，让养殖专业户、企业还有政府进行推广的过程更加顺利，我们能做的是这个工作。后面的推广，更多的是靠社会和政府的力量。

问 现在市场上能买到金线鲃吗？

杨君兴：现在买不到。现在市面上卖的金线鲃一定是假的，因为从它现在的产量来讲，还不足以在市面上见得到。但是我想离我们在市场上见到它也不会太远了。因为通过宣传，有越来越多的社会力量参与，它的推广就会更快一些。金线鲃虽然肉质很好，但是它的生长速度很慢，两年大概长30克，所以我们科研上正在努力让它生长得更快一些，这样的话就能更适合推广和产业化。

问 作为科研工作者来说，在保护金线鲃这个问题上，你们的使命完成了没有？

杨君兴：我们的使命远远还没有完成，我们虽然初步实现了从研究它的进化，到研究它的保护，再到可持续利用，但是对这种鱼的研究远还没有结束。刚才说有11个龙潭里面有金线鲃，它们之间独立了很长时间，它的多样性是有差别的。我们怎么样能够让11个龙潭的金线鲃都能够繁殖起来，而且通过家族之间的杂交，提高DNA的多样性，能够让它们放回到滇池里面恢复野生种群。这些工作目前还没有人做。

一方面，现在有两个龙潭的鱼进行了杂交，但其他的几个龙潭，因为金线鲃数量都比较少，我们不敢随便把它采回来，只能让它在野外。因为这个资源是非常珍贵的，采回来之后一定要养得好，避免它死亡，这个风险非常大。另一方面，刚才也提到了，怎么样让它长得更快，能不能长得跟鲤鱼一样快，可以的话它的产业价值就会更高。第三方面，它虽然肉质特别好，但是它小刺特别多。将来能不能让它的刺变得更小更弱，甚至没有了，更有食用价值等。我们还有很多的工作没做，我们也在不断攻克这些技术上的难题。

问 您和您的团队是怎么发现"花—鱼—螺蚌—鸟"立体生态修复模式的？

杨君兴：在20世纪80年代，我做硕士论文的时候，都看得到高原湖泊的水生生物，而且那个时候我的老师和我们的团队就已经认识到高原湖泊湿地的水生生物跟长江中下游的湖泊，还有跟西藏的湖泊的水生生物的构成是完全不同的。不同在什么地方呢？比如说高原湖泊，大型水生植物有海菜花，这是只有在云南高原湖泊才有的物种；底栖生物，像螺这类物种也是高原湖泊特有的。长江中下游的湖泊是田螺，西藏的湖泊不会有海菜花，也不会有螺蛳和田螺这样的一些类群。鱼的话就更特殊了，云南一些特有的鱼，像抚仙湖的鱇浪白鱼，滇池的桃花白鱼和银白鱼，这些鱼类都是青藏高原的湖泊和长江中下游的湖泊里看不到的特有的生物类群。

20世纪90年代，甚至2000年，滇池水质比较差的时候，这些生物类群很多都从滇池消失了。这个不是我们的发现，但回顾我们的历史，我们研究清楚高原湖泊主要由哪些物种构成，推测应该是用土著生物来修复水生态，而不是引进一些外来物种来修复。所以我们的思路是基于高原湖泊湿地特有的一些土著生物类群，来重建一个拥有水生生物多样性的环境，以这样的多样性来修复水生生态系统，这样的话就远比从外面引进一些外来物种来修复所产生的生态风险小很多。我们这个思路就是按照长期的高原湖泊湿地的演化规律，所得来的一些主要类群的特征而产生的思路。我们是从自然那里得到灵感来重建新的水生生态系统的。

杨君兴教授讲解立体生态修复模型缸的工作原理

问 科研人员千千万万，但能成长为科学家的少之又少，以您的求学和治学经历来看，您觉得要成长为一位科学家，最重要的是什么？

杨君兴：对科研发自内心的兴趣及坚持不懈的执着精神。

杨君兴教授签名

杨君兴

王紫江

云南大学生命科学学院教授
昆明鸟类协会名誉理事长

王紫江，男，白族，1939年11月出生，云南大理洱源人。云南大学生命科学学院生物系教授，1999年从云南大学退休，鸟类学专家。

1957年考入云南大学生物系，重点研究鸟类，念大三时开始调查水禽。毕业留校后，一直从事动物学和鸟类学的教学科研，发表论文50余篇，主持编著、出版了400余万字的专著14本，在学术上和社会上产生了广泛影响。

1985年红嘴鸥大量进入昆明城，王紫江和一些志同道合的人走到了一起，开始了对海鸥的调查和研究。1987年1月20日，昆明市红嘴鸥协会应运而生，后协会改名昆明鸟类协会。王紫江一直担任协会的理事长和名誉理事长。

王紫江是我国最早研究红嘴鸥的学者之一。自红嘴鸥进入昆明以来，他对红嘴鸥的越冬生态、保护招引、科普宣传等进行了卓有成效的研究，在为昆明赢得"中国红嘴鸥之乡"的美誉中功不可没，被尊称为"红嘴鸥之父"。

王紫江的一生与鸟结缘，为鸟奔走，为鸟的研究和保护辛苦着、快乐着！曾获校、市、省和国家级各类奖励20多项。2005年被评为"云南省十大新闻人物"，2006年获得中国老教授科研工作优秀奖。

结缘红嘴鸥

问 请您跟我们回顾一下海鸥第一次来昆明是什么时候？当时是个什么样的情景？

王紫江：我记得非常清楚，是1985年11月。那个时候正好《云南日报》的摄影记者任琴拍了一张海鸥在盘龙江上的照片，叫作《盘龙江上水鸟翻飞》。这篇报道是11月19日在《云南日报》刊登的，影响很大，所以整个春城都沸腾起来了。

当时我在外地开会，没在昆明，回来之后就发现有一些水鸟在盘龙江上活动，还有群众在围观。那个时候我非常激动，因为看到的这些水鸟一般是在海洋上活动的，进了城市是很罕见的事情，因此也引起了政府和有关方面的重视。

水鸟进城是好事还是坏事？是祸是福？这些鸟是什么鸟？为什么进城？一系列的问题提出来了。

问 您见到海鸥的时候知道它是什么鸟吗？

王紫江：20世纪60年代，我在读书的时候就曾经在滇池进行过调查，在我的笔记本里就记有红嘴鸥的数量，当时记录的是300多只红嘴鸥。所以，一看就知道这是一种海洋性的水鸟——红嘴鸥，当时我是记得比较清楚的。

问 红嘴鸥为什么会选择昆明这个地方呢？

王紫江：我们也分析了一下，选择昆明这个地方，实际上是天时、地利、人和。"天时"就是气候，"地利"就是地形、位置，"人和"就是人是怎么对待它的。

红嘴鸥是一种迁徙鸟类，它到了一定的时候就要到北方去繁殖，冬天又到南方来越冬。从"天时"来说，昆明是四季如春的气候，冬天不太冷，北方的冬天都是冰雪天气，南方还是四季如春，特别是在1985年。所以在迁徙的时候，一部分红嘴鸥就留在了昆明。那一年红嘴鸥的数量比较多。

从"地利"来说，昆明属于南方，是红嘴鸥常年到南方越冬的地点。

从"人和"来说，就是人对它的态度。红嘴鸥到了昆明以后，迎接它的不是枪口，而是一张张笑脸。饥肠辘辘的红嘴鸥到昆明来取食的时候，群众会自发地投喂一些食物，当时群众投喂面包、馒头、剩饭剩菜等给红嘴鸥吃。

由于这样的原因，红嘴鸥就选择来到了春城昆明。

王紫江老师早年在滇池考察

王紫江（左二）在红嘴鸥保护研讨会上发言交流

为一种鸟类成立了一个协会

（问）在红嘴鸥来到昆明只有2年的时间就成立了红嘴鸥协会，当时是怎么考虑成立红嘴鸥协会的？

王紫江：成立协会是因为在20世纪80年代初期，国内外对野生动物，特别是鸟类的保护已经比较重视，我国提倡并确定了"爱鸟周"，加强了对鸟类的保护。

在这种情况下，任何一种鸟类（包括红嘴鸥）来到昆明以后，首先考虑的是如何很好地保护它们。保护红嘴鸥不是个人的事，光靠少数的一些科研人员或教学人员是不够的，还要发动广大群众，所以有必要成立非政府组织来保护红嘴鸥。

当时有一些中学老师、大学老师，还有科研人员，就希望成立一个这样的组织。在云南大学有我，还有我们一起做课题的吴金亮老师，就向市科协提出倡议：成立昆明市红嘴鸥协会，加强对红嘴鸥的保护。经市科协批准，1987年1月20日，昆明市红嘴鸥协会正式成立；2年后，改为"昆明市鸟类协会"；再后来，就把"市"字去掉，扩大了地区范围，改成了"昆明鸟类协会"。

（问）鸟协主要做哪些工作？

王紫江：首先是配合科研单位和教学单位深入地开展红嘴鸥的研究，其次是宣传对红嘴鸥的保护。

根据研究的结果，采取了一些科学的办法来进行保护，对红嘴鸥从什么地方来到什么地方去、吃什么东西都向群众做了解释，为政府的保护提供了科学依据及参考意见和建议。

王紫江

为考察红嘴鸥数量差点儿葬身滇池

问 您当时在滇池考察红嘴鸥的时候还遇险了，您能不能跟我们回忆一下当时的情景？

王紫江：那是1992年，第三届中国艺术节准备在昆明召开，政府想让中外游客在艺术节上看到红嘴鸥进城与人和谐相处的景象。

但是在1992年年初，红嘴鸥刚刚进来几天，就纷纷离城而去，政府就采取了一些措施，要把红嘴鸥招进来。我们鸟类协会想调查一下红嘴鸥究竟能不能再进城，我们进行了研究，做了统计，如果红嘴鸥在滇池的数量超过3000只就可能进城，如果没有达到3000只就不可能进城。所以我们就租了快艇，组织了一帮人，我带着他们一起到滇池进行考察。考察结束返回的时候，已经比较晚了，由于快艇开得太快，船就翻了。

当时我只有三个念头：一个是今天可能就要葬身滇池了，评职称也不用争了。因为那一年我们生物系评正高职称，只有2个名额，竞争很厉害，我是其中一个，当时就想不用再争了，我这个名额可以空出来了。一个是这次红嘴鸥的研究我也搞不成了。还有一个是我还会一点儿水。于是，我就拼命地踩水。我小时候喜欢拿鱼摸虾，会踩水。后来我上岸之后，他们跟我讲，我被罩在船下，看到我的脚在使劲扒，有一个姓叶的老师就喊："快救王老师！"后来就拉着我的脚，把我从船底下拉了出来。

我对这个事情印象很深，过后有很长时间都怕水。但是后来为了研究红嘴鸥，我还是继续到滇池进行考察。

　　后来，我们通过努力，又研制和生产了红嘴鸥饲料。当年还把云南大学的面包房停下来生产饲料，投喂红嘴鸥，终于把红嘴鸥招进城来了。在艺术节期间，中外游客看到了红嘴鸥进城与人和谐相处的景象。（我们）当时感到非常高兴，政府对鸟类协会也很满意。

　　我们做的工作，一是研究，二是保护和宣传。

王紫江（左一）在进行环志工作

为红嘴鸥研制了"专用饲料"

（问） 您觉得红嘴鸥饲料主要是哪些地方比较独特？为什么比较适合海鸥来吃？

王紫江：在对海鸥进行研究的过程当中，通过查阅资料，我们知道红嘴鸥是以鱼虾和昆虫为主食的杂食性鸟类。在研究过程中，我们饲养了一些海鸥，把它们分成不同的组。其中一组是吃配合饲料的，这组海鸥长得最好，所以我们就根据配合饲料的配方生产了红嘴鸥的专用饲料。后来相当长一段时间，红嘴鸥的专用饲料都是由我们提供的。经过专家论证，鸟类协会的这个配方就成了生产红嘴鸥饲料的地方标准。这是国内外独一无二的创举，专门为一种鸟生产一种饲料，根据需要实时实地的投喂，这样就把红嘴鸥留了下来。

群众提出的"红嘴鸥从什么地方来，到什么地方去，走了之后还会不会再来，水鸟进城是好事还是坏事"等一系列问题，作为一个教师、一个科技工作者，有责任科学地回答这些问题。所以，在1985年11月红嘴鸥进城之后，我们就及时跟云南大学科研处写了报告，要求对红嘴鸥的越冬生态进行研究。当时学校也是特事特办，在很短的时间之内就给我们批了5000块钱经费，以研究红嘴鸥。

后来我们又得到科委的支持，也得到有关企业家的支持。对红嘴鸥的研究和保护工作，我认为昆明是做得最多、最好的。

450

政府对红嘴鸥的保护非常重视。红嘴鸥为什么能够留下来？在任琴报道之后，政府在11月底就及时发布了保护海鸥的通告。为了一种鸟，先后3次发这样的一个通告，是很少见、很难得的。

后来我们采取了一系列的保护措施，再就是企业界的支持也是非常感人的。"云南红"对我们的支持很大，当他们知道鸟类协会研制红嘴鸥饲料缺乏经费时，就伸出了援助之手，每年给我们提供10万元经费，从1990年至2000年共提供了100万元经费。

在保护和招引红嘴鸥的过程中，还有很多感人的事情，有些事情是很难忘的。

1986年，王紫江（右一）带课题组在翠湖为红嘴鸥环志

红嘴鸥有些时候是一段一段地被招引进来的，很多鸟类协会的会员，还有一些群众确实很"不简单"，比如有的中学老师白天上课，晚上加班做馒头和面包，第二天一早去投喂红嘴鸥。一开始没有任何经费，完全是靠会费，后来有一段时间只有靠卖报纸来维持，所以是比较困难的。

在保护红嘴鸥和招引红嘴鸥的过程中，需要有足够的饲料。如果没有饲料，红嘴鸥就会离开，因为它是为了寻找食物进城的。针对这个事情，报社和电视台的采访宣传对我们支持很大，一个是宣传了我们的做法，另一个是宣传了我们的困难。

金飞豹是鸟类协会的顾问，他一直对鸟协的爱鸥护鸥活动非常关注和支持。我跟他说过，我们很想对红嘴鸥的老家西伯利亚进行考察，但没有经费，后来他把攀登珠峰的纪念邮票卖了，将所得的几万块钱全部捐给鸟类协会。他还请了王石帮忙，王石专程到昆明来找到我，为我们筹集到西伯利亚考察的经费。他为了动员更多的企业家来支持和保护野生动物，保护鸟类，动员了几家企业捐钱来支持我们。有了经费，我们就到西伯利亚和黑龙江等红嘴鸥的繁殖地进行考察。

在饲料生产和红嘴鸥招引方面经常碰到一些困难，特别是2005年、2006年，每碰到困难，我就及时给时任昆明市市长的王文涛写信，每封信他都亲自回复。他知道我们没钱购买生产饲料的机器，就特批了市长基金给鸟类协会购买机器设备。2005年，禽流感比较严重，很多人怕感染，都不敢投喂红嘴鸥。

那时候我住在盘龙江附近，每天路过江边的时候，看见很多红嘴鸥停在石桩上，眼巴巴地望着周围，但是没有人投喂。我后来背着饲料去喂了几次，但杯水车薪，解决不了问题。

另外一件感人的事是在2005年、2006年禽流感肆虐的时候，王文涛市长除了经费上给予支持之外，还亲自带头给红嘴鸥喂饲料。

红嘴鸥能够留下来，确实不是一件简单的事情。

在滇池为红嘴鸥做环志过程中发现一只三趾鸥（云南省首次记录）

2023年2月，王紫江在滇池海埂大坝观鸥

昆明迎来了越来越多的红嘴鸥

问 这么多年来，红嘴鸥的数量有什么变化吗？

王紫江：我读书时到滇池考察，记录下来的红嘴鸥数量就是300只左右，那时红嘴鸥的数量都比较少。

在1985年以前，红嘴鸥的数量没有超过2000只，红嘴鸥主要分布在滇池及滇池周围的湿地，没有过进城的记录。

20世纪80年代中期到90年代，红嘴鸥的数量在9000只到10000只之间波动；2008年以后到现在，一直保持在30000至40000只之间。这当中有三个关键因素，一是政府拨款保障饲料的生产和供应；第二是对它的研究和保护措施的得力和有效；第三是2007年我们到西伯利亚考察，了解了当地红嘴鸥的生活状况，回到昆明以后，因地制宜地采取了一些相应的措施。

由于这三个因素，红嘴鸥的数量一直保持在30000到40000只之间，前不久统计到的数据是40000只多一点儿，也就长期保持了这种特殊的景观。

问 现在红嘴鸥除了分布在昆明以外，云南的其他地方还有没有？

王紫江：除了昆明以外，大理也有，很多高原湖泊都有，但是昆明滇池的数量是最大的。

问 您觉得红嘴鸥对云南，特别是对昆明有怎样的生态学意义？

王紫江：对环境来说，由于政府重视，群众能够积极拥护和配合，在对红嘴鸥的保护上取得了明显的成效。在这个过程当中，保护红嘴鸥的这种理念已经扩大到了整个野生动物，特别是鸟类的保护中。就这一点来说，我感到非常欣慰，我觉得这是一种很好的生态效应。

对环境及野生动物的保护，红嘴鸥的保护案例很有启发，已经影响和扩大到了整个野生动物与鸟类的保护中，这种保护对整个生态环境的改善也有很大的好处。

问 您这么多年看着越来越多的海鸥来到昆明，每年冬天您自己还会去看海鸥吗？

王紫江：基本上每年都去的。前几天我女儿从外地回来还开着车带着我们去，除了看海鸥之外，还看看环境。比如说在滇池边上，除了红嘴鸥之外，还有白鹭、白骨顶、红骨顶等鸟类，我也看。看了以后我就感到非常欣慰，红嘴鸥的保护取得了成效，不仅是红嘴鸥本身，其他的鸟类，大家也都很关注，并保护得很好。最近几年，对鸟类的关注及保护的力度都大大地提高了。

群众对关爱红嘴鸥和其他鸟类的热情特别高，同时也吸引了相当数量的观鸟和拍鸟的群众，从这一点来说也是一种很好的效应。

问 今年（2021年）是建党百年，百年来云南的生活也发生了翻天覆地的改变。您觉得生活水平的提高，还有党和政府的关心，对保护鸟类和保护海鸥来说，有什么样的促进作用？

王紫江：这是一个很好的基础条件，各方面包括环境及人的理念等越来越好了。我前不久写了一篇论文，叫作《昆明地区鸟类50年的变化》，近50年来，昆明的环境变化给我的印象很深。

我在云南大学读书的时候，校园里面乌鸦比较多，其他的鸟也不少，有一段时间捕杀鸟类的情况比较严重。几十年以后，生态环境好转，捕杀鸟类的现象少了，一些消失了好多年的鸟类也逐渐地恢复了。比如，滇池里有一种水鸟，叫黑翅长脚鹬，很多年没见了，现在又出现了。由此可见，我们的环境在改变，人的思想也在改变和提高。

对生物学的兴趣起源

问 您是学生物学的，后来又选择了鸟类作为研究对象，您是从小就很喜欢研究鸟吗？

王紫江：这个事情跟我的老师有关。读书时，有一位教生态学的朱老师，他在教授我们生态学的时候，就喜欢带我们到野外，包括到滇池和别的地方去考察。有一年，我们利用礼拜天，步行到花红洞对蝙蝠进行观察，研究蝙蝠夜间的活动情况，还撰写了一篇论文。

问 就全国来说，云南的鸟类算是比较多的吗？

王紫江：就全国来说，云南的鸟类算是比较多的。现在全国统计的鸟类数据是1445种，云南省有记录的鸟类已经突破1000种，云南是我国鸟类最丰富的省份。

西伯利亚考察之旅

（问） 您能分享一下您去西伯利亚考察的经历吗？说说您最难忘的事情和在那边看到的红嘴鸥生活的场景。

王紫江：我们在政府和一些企业家的支持下筹集了一些资金，在2006年组织了两支队伍，一队到黑龙江考察，另一队到西伯利亚进行考察。

我们在对红嘴鸥进行研究的时候，采取了一种环志的方法。通过环志调查，我们回收到了2只带有莫斯科鸟环的红嘴鸥，那就说明到昆明越冬的有一部分红嘴鸥是来自西伯利亚，所以我们就到西伯利亚去考察了。

我们当时去了6个人，基本上都是这方面的专家，有植物生态的、动物生态的，还有分类的，另外还有摄影的，包括（昆明鸟类协会）现任秘书长赵雪冰也去了。

王紫江

问 路线是怎么走的？

王紫江：我们坐着飞机先到莫斯科，到了莫斯科，然后到伊尔库茨克，再从伊尔库茨克坐着车在沿途进行考察。那几天真是太辛苦了，基本上都没有睡觉，好在一切都感到那么新鲜，也就坚持下来了。

一下飞机，我们就从伊尔库茨克坐上车，去新列宁湖考察。离湖还有近百米的距离时，我们就看到成群的海鸥迎面飞过来。

因为我们在昆明已经看"惯"了，一看就知道，这就是我们都很熟悉的红嘴鸥，我们当时以为它们像昆明的红嘴鸥一样，是来欢迎我们的。当时杨明（昆十六中生物老师）也一起去了，他用头天剩下的面包进行投喂，可是红嘴鸥根本不理睬。由于我们闯入了它们的禁地（繁殖地），它们是来攻击和驱赶我们的，而不是像昆明的红嘴鸥一样是来取食的。

后来我们就在这个地方进行考察。西伯利亚人烟稀少，红嘴鸥有专属的栖息地，人鸥互不干扰。当地人对我们这种投喂海鸥的行为感到不太理解，但是他们非常尊重我们的一些想法，并希望将来共同开展一些研究。

这次考察，我们有很多收获，为后来改善云南的环境等方面提供了一些很有益的参考。

问 那次考察是不是比较难忘的？去了多长时间？

王紫江：那次考察还是比较难忘的，去的时间不太长。我们去的时间是2006年的6月29日，一直到7月，这段时间正好是红嘴鸥繁殖的高峰期。红嘴鸥各个阶段的状态都有，有的筑巢，有的孵卵，还有的小鸟已经出壳。这段时间，红嘴鸥的幼鸟长得非常快，因为这个地方的食物特别丰富，植物疯长，动物、昆虫的数量相当多，所以红嘴鸥在短时间内就长大，能跟着老鸟长途迁徙，到南方过冬。

问 您当时看到的海鸥在贝加尔湖是怎样的场景？

王紫江：贝加尔湖是个很大很深的湖，没有什么海鸥。几十对甚至成百上千对红嘴鸥在一个小岛或者一个湿地上进行筑巢。这些湿地不是在湖泊里面，而是在贝加尔湖周边的湿地。湿地里有一些草丛，红嘴鸥就在这进行繁殖。

人鸥和谐是最美的景观

问 您现在再看见海鸥有什么感觉？

王紫江：有一种亲切的感觉，因为红嘴鸥伴随我几十年了。当年我们在昆明看到这些水鸟在盘龙江上翻飞，没有想到，几十年来，红嘴鸥年年如期而至，（呈现）人鸥和谐的一种盛况，所以感到非常欣慰。

人鸥和谐是一种多么美好的生态景象，这种景象也吸引了很多人，同时也促进了社会、经济、生态的和谐发展。

王紫江在滇池喂红嘴鸥

问 您的小孙女是伴随着海鸥成长的是吗？

王紫江：她现在25岁了，已经是研究生三年级了，从小就喜欢跟我们一起去看海鸥、喂海鸥，非常喜欢海鸥，对鸟类也特别关注。因为我是搞鸟类研究的，有时候我们到野外去，她也跟我们去；有时候我外出，她留在家里，有记者来采访时，她还能翻一些图书资料，告诉记者这是什么鸟，叫什么名字，她认识的鸟的种类比较多。她对红嘴鸥特别关爱，偶尔她身体不太好，生病在家或者在医院，或者学习紧的时候，会想着今天天气冷了，海鸥可能挨饿，让我们赶快去喂海鸥。她对鸟类生灵的感情很深，时常牵挂着它们。

我的女儿现在是在德宏州工作，她每次有空回来，就开车带我们出去，到水边去看看鸟，看看环境，她也特别喜欢到野外，常常会带些饲料去喂海鸥。每次我都会带着望远镜去看有些什么鸟，今年冬季的数量和生活状况怎么样，这已经成为我的一种嗜好了。我看了以后很开心，尽管我有时候因为肺气肿呼吸比较困难，但每次外出我都很开心。

王紫江教授签名

王紫江　2024.4.16

杨晓君

○ ——————————————

中国科学院昆明动物研究所研究员
鸟类学家

杨晓君，男，出生于黑龙江省哈尔滨市，中国科学院昆明动物研究所研究员，博士生导师。

云南省动物学会副理事长兼秘书长，云南省野生动植物保护协会副会长，中国动物学会鸟类学分会副理事长，中国动物学会理事，世界自然保护联盟物种生存委员会（IUCN SSC）雉类专家组和鹤类专家组成员。

主要从事西南地区鸟类分类区系、生物地理及珍稀鸟类的生态生物学研究和保护工作。

曾先后主持和参加了国家自然科学基金、国家科技支撑计划、国家重点基础研究发展计划，以及生态环境部、中国科学院、国家林业和草原局、美国国家自然科学基金、国际鹤类基金会等资助的50多项科研项目。

从事鸟类研究30余年，用足迹丈量了云南的山山水水。多年勤于笔耕，出版专著多部，发表论文100多篇，多篇论文被国内外著名期刊选用。其鸟类行为生态学研究和建立珍稀种群栖息地保护等研究成果被同行称道，并被相关部门采纳。

小时候就喜欢野生动物

问 您能分享一下您的求学经历吗？

杨晓君：受我父亲影响，我从小就喜欢野生动物，小时候还养过鱼等小动物。我报考大学时不知道报哪个专业，我父亲就说："你喜欢的是动物，要不你就看看东北林学院，东北林学院有个野生动物繁殖与利用的专业，要不你就报这个专业。"认真想了一番后，我听从了父亲的建议。

1979年9月，我考入了东北林学院林学系野生动物保护与利用专业。上大学时，我非常幸运地遇到了恩师高中信。高老师发现我在野外调查时认鸟挺准的，到了撰写毕业论文时就建议我做鸟类多样性研究。为了写论文，我几乎查看了标本室的所有标本，还编写了当地的鸟类检索表。鸟类多样性研究让我积累了丰富的鸟类分类知识，也让我在鸟类野外识别上有了灵敏的判断。

一次野外调查时，看到天空中飞过的鸟，我迅速地判断出鸟的种类，还看出鸟嘴里叼着的是鱼，同行的同学们都大为惊奇。为了完成论文，我又在扎龙自然保护区和林甸湿地做了60多天的野外工作。高老师看完论文后，郑重其事地对我说："你以后就研究鸟吧！"后来，这句话成为我从事动物学研究道路上的明灯。

1983年我大学毕业，被分配到黑龙江一家园林绿化单位锻炼。每天修剪树木的日子与我的理想相距甚远，经过努力，

1985年我被调入中国科学院昆明动物研究所（以下简称"动物研究所"）工作。

来到昆明后，我做了一段时间的灵长类动物研究。去四川峨眉山研究藏猕猴的行为，回来之后又做了一段时间的滇金丝猴研究，后来还去了无量山、哀牢山做长臂猿研究。到野外考察，让我有了和大自然，还有野生动物亲密接触的机会。

1987年，受研究所鸟类组负责人杨岚之邀，我调入鸟类组，从白腹锦鸡的笼养繁殖工作开始，走上专业研究鸟类之旅。

1989年，杨晓君对白腹锦鸡进行测量工作

野外考察遭遇泥石流

问 您是如何从事现在的鸟类研究工作的？

杨晓君：到了鸟类组，杨岚老师安排我做白腹锦鸡的笼养繁殖工作。饲养动物是我的爱好，但我觉得身在研究所做的却是饲养员的工作，没有什么科学含量，我再次陷入迷茫。在杨岚老师的帮助下，我重新设计了观察实验方案，对笼养的白腹锦鸡进行系统观察。为了做全天行为观察，我从天不亮就开始观察，直到天黑。由于行为观察时间的限制，我不能中途离开去吃饭，一日三餐都由妻子送到笼舍前。就这样，几年里我分别进行了白腹锦鸡、棕胸竹鸡、绿孔雀、大紫胸鹦鹉等鸟的笼养行为的观察工作。

之后，杨岚老师申报了一个血雉的分类研究课题，我被派到云南西北部的山区开始进行血雉的分类研究。当时的科研条件不像现在这么好，可以用望远镜定点观察、用相机拍照、用卫星跟踪，当时只能靠两条腿。我在藏族牧民的高山牧场里住过，也曾在傈僳族猎人的窝棚中过夜。

在迪庆藏族自治州德钦县燕门乡的时候，由于山体滑坡，我无法返回德钦县城，只能沿澜沧江向下游走，一直走到了维西傈僳族自治县巴迪乡。可好不容易走到那里的时候，路也断了，没有班车。第二天，我只得继续沿江而行，由于时间太晚已经无法返回巴迪，我只好硬着头皮，爬上了泥石流形成的滑坡面。但不一会儿新的泥石流就开始了，山坡上不时有石头滚下来，而身下就是江水咆哮奔腾的澜沧江。听到石块打在背包上的声音，我非常害怕，扭头向山下望去，发现自己已经随着泥石流滑下去很远，都快到澜沧江边了。万幸的是，我越过了冲积扇的中线，跳出滑坡面的时候，我的双手正好搭到公路边缘。我到旅店时，全身沾满了污泥，旅店老板以为我是坏人不敢接待，检查了我的工作证后才让我住店。

临危受命编写《云南鸟类志》

（问）您能分享一下您参加编写云南鸟类多样性的巨著——《云南鸟类志》的经历吗？

杨晓君：《云南鸟类志》是对云南鸟类的一个系统性总结。在开始编写上卷的时候，杨岚老师仅安排我总结和整理在云南描记的鸟类种和亚种的文献资料，后来我才加入《云南鸟类志》的编写团队。因为珍惜这个机会，我经常在标本室比对标本，描记鸟类的形态特征。由于经验不足，我也出现过失误。有一次，杨岚老师看着一个全身羽毛被翻进里面，仅露出尾羽，拴着"红腹角雉"标签的标本说："你好好看看，这个不应该是红腹角雉。"我很奇怪，赶紧把标本回软，仔细查看，果然与红腹角雉不同。

2002年，杨岚老师因病住院，我听到消息后立刻从四川赶回昆明。当时杨岚老师正在编写《云南鸟类志》，他见到我的第一句话竟然是"晓君，你回来了，《云南鸟类志》写不完，我死不瞑目呀"，听到这句话，我非常震撼。他把重任托付给了我，我一定要完成。前期只是编写总论，后来鸟类组的几个大学生陆续离开，整个鸟类组只剩我一个人了。业绩考核、科研经费，增加的工作量让我感觉压力巨大。但是，想到杨岚老师说话时的语调和神情，在老师和家人的鼓励下，我还是坚持了下来。

在《云南鸟类志》下卷的编写过程中，我通过形态对比，发现了中国鸟类亚种新纪录，以及鸟类的新亚种，为《云南鸟类志》上卷做了24个种的补遗。在编写总论的过程中，我对云南鸟类的物种和分布资源状况、云南鸟类的分布规律和特点有了更深的了解，熟悉了云南鸟类区系特征、演化规律和云南鸟类的地理区划，也养成了随时关注云南鸟类资源变化情况的习惯。这件事让我懂得做事一定要长期坚持，细心比较，不断积累，丰富自己的经验。

2006年9月，杨晓君（左二）与团队在新平进行鸟类环志

与鹤同行

问 在鸟类保护工作中，有没有令您难忘的事？

杨晓君：《云南鸟类志》的编写对我影响比较大，还有一个对我影响较大的就是对珍稀物种的研究。黑颈鹤是一个高原特有物种，也是青藏高原的旗舰物种。世界上共有15种鹤，中国分布和记录到的有9种；在这9种鹤中，最为特别的当数黑颈鹤。以往，由于黑颈鹤生活在高原上，人们对它的了解很少，也不太清楚这个物种的生活史。它是最晚被发现的一种鹤类，也是唯一终生生长在高原的鹤，生存环境最为恶劣。正因如此，这种能够适应严酷环境下的鹤类，成了我和我的团队迫切想去了解和探究的物种。所以，我和同事就开展了这方面的研究。

从开始研究到现在，我们不仅培养了好多研究生，还建立了一个覆盖黑颈鹤分布国家和地区的保护网络，通过年会交流黑颈鹤的保护和研究经验，极大地推动了黑颈鹤的研究工作，使黑颈鹤这一之前我们知之甚少的鹤类成为研究较为深入的鹤类。更重要的是，我们可以自豪地说，黑颈鹤这个物种怎么样，我们中国人说了算。过去很多物种都是国外的科研人员来定级别、濒危程度等，大熊猫的降级就是一个例子；虽然中国科学家反对，但国际上仍然把它给降级了，从濒危降为易危。但是，有关黑颈鹤的情况是中国科研人员说了算。有一次国际鹤类基金会来的人员说，世界自然保护联盟（IUCN）专家组认为黑颈鹤可以从易濒危降为近易危。当时我据理力争：如果仅从种群数量来看，确实略有增加，但是种群数量增加的深层原因是什么，还不知道；而且一旦降到了近易危，很多保护措施可能就会受到影响，等种群数量下降，那时要想再恢复就很难了。最终，世界自然保护联盟委员会接受了这一意见，这让我们团队觉得很自豪。

我原来没有想过自己会与这样一种美丽的鸟如此紧密地联系在一起。一份好奇、一份关心、一份责任，就让我与黑颈鹤"同行"了近20年。

我带领团队成员，克服高原环境带来的种种考验，通过应用传统生态学理论，结合野外实地调查和定点观察，在黑颈鹤的繁殖地、越冬地和迁徙中途停留地开展了一系列野外研究，并利用卫星跟踪、分子生物学等手段，围绕物种的分布、种群动态、迁徙、行为与保护等开展理论和保护实践的探索。在众多科研人员的共同努力下，我们终于掌握了黑颈鹤的基本情况。全世界范围内，黑颈鹤大概有11000只，每年来云南越冬的有3200只左右，除了昭通大山包、会泽大桥草海以外，还分布在香格里拉、滇中一带。虽然来云南越冬的黑颈鹤只占总数的1/4左右，但云南的地位非常重要。

2012年，在我们团队的号召下，"黑颈鹤保护网络"于昆明正式成立。国际鹤类基金会、世界自然基金会（WWF）等相关国际组织，印度、不丹2个有黑颈鹤分布的国家，以及中国有黑颈鹤分布的7个省区的保护管理和研究人员携手并肩，共聚一堂，共同探讨、交流有关黑颈鹤研究和保护的经验。

纵观自己30年的工作经历，短暂的行政管理和灵长类研究并没有留下多少痕迹，而坚持了25年的鸟类学研究，成就了今天的我。在我的工作实践中，坚持时间最长的笼养行为学、《云南鸟类志》编写及黑颈鹤的研究为我积累了宝贵的经验。因为热爱和坚持，我才克服了困难，坚持走到了今天。

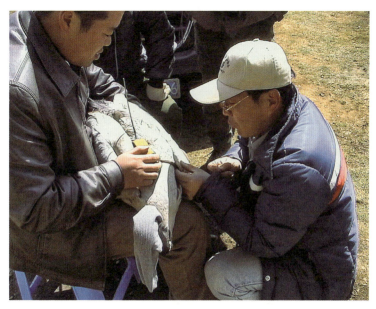

2005年2月，杨晓君在昭通大山包对黑颈鹤进行卫星跟踪

绿孔雀是我们的唯一

（问）您能分享一下您与绿孔雀之间的故事吗？

杨晓君：另一个对我影响很大的珍稀物种是绿孔雀，绿孔雀在中国只分布在云南。1991年，我的老师杨岚接手了林业部（现国家林业和草原局）的一个项目，进行绿孔雀种群数量的调查项目研究。1995年，我们发表的文章认为绿孔雀的数量在800只至1100只。而在2010—2014年再次进行调查的时候，我们发现绿孔雀的状况不容乐观，它的栖息地越来越萎缩，只在云南22个县（市、区）有分布。考虑到绿孔雀的状况，中国科学院昆明动物研究所就在楚雄州双柏县恐龙河自然保护区设了一个观察点，开展定点科研工作。

为了研究绿孔雀的栖息地和行为活动，我们在野外长时间静静地观察，记录栖息的植被类型、隐蔽度、坡向、坡位、坡度、人为干扰、水源距离、海拔、森林距离、植被分层、土壤含水量、蔽光性等。对于绿孔雀的行为研究，要观察其对不同植被的利用、活动范围、活动节律、时间分配和频次、鸣叫等。

杨岚老师把"一定要见到绿孔雀"的嘱托交代给了我。在崇山峻岭寻找绿孔雀，谈何容易？我一面实地调查，一面翻阅历史文献，寻找绿孔雀的踪迹。1991年的一天，我在景谷做调查，向导说一定会让我看见绿孔雀，它就是在这里活动。我有些不相信。但向导刚说完话，前方10米的地方，一只雄孔雀就飞了起来。看见它奋翅起飞，一天我都觉得心里美滋滋的，它有五彩斑斓的颜色，还有优美的姿态。还有一次，我观察绿孔雀，先看见它的头，我就定定地看着它在那儿吃东西，它吃着吃着一回头看见人，就非常迅速地飞走了。

绿孔雀曾经广泛分布在云南海拔2000米以下的河谷地区，每年11月至次年4月主要在河边季雨林和河滩上活动，雨季进入山区。过去20年间，一些绿孔雀分布地生境发生了巨大改变，导致绿孔雀逐渐减少了，即使在号称"孔雀之乡"的西双版纳，也难觅其踪迹。

2017年，一则水电站的消息引发了人们对绿孔雀的关注、对人类行为的争议。很快水电站就停工了，之后一直没再施工。好在科研人员之前就开展了一些科研工作，为政策的制定和今后怎么做保护工作提供了非常有利的科研支撑。

绿孔雀为什么会到河滩地，原因是山上没水。只要在山上提供给它们水源，绿孔雀就不会下到河滩地了。现在山顶上有一家人养羊，每到夏天就缺水，为此这家人挖了一个塘子，塘底铺上塑料布，雨季时收集雨水，这样就解决了家畜喝水问题，没想到绿孔雀也跑去了。我觉得如果解决了水源问题，再提供一个平地营造求偶氛围，电站对绿孔雀的影响就可以减轻很多。

2020年3月，昆明市中级人民法院判令对绿孔雀栖息地可能造成损害的水电站项目停工，以司法方式有效保护了野生动物栖息地的生态环境，这是中国首例预防性环境公益诉讼案件。

历史上绿孔雀曾遍布于中国湖北、湖南、四川、广东、广西和云南等省区。从汉到晋，四川盆地、云南东北部一带有不少绿孔雀；到明清时代，（广西）云开大山、六万大山及十万大山等地的孔雀已大为减少，但在广西西部的南宁、来宾、桂平一带仍有不少绿孔雀。但到本世纪（21世纪）初，其他省区（包括云南东北部）的绿孔雀已经灭绝，表明历史时期中国孔雀的地理分布从北向南、从东北到西南逐步缩小。

通过调查，我们发现绿孔雀的减少，并非完全是由气候变化造成的。人类活动使它的栖息生境不断消失及滥捕滥猎，是导致绿孔雀种群数量急剧下降的主要因素。

这两年，我和其他科研人员一直在推动一件事——建立绿孔雀繁育中心。为什么要建繁育中心呢？20世纪80年代以前，国内只有绿孔雀，没有蓝孔雀。后来大量从印度等地引入驯化后的蓝孔雀，造成动物园等饲养机构内两个物种的混养、杂交，导致绿孔雀基因不纯。我们准备引入之前在广西查获的12只绿孔雀，再把分散在各地饲养的纯种绿孔雀集中起来，开展绿孔雀人工繁育研究，成功后还可以进行野化、放归等。

我因为研究绿孔雀、黑颈鹤而成为世界自然保护联盟雉鹤类专家组成员，要是绿孔雀在我手上没有了，我真是丢不起这个人。所以，最近我们在绿孔雀方面投入的力量也比较大。

2018年，云南省林业厅再次组织对绿孔雀进行调查，中国科学院昆明动物研究所作为技术支撑单位参与了调查活动。调查结果堪忧，云南8个州（市）22个县（市、区）还分布有绿孔雀，估计野外种群数量不足500只。20年时间，数量减少了一半，栖息地减少1个州12个县（市、区）。根据调查结果，我们提出了加强栖息地保护、科研监测、宣传、提高保护管理水平、开展人工繁育和野化研究等多条建议和具体实施措施。

可喜的是，由于相关部门加强了保护，在楚雄州双柏县和玉溪新平县依然保存了一定数量的绿孔雀种群和较大面积的绿孔雀适宜栖息地，而随着人工繁殖技术的日趋成熟，绿孔雀种群增长和恢复有了希望。

现在有些人认为绿孔雀的数量很多，因为在动物园景区内最常见，甚至连一些度假山庄都能看到。但事实上，人们在动物园看到的基本是人工饲养的蓝孔雀，是一种来自印度的外来物种。

一个物种保留下来，对文化也会起到保护作用。在中国的传统文化中，绿孔雀被视为高贵和圣洁之物。不管是敦煌莫高窟上的壁画，还是明清三品文官官袍上的补子图案，以及清代官帽上的孔雀翎，都源自绿孔雀。

保护绿孔雀的意义还可以延伸到文化保护上来。绿孔雀的冠羽是直直的簇形，矗立在头顶，冠羽的各羽毛像柳叶；蓝孔雀羽冠则是散开，像个打开的小扇子，每个羽毛又似一个微型的羽毛球拍。此外，绿孔雀的颈部为绿色，带有铜钱样的斑纹，而蓝孔雀颈部为蓝色，羽毛似丝状；蓝孔雀的翅膀有花纹，而绿孔雀的翅膀是带海蓝色或绿色；绿孔雀的脸颊为黄色和宝蓝色，而蓝孔雀的是白色。从冠羽、脸颊、颈部和翅膀几方面就可以直观地分清绿孔雀和蓝孔雀。现在一些画上的绿孔雀，其实从颜色上一眼便能看出是蓝孔雀；甚至一些孔雀舞舞蹈，从手的舞姿上看，也是蓝孔雀。如果绿孔雀灭绝了，这类中国文化符号也就失去了载体。

科学家凭着实证的知识来作判断，保护不能凭着一腔热血。绿孔雀的生活也是讲究的，本来在山上生活得那么好，山上求偶有地方，沙浴的地方也有，它为什么非要下到河滩边？因为上面针叶林太多了，找不到水，但山箐沟里有清泉水。只要能解决这几方面的问题，绿孔雀就一定能保存下来。

根据云南省林草局最新监测数据，近年来，绿孔雀种群数量稳步恢复，现有555只到600只，栖息地保护成效初显，种群数量及分布状况好转。在楚雄彝族自治州双柏县恐龙河自然保护区、玉溪市玉白顶自然保护区、元江自然保护区，绿孔雀的种群数量都在恢复增长。

2017年3月，杨晓君（左一）和团队进行绿孔雀调研

原来鸟吊山是这么来的

问 云南是鸟类天堂，可以讲一讲与云南鸟类有关的趣事吗？

杨晓君：除了拥有丰富的鸟类资源，云南还有"鸟吊山""鸟王山"等说法。这是怎么来的呢？很有意思，秋季北方来的鸟向南迁徙越冬，但受到喜马拉雅山脉和青藏高原的阻隔，一部分鸟可以翻越喜马拉雅山脉从垭口飞过去，但大部分鸟却是无法翻越的，它们只能向东绕行，选择从一些低洼的地方迁徙。

云南正好是沟谷纵横，很多鸟类迁徙遇到阻隔就沿江而下。它们本来是南北迁徙的，遇到一些低洼的垭口，它们就会翻越过去，这时不得不先往西边飞，然后再折返回来。这些低洼的垭口就形成了很多鸟吊山、鸟王山，这实际上都是候鸟迁徙形成的通道。在中国，这样的通道在云南是最多的。虽然在广西、贵州、湖南、江西等地也有一些因地形而形成的鸟道，但没有像云南这么集中。

这些年调查下来发现，云南有四十几座打雀山、鸟王山、鸟吊山等鸟类迁徙通道。我的学生在（玉溪市）新平县金山垭口做调查，经过该垭口迁徙的鸟不但种类多、数量大，而且具有非常明显的时序性，并受气候因素的影响。

也正因为全国有很多鸟道，一些不法分子、村民每到鸟类迁徙时节就在鸟道上打鸟。早期，夜晚山上起雾，鸟分不清方向时，他们就在地上燃起篝火，鸟看到光就飞过来绕着火堆盘旋。他们在竹竿上绑很多叉，然后就转动竹竿打鸟。山上改成用LED灯了，然后在LED灯前布网。

这几年，国家加大对野生动物的保护力度，一些重要的鸟道每到候鸟迁徙时都有人把守。另一方面，村民之前打鸟很大一部分是为了生存，改善一下伙食；现如今生活水平提高了，也就看不上那点儿鸟肉了，为生存而打鸟的村民就少很多了。但受其他因素的影响，打鸟贩卖的现象屡禁不绝，因此对鸟类迁徙通道的保护还任重道远。

2017年7月，杨晓君（右一）参与第二次青藏高原科考

兴趣是最好的老师

问 坚持30多年做鸟类保护，您有什么话想对年轻科研工作者说的？

杨晓君：回顾30多年的科研生涯，我也曾碰到过许多困难、低谷，甚至迷茫。一次是从灵长类研究转到鸟类研究时，不知道今后的科研方向怎么走，感到很困惑。后来，杨岚老师来邀请我去鸟类组做了我的思想工作，我也想起了大学老师高中信的话："你以后就研究鸟吧！"

坚持加兴趣，是成为一名优秀科学家的最基本条件。兴趣爱好是最好的老师。如果不喜欢，而仅仅是把它作为一个谋生的手段，你就不会成为一个合格的科学家。其次就是坚持。从智力上来讲，我算不上是聪明人，而且学历也不高，但是做了30多年的鸟类研究，积累研究的经验就比较多了。无论是谁，只要他能坚持做一件事30多年，就一定能做出成果。

我觉得自己是幸运的，一直从事自己喜欢的事情，将兴趣和工作结合起来，将爱好变成了职业。

杨晓君教授签名

韦嘉

云南大学医学院常务副院长
云南大学附属医院原院长
中华预防医学会传染病防控委员会常委
突发公共卫生事件应急国家级专家

韦嘉，毕业于中山医科大学，医学博士，二级教授/一级主任医师，博士生导师。国务院政府特殊津贴和云南省政府特殊津贴专家。先后就职于中山医科大学附属第三医院、昆明医学院附属第一医院。

1963年12月生。

2008年受法国国家医学与健康研究所（ISERM）邀请，任巴黎Bichat医院临床研究中心外籍研究员。

2001—2004年任昆明医学院第一附属医院传染病科主任（传染病学教研室主任）。

2004年11月—2011年5月任昆明医学院第一附属医院副院长。

2011年5月至今任云南大学附属医院（云南省第二人民医院）党委副书记、院长。

2020年11月兼任云南大学医学院常务副院长。

从事传染病临床诊疗、教学、科研30余年。担任突发公共卫生事件应急国家级专家，在应对SARS、禽流感、甲型H1N1流感、新冠疫情中，担任云南省医疗救治专家组组长。2003年获卫生部、人事部、国家中医药管理局"全国卫生系统抗击非典先进个人"；2014年获中国医师协会第九届"中国医师奖"；2016年获中国医院协会"全国优秀院长"；2018年获云南省政府"云南省先进工作者"和国家卫生计生委、人社部、国家中医药管理局"全国卫生计生系统先进工作者"称号；2020年获中华医学会感染病分会新冠病毒感染"抗疫突出贡献专家"奖。

承担"十三五"国家病毒性肝炎重大专项、国家自然科学基金、云南省科技重大专项等科研项目，获云南省科技进步奖三等奖2项、云南省自然科学奖三等奖1项。在2020年抗击新冠疫情工作中，承担了云南省科技重大专项《病原体进化变异与宿主免疫应答在重大传染病防治策略中的应用》研究，研究成果为国家科学抗击新冠疫情决策作出贡献。

担任国家"十二五""十三五"五年制高等医学院校规划教材《传染病学》（7、8、9版），国家MBBS来华留学生医学类专业全英语及双语教学英文版教材*Infectious Diseases*编委。第9版《传染病学》获国家教材委员会首届全国教材建设奖全国优秀教材（高等教育类）二等奖。《提高临床医学教学水平的探索与实践》获云南省教学成果二等奖。

在潜移默化中，走上学医之路

问 听说您的母亲是一名医生，能和我们讲讲您跟母亲的故事吗？

韦嘉：我母亲是20世纪60年代初从卫校毕业的，她长期在基层从事医疗卫生工作，所以我从小对她的工作、对医生这个职业会有一些非常切身的感受。比如夜半三更会有求医的老百姓来敲窗子、敲门，请母亲出诊。因为当时我年纪还小，大概6岁，母亲走了以后，只剩下我和弟弟，夜里我们会害怕。现在我和弟弟还会说起这些事。

以前，母亲到乡下去巡诊，早晨出门，到了下午才会回来。我和弟弟就在当时卫生院比较高的一个山坡上，看着快要落山的太阳，看着那条我母亲必经的回家路，两个人望眼欲穿，最后看着她背着药箱回来。当医生很辛苦，看到母亲救治过的病人康复以后，他的家人或者本人表示感激之情，我感受到这个工作很重要，这种印象非常深刻。

我们有时候也会跟着她去巡诊，可以看到老百姓对医生的那种渴望，能切切实实地感受到母亲作为一个基层的医疗卫生人员，对老百姓是有多么重要，老百姓多么需要他们。那时候，当地人会和我们很亲切地打招呼，有时候会给我们一把青菜、一点儿别的东西，他们就是以这种特别朴素的方式来表示对医生的尊敬。虽然当时我还没想过要做母亲那样的人，但是能切身感觉到医生的职业很重要，也特别受人尊敬和爱戴。

问 您后来做了医生，是不是也受到了母亲的影响？

韦嘉：那个时候年纪还小，其实还没有想要做像我母亲那样的人。我觉得有些事情是潜移默化的，说不清楚我是不是受了母亲的影响，后来做了医生，或许是有些影响吧。我做了医生后，那些小时候母亲行医的场景、事情仍然历历在目。

问 长大一点儿，懂事之后，您的人生目标是什么？

韦嘉：像我们60后的一代人，通常是要上山下乡当知青的。刚上初中的时候，我自以为对未来还是非常清晰的。我觉得，我初中毕业后就会去当知青。我有一个姑父在工厂，年年都会招工人，我想象着当完知青之后，人家来招工，就去工厂当工人，一辈子人生就这样了，当时就想得非常简单。

1978年，初三上完之后，全国高考已经恢复，我没有当知青，而是上了高中。和大多数男生一样，当时我最想做的事情是造飞机、造军舰，上航空学院或者是船舶工程学院，那可能是我当时最大的理想。我是1980年上的大学，在填报高考志愿的时候，其实也没有明确的"我要学医"的想法。周围的亲戚朋友大都鼓励我学医，对我讲了医生的重要性，一个人吃五谷杂粮都会生病，生病的时候是多么需要医生。

问 后来去医学院之后，您会不会觉得跟自己想象的不一样？

韦嘉：有太大的区别了。刚进医学院的时候，我挺失落的，尤其是没有接触到医学专业课，还在上基础课的时候，对医学还没有更深的认识，那时候我觉得很迷茫。

大概是大三，带我们的老师王同寅教授负责一个世界卫生组织研究儿童腹泻的项目，我们几个学生有幸跟着他参与了这个项目。那时候，我们去农村，到基层去了解儿童腹泻的状况。在这个过程中，我们逐渐接触到一些患者和他们的家人，了解到基层卫生的状况。当时，正值迷惘期的我，在参加了那么一个项目的工作和调查以后，切身体会到学医确实能够帮助人，能够解除患者的很多痛苦，感受到了治病救人的重要性，感受到了为患者解除痛苦时获得的那种成就感。我能为他人做一些事情，感受到作为医生的价值，医生对于一个患者的重要性，我想这对我来说是很重要的。

现在回想起来，也就在那个时候，我下定了决心，要好好学医，要朝着学医这条路一直走下去，这就是一个改变我人生道路的转折点。

问 据说您曾收到一位长辈送给您的一个笔记本，笔记本上还写了句重要的话，能否给我们讲讲这个故事呢？

韦嘉：这件事发生在我被医学院录取的时候。我的长辈中正好有一位医生，他已经行医很多年了，也是医学院毕业的，他在城市大医院和基层都做过医生。当时是20世纪80年代，他把一个塑料皮的笔记本作为我考上大学的礼物，送给了我，在笔记本的内页里写了一行字，"学医之道不为己，学而应为民除疾"。

当时，我知道这两句话是长辈鼓励我的，这两句话说得很好。这30多年的医学生涯当中，我时不时会想起那本笔记本上的这两句话。在我的行医、从教的过程当中，越来越体会到他送我这句话的意义所在。那是他作为一个老医生对后辈、对年轻人的一种期望，是他作为一名医生的感悟。所以，在之后比较长的时间里，如润物细无声般，那句赠言在默默地影响着我。

问 其实这位长辈也算是您人生道路上的一位导师了？

韦嘉：是的，除了这位长辈外，在我的成长道路上，还有许多给过我帮助的导师。

在学医的过程中，有王同寅教授，我在大学时跟随他进行儿童腹泻流行病学调查研究，决定了我最后坚定选择从医之路；还有我的硕士导师刘光裕教授、博士导师姚集鲁教授，这些老师都是一辈子在做医生。我跟着他们查房，跟着他们看病人，从他们对待病患的点点滴滴，从他们诊治一个又一个的病患中，去学习如何成为一个好医生。

每当我接诊病人时，他们的身影都会浮现出来，他们接诊患者，在深夜抢救患者，他们在病床旁边的身影，他们查房时对病人的关心，对病人病情的了解，还有他们渊博的知识等，这些点点滴滴都会想起来，这是他们的日常工作，构成了一个个鲜活的医生职业生涯的形象。

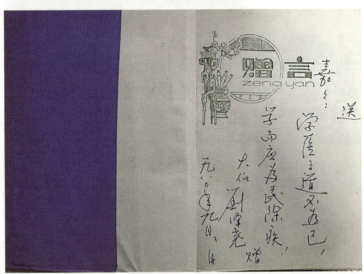

长辈赠送的笔记本及赠言

干一行，爱一行

问 大学毕业之后考研，您怎么会选择传染病方向来学习？

韦嘉：其实这个也没有什么特别的，就是在报考了硕士生以后，在专业调剂中，有机会让我去从事传染病这项工作。当时，我没有犹豫，我觉得很好，都是一样的治病救人。

我在本科的时候就对传染病学有一些了解，知道在1949年以前，传染病在中国是人民健康最大的威胁。1949年新中国成立以后，大多数传染病得到了控制。后来，通过深入学习才知道，实际上从过去到现在，传染病一直都是我们人类健康和生存的头号大敌。所以，从那时开始，我走上了成为一个传染病医生的道路。

问 所以，接下来您做传染病医生，一做就做了30多年？

韦嘉：对，做了30多年，我也算是干一行，爱一行。刚开始做传染科医生的时候，正是20世纪80年代，虽然一些烈性、曾经流行广泛的传染病在中国得到了极大的控制，但还有很多传染病仍然多发。像夏、秋季的伤寒、细菌性痢疾，秋、冬季的脑膜炎，夏季的乙型脑炎，还有云南边疆地区常见的疟疾，这些疾病都仍是比较普遍的。另外，我们国家最突出的公共卫生问题之一，就是病毒性肝炎，它是对中国老百姓健康影响最大的一种传染病。

那时，除了应对我刚才说的这些传染病的日常工作以外，我的工作也逐渐聚焦在了病毒性肝炎的临床诊疗、教学和研究上。

问 在多年临床工作中，有没有什么案例让您印象深刻的？

韦嘉：这个就多了，因为救治了很多病人。比如说我念研究生的时候，抢救过一个中毒性痢疾的小孩儿，他是我们医院里面一个清洁工的晚辈。当时小孩儿高热昏迷，来到医院的时候是我接诊的，由于诊断正确，救治及时，小孩儿转危为安，康复痊愈。还有像暴发性肝炎、肝衰竭等，救治了很多这样的患者，这些都印象很深。当成功救治病人，使病人脱离危险以后，作为医生的那种荣誉感和成就感会油然而生。这样的例子有很多，已经成为我们医生的日常。

韦嘉（中）在中山医科大学获博士学位时和同学合影

担任传染病医疗救治专家组组长

问 请问这些年来，云南传染病临床和研究的现状和发展如何？

韦嘉：云南有一个特点，就是毗邻南亚、东南亚，有着漫长的陆地国境线，而南亚和东南亚属于热带、亚热带，又是传染病最容易滋生的区域，也是病原体种类最复杂的区域。所以，过去在云南很多地方，热带传染病是非常突出的。比如说疟疾，它是蚊虫传播，还有其他一些早年的传染病，对云南老百姓的健康威胁都很大。

后来我离开云南，在广州中山医科大学工作，但是对云南的情况也一直在关注。当我再次回到云南工作，时间正好是在2001年年底，到了2003年年初，我遇到了我行医生涯中第一个全国性的疫情，那就是SARS。随后，我又经历了一个变异的流感病毒，即新型甲型H1N1流感，再后来又遭遇了人感染高致病性禽流感。我们面临的新冠疫情在全球大流行，所有这些都是我亲身经历的。从SARS开始，之后的每一次疫情出现，我都作为云南省传染病医疗救治专家组的组长参与了疫情的防治工作。

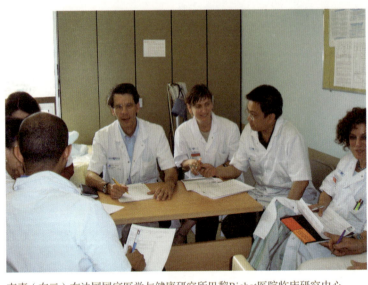

韦嘉（右二）在法国国家医学与健康研究所巴黎Bichat医院临床研究中心
担任外籍研究员时和法国同事讨论工作

韦嘉（右）在昆医附一院工作时，指导医师诊疗工作

问 2003年抗击非典的时候，您获得了"全国卫生系统抗击非典先进工作者"的称号，还记得当时的情况吗？

韦嘉：当时，舆论称赞我们医生是"白衣天使"，真的了不起，真伟大。我记得我对记者讲过一句话，我说其实医生不是你们现在看到应对疫情的时候才这样的，我们每天的日常工作都是这样。实际上对我们来说，我并没有觉得面对疫情发生的时候，我们做了什么特别的事情，要有什么特别的行动。尤其是对于传染病的专科医生，无论有没有重大疫情发生，我们都一直在诊治传染病、救治传染病、防控传染病，日常的我们都是一直这样做的。

如果要说感受最大的，就是这次新冠疫情的时候，记者问过我同样的问题，我感受最深的是什么？现在回想起来，我说了三点。

第一点是我们国家体制制度的优越性。特别是在这次新冠疫情中，习近平总书记提出来的"生命至上，人民至上"，这是一个根本，有了这样的好制度，我们在疫情防控中取得了举世瞩目的成绩。

第二点是我们中国有一支技术上靠得住、医德上让人放心的医护人员队伍。我的同行、我的战友，他们不管是医生、护士，不管是在基层，还是在大医院，不管是进行研究，还是进行临床救治，还是进行防控，他们都是非常了不起的。

第三点是我们中国人民的集体意志力。比如说在武汉疫情最紧张的时候，当时我们呼吁大家居家，不要聚集，要戴口罩，要通过我们每一个人的自我防护来切断病毒的传播链。当时在媒体上呼吁以后，短短时间内，阅读传播量就超过了100万，大家自觉戴口罩，积极注意个人卫生，可见我们中国人民这种强大的意志力是很了不起的。

云南，我们来守护

（问） 2020年年初至2022年年底在抗击新冠疫情的斗争中，真的是全民齐上阵，云南作为西南边陲，也较好地完成了抗击疫情的任务。您对云南抗疫行动有什么评价？

韦嘉：是的，当时武汉出现疫情时，云南第一时间在春节前由省长亲自对医疗卫生系统进行了安排和部署，及时做出了一系列应对疫情的措施。

当时，云南派去武汉的医疗队主要是在咸宁。其实已经不分抗疫前方、后方了，在武汉很多次的危重症会诊当中，我带领专家组参与其中，多次和武汉连线，给武汉的医疗队提供强大的技术支撑。

抗击疫情，我们专家组会有分工，除了派出援鄂医疗队去支援武汉外，其他留在云南，因为云南同样有很多病人需要救治，有很多问题需要解决。

（问） 有相关报道说，您曾救治了云南第一个新冠病人？

韦嘉：不能说是我救治的，从第一个新冠病人到第一次抗疫清零，都是在省委、省政府应对新冠疫情指挥部的统一指挥下，全省医务工作者齐心协力的结果。

云南发现第1例新冠病例以后，为了保障安全，成立了省医疗救治专家组。我们对全省发现的病人进行查房、制定诊疗方案，保证救治工作质量。

在很多救治过程中，不管是凌晨还是深夜，省委、省政府的领导、卫生行政部的领导都陪着我们专家组一起对病人进行诊疗。

2022年2月初的时候，我们有两个地州收治的患者最多，疫情也是最重的时候。当时，（省）卫健委的党组书记王灿平同志，带着我和防控组专家一起到了这两个州市，我对这两个州市的所有病人都进行了床旁的检查会诊，了解当地的救治情况，这些印象都非常深刻。

从省委、省政府的领导、省卫健委的领导到来自各个医院组成的专家组，从省级专家组到州市专家组，大家都是同心协力，一起抗击疫情。

问 在共同抗击疫情期间，什么是让您最为感动的？

韦嘉：首先，各个部门在应对疫情的时候，大家都是齐心协力，不管是直接面对患者的医务工作者，还是后勤保障、交通保障等，各个部门都是齐心合作，一切为了战胜疫情，一切为了患者的安危，这一点让我很感动。

另外，在救治过程中，患者自己的一些肺腑之言让我们医务人员非常感动。患者也表达出他们能够生在这样一个国家，能够得到那么好的救治，他们发自内心的感谢。当时，从武汉来的很多患者说他们非常幸运，虽然感染了新冠病毒，但来到云南，他们得到了云南方方面面的重视，得到了云南医护人员的精心救治，他们这种发自内心的表达让我印象深刻。

还有像我们战斗在抗疫一线的同行，这些医务人员对病人细致入微的关心，在救治过程中的精益求精，一旦发现一点儿问题，及时与大家进行沟通。这些经历可能对一个医生，对于医疗卫生系统来说，都会是一笔巨大的财富，非常宝贵。这些记忆也会对每个医生的行医生涯会有非常重大的影响。

韦嘉（右三）率专家组在云南省传染病医院和医护人员讨论新冠病人救治工作

2020年2月4日，韦嘉（中）在西双版纳新冠定点医院，听取诊疗方案汇报、指导诊疗

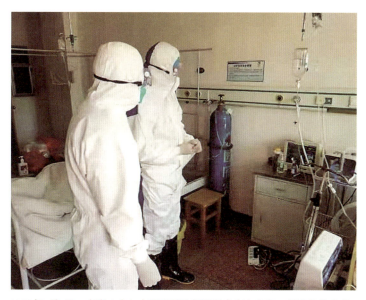

2022年2月4日，韦嘉（右）在西双版纳新冠隔离病房查房，救治危重患者

正面迎接未知的挑战

问 请您结合自身的经验，谈一谈云南抗击疫情的举措或经验。

韦嘉：我想对于我们整个人类而言，对传染病永远不能放松警惕，不能说好了伤疤就忘了痛，新冠疫情得到了有效控制，疫情过去了，就觉得可以高枕无忧，就不会再有新的传染病或者其他曾经控制过的传染病又死灰复燃，我们决不能掉以轻心。在整个传染病的历史中，这样的规律是反反复复被验证过的，所以，对于传染病，人们要有一个正确认识，不能高枕无忧，要知道传染病和我们人类是相生相伴的。

韦 嘉

我们国家有传染病防治法，有一系列非常规范的制度，所谓"四早"，就是"早发现、早隔离、早诊断、早治疗"。这都依赖于我们有一支专业的队伍，还有对老百姓的教育。现在，云南在做爱国卫生"七个专项活动"，其实这个就是防控传染病一个非常重要的措施，可以提高全民的卫生素质，从而让传染病从根本上得到有效的控制。

所以，我觉得是我们国家要对大众进行广泛普及教育，让大家知道传染病就在我们身边，它并不遥远，它可能随时会发生，了解基本的传染病知识，提高全民的卫生素质，包括现在持续有效地开展爱国卫生运动，这些对防控传染病都是非常重要的。

（问）所以，从有人类那天开始，传染病就是和人类相生相伴的？

韦嘉：是的。从有人类开始，过去如此，未来同样如此，这是不会变的。微生物可以引发感染性疾病，微生物存在于我们周围，所以，传染病是和人类相生相伴的。

我们回顾从SARS疫情到2020年的新冠疫情，其间间隔17年。我们数一数就可以知道，从SARS（严重急性呼吸综合征，即传染性非典）、新型甲型H1N1流感、人感染高致病性禽流感、MERS（中东呼吸综合征），到2020年的新冠疫情，短短17年，我们这一代人就经历了这么多次的疫情。以大家都熟知的流感而言，它一直存在，一直在进化变异，还会不会有新的变种、新的病原出现？我们都要打一个问号。

所以说只要有人类，传染病就会和人类永远相伴下去。

未来还有很多未知的挑战等待我们去面对，这是必然的。我们对任何一种疾病，都要有足够的信心，努力去认识它，上下齐心合力，按照规律去防它、控它、治它，最终去战胜它。

站在患者的立场上，做科学的医疗决策

问 请您和我们谈谈您的科研成就，您是怎么看待这些成就的？

韦嘉：作为一个传染病学的临床医生，从事医教研工作30多年，临床工作中对患者诊断治疗，对一些传染病的发生、发展规律，对一些需要解决的诊断问题、治疗问题进行研究，同时也需要教学，培养一代又一代的传染病专业人员，这些工作都是我日常工作的一部分。

科研方面，慢性乙型肝炎的治疗仍然是全球的一个重大公共卫生威胁。在慢性乙型肝炎研究方面，我主要针对乙肝病毒的进化突变、免疫应答、治疗方面等进行研究，我承担的国家重大传染病"十二五"科技攻关项目、国家自然科学基金项目都对这方面的研究进行过一些探索。这些研究和探索成果应用于临床，取得了一些成绩。在中国肝炎防治基金会支持的"慢性乙型肝炎临床治愈——珠峰工程"项目中，云南大学附属医院作为云贵地区基地医院，承担了相应任务，该工程启动以来，在慢性乙型肝炎临床治愈的人数和治愈率方面，我们也走在了全国前列。

在新冠疫情流行期间，我们承担了"病原体变异和宿主免疫应答在重大传染病防治中的应用"研究课题，如该不该打第三针新冠疫苗、什么时候打，也是这个课题的研究内容之一。依据研究结果，我们向国家提出了意见和建议，并获得采纳。

我们对新冠病毒核酸检测新方法的研发，也得到了国内外同行的高度关注。

我想，还是要从实际出发，针对疾病本身，最大限度去了解它，经过科学研究，得到科学精准的对策和策略，进而控制这个疾病，这才是我们研究的初衷和目的。

当然，由此也会带来各种奖励，如科技进步奖、突出贡献奖等。对于专家而言，这些其实是附带的产品，最主要的还是通过科学研究，为疾病的防控诊疗提供更为科学精准的决策。

给年轻人的话

问 回顾您30多年的医疗、科研和教学之路，您有哪些经验想分享给年轻人？

韦嘉：我的导师姚集鲁教授对我说过这样的话，"读书的时候，认认真真读书，老老实实做人；工作的时候，踏踏实实工作，老老实实做人"。这是我老师的座右铭，我也把它当作我自己的座右铭。我非常欣赏这段话，从做学生到工作，我始终牢记。

在我获得第九届中国医师奖的时候，记者让我说一句作为医生的感言，我的回答是——作为一个医生，要站在患者的立场上，做科学的医疗决策。

一个人不管从事什么职业，如果不能踏踏实实地做事，最基本的一项工作都做不好，就谈不上还要在这个行业，在这个领域里做出什么事情来，那都是空谈。

回忆一路走来，从年轻时候对医学的懵懂无知，被动选择学医，再到最后心甘情愿从事医生的职业，那么多年来，我都没有遗憾过，也没有后悔过，我觉得非常值得。

最后，我想给大家讲一个故事。2003年，SARS疫情出现，中山医科大学附属第三医院传染科里面不幸感染的医生大概有四五个，其中有一位是当时科室的党支部书记、副主任邓练贤。他在2003年的4月份，在救治SARS患者过程当中不幸感染殉职，被追认为"广东省抗击SARS一级英模"。SARS过后，我回到广州，去我老师的办公室，看到办公室的墙上贴着一张放大的邓练贤医生的照片，上面写着"练贤，我们永远怀念你"。

我在中山医科大学附属第三医院工作的时候，我的老师对邓练贤医生曾有过这样一句评价，说他是踏踏实实工作、老老实实做人的一个好医生。现在，在中山医科大学附属第三医院（现为中山大学附属第三医院），一进大门就能看到邓练贤医生的塑像，他已经成为中山医科大学附属第三医院每个医生心中的精神象征。

从这个故事可以看出，好医生是如何做的，他们都是默默无闻坚守在自己的岗位上，年复一年，认认真真、踏踏实实走过来的。

韦嘉教授签名

梁永宁

○———————————————

昆明理工大学教授
世界遗产专家
原住建部世界遗产专家委员会副主任委员

梁永宁，男，汉族，祖籍山东。

1957年，出生于南京。

1967年，随支边父亲来到云南保山。

1975年，高中毕业后到保山潞江坝当插队知青。

1977年，参加高考，1978—1982年就读于昆明工学院地质系，后继续在该系攻读硕士研究生。毕业后留校任教，先后担任助教、讲师、副教授、教授（博导）。主要研究领域为环境地质、旅游地质、世界遗产、地质公园等。发表论文多篇。

其间，1989年在加拿大布罗克大学做访问学者；1999年在美国威斯康辛大学做访问学者。

在从事教学科研的同时，自1992年起，先后担任昆明理工大学地质系副主任、主任，国土资源工程学院党委书记。

2000—2006年，担任云南省地质学会副理事长。2008年至2013年，担任云南省人大环境与资源保护委员会委员。

自1994年起，开始从事云南及中国的世界遗产申报和管理工作，先后担任"中国南方喀斯特（一期）""云南三江并流保护地""澄江化石地"申遗项目专家组组长。作为主要专家参与了"江西三清山""山西五台山""中国丹霞""新疆天山""贵州梵净山"等申遗项目。

世界遗产是联合国教科文组织设立的保护项目，数量有限，要求极高。每一项世界遗产都需要具有世界性的"突出普遍价值"，因此每一项世界遗产的申报都经历了极其艰难的过程。从资源调查、价值论证、文本编写到国际专业机构的实地评估、世界遗产委员会的评议等，都需要大量专业而艰苦的工作。梁永宁教授受聘担任原住建部世界遗产专家委员会副主任委员，常年奔波于各个遗产申报地，连续10多年作为中国代表团成员参加世界遗产大会，为中国的世界遗产项目进行陈述和推介。这些世界遗产项目的成功申报，不仅使中国成为世界遗产大国，也使这些全人类最珍贵的财富得以按国际标准进行有效保护和永续利用，同时还极大地促进了遗产地的社会经济发展。

梁永宁教授因其在世界遗产领域的突出贡献，先后获得云南、浙江、福建、湖南、重庆、贵州等省市颁发的"专家特别贡献奖""专家杰出贡献奖""荣誉市民"等。

此外，梁永宁教授2004年还担任了"云南石林"申报世界地质公园专家组组长，2014担任了"大理苍山"申报世界地质公园项目的首席专家。

人类和地质地理是息息相关的

（问）请问您当初为什么会选择学习地质？

梁永宁：实际上我这个专业是地质专业，我们是77（1977）级，恢复高考以后，我们是第一批学习地质的学生。地质学开始也并不是我的兴趣，学了以后觉得也挺有意思的。然后我发现很多人对我们脚下的这块土地其实并不了解。比如说昆明，你都不知道在昆明坝子周边的山形地势，不知道我们脚下踩的这块土地到底是些什么类型的岩石。下去几十米是什么？几百米是什么？再下去是什么地层？然后哪些地方能打得出热水？哪些地方会取得什么样的石材？等等。这些都是我们地质地理的学习内容，我觉得即使不学地质地理专业，也应该作为一些常识来了解，不然我总觉得有点儿懵懵懂懂的。

地质学是蛮有意思的，学了地质以后，你能了解整个地球的海陆变迁和演化历史，地球上的陆地演变、火山、裂谷，以及丰富多彩的地形地貌，能了解人跟环境、人跟地理都是息息相关的，有着非常密切的联系。

见证中国成为一个世界遗产大国

问 那后来您是怎么开始从事世界遗产申报这一工作的？

梁永宁：这个纯粹是偶然。因为当时在昆明理工大学工作，然后遇到了我们云南石林、三江并流要申报世界遗产。相关政府主管部门需要组成一个专家团队去协助完成遗产申报，需要懂地质、生物、生态、规划等方面专业知识、外语好的专业技术人员，当时我们是被政府组成的团队给"吸收"进去的，进去以后就一直就往下走了。

回过头来看，我是从20世纪90年代初参加遗产申报工作的，到现在快30年时间了。可以说这么多年来，我参与了我们云南世界自然遗产，以及中国其他的世界自然遗产的申报管理，见证了中国成为世界遗产大国的一个历程，也见证了我们云南省成为一个世界遗产大省的这么一个经历和过程。在这个过程中，作为一个专家，能够亲身参与其中，作出自己应有的贡献，我觉得是非常幸运的一件事情。

问 石林是不是您在云南参与申遗成功的第一个项目？

梁永宁：不是，应该说是最早参与的项目，因为石林申遗经历的时间比较长。实际上云南第一项成功申报的世界遗产是丽江古城，丽江古城是在1997年的时候被列为世界文化遗产的。第二项世界遗产是三江并流，它是2003年被列入的。石林一直到2007年才被列入世界遗产名录，所以石林虽然开始申遗的时间更早，是1991年，却是在三江并流之后列为世界遗产的，时间持续更长。

梁永宁教授（左一）在昆明理工大学接受云南广播电视台记者采访

申遗是一个艰辛的过程

问 在申遗的过程中，你们主要做哪些工作？

梁永宁：主要是专业技术工作。每一项世界遗产的申报，都需要非常专业的技术支撑，有非常严格的要求、程序和标准。申遗的话，开始是准备申报文本，最关键的是论证研究世界遗产的价值，要确认它的价值，这个过程非常漫长。举例来说，澄江化石也好，云南石林也好，它们都有一个在全世界范围内的对比分析过程，每一个自然遗产都是一块自然区域，你要把这个区域拿去跟全世界类似的区域进行对比，对比的工作量非常大，最后还要得出明确的结论，而且这个结论必须是正确的，要在国际上能够得到确认，这个是非常不容易的。所以这里面就有很多的技术工作，如果前期的工作不足，那就得重新开始科学研究。

比如说石林在申遗的时候，我们查到的关于石林的科学论文并不多，后来因为申遗，发现这方面有欠缺，所以才开展了大量的科学研究。包括地层古生物的、地质演化的、岩石的、地貌的、美学的、水文的、生物的等方面，都开展了大量的科研课题，发表了很多文章，出版了很多书籍，还举办了很多国际会议，邀请了世界上许多著名的喀斯特和世界遗产专家。有了这些基础以后，还得按照世界遗产操作指南的要求，编出合格的申报文本、管理规划等这些必要材料。

在申遗的过程中，还有一个重要的环节——实地考察，国际专家要到你申遗这个地方考察，要陪同考察讲解。最后还有国际会议，在世界遗产大会上面对各种质疑，要去答疑，然后陈述，让联合国教科文组织世界遗产委员会最终形成关于该世界遗产地的决议，决议里就定义了相关的科学价值、美学价值、世界遗产价值等。

另外，除了价值论证需要耗费大量时间，第二个大的方面就是世界遗产要具备"完整性"，做到这三个字也是非常不容易的。要想申报一个世界自然遗产，必须达到它的完整性要求，就是相关的面积确不确定？边界明不明确？里面的相关要素全不全？等等，各方面必须是完整的。比如说石林，你不能光是把开辟成景区的那一小块石林拿出去申报世界遗产，那是不行的。实际上，石林申报成世界遗产的范围有120平方公里，而开辟成景区的范围只有10多平方公里，大量在原始状态下的石林也要包括在里头。除了石林地貌，相关的生态系统、水体、植被等都要包括在内，因为完整性要求很严格。所以在申报的时候发现达不到要求，就要跟当地的政府管理部门进行协调，调整面积和范围。

还有一个关键的环节是要消除人类活动的负面影响。我们中国人多，所以我们申报的很多自然遗产里面，面临的一个挑战就是人为活动的负面影响。这里边有的是要退耕还林，有的是要拆除很多的不协调建筑。比如说石林申报的时候，申报前跟申报后，石林进行了大规模的环境整治，这个工作要在专家的指导下，按照国际标准来进行。

石林申遗时，梁永宁教授（左一）陪同联合国专家考察

石林申遗时，梁永宁教授（前排左一）陪同联合国专家考察

第三个方面，保护管理世界遗产。一旦被列为世界遗产，就要让国际社会确信你有能力把它保护管理好，传承给后人。这个方面的要求有很多，需要提供完善的法律法规。从法律法规开始，一直到管理系统、管理机构、管理人员、管理资金、管理措施等都要到位，这个又是需要花费很多时间和精力的。大家所看到的都是申遗成功的喜讯，但是回头看，这里面包含了太多人员的辛苦参与和付出。

对云南的每一次申遗都很难忘

问 在那么多年的申遗经历当中，云南的这些申遗项目有哪个是您觉得特别难忘的？

梁永宁：其实每一个都很难忘。从时间来看，石林耗时最长，用了17年的时间。然后三江并流，它是一个综合的、非常精彩的世界自然遗产，它在云南的滇西北，是一个不但在中国，就算是从全世界范围看，也是地球上最精彩的区域之一。虽然后来结束了申遗工作，但是我时不时地还会想起那个地方，那里的高山、峡谷、雪山……所有一起经历过的那些事，当年一块儿申遗的团队，都是忘不了的。

澄江化石也是这样的，澄江化石一不留神可能就没了。我经常想："要是剩下的这5平方公里一不留神被我们当成其他的普通矿产给开发了，那该是多么大的遗憾啊！"所以每一个遗产都有不同的特点，它给人留下的印象都很深，只是它们的内容方面有所不同。我对云南的每一项申遗都很难忘，因为毕竟是耗费了自己很多的时间和心血，可以说那些经历已经是生命中的组成部分了。

石林申遗历时17年

问 石林申遗为什么历经了17年之久？作为云南人来说，几乎没有谁不知道石林是个很漂亮的风景区，但是可能我们云南人对石林的科学价值还不是那么了解。在您眼中，石林有哪些独特的遗产价值？

梁永宁：石林申遗历时17年，主要的原因是世界遗产的申报难度非常大。遗产申报，主要是有几个方面的检验。第一就是要论证和确认所满足的世界遗产标准，用专业术语说就是要具有"突出普遍价值"，在美学方面或科学方面要具有全球性的世界遗产价值。石林在这方面先前没有进行全球的论证对比，所以就不能准确地阐述其价值。为了向世界证明石林的独特价值，我们花了很多年的时间进行研究、进行国际对比，包括召开国际学术研讨会、开展科学研究，还发表了很多文章、专著，然后同世界上其他著名的石林地貌进行对比，最后才确立了石林在世界同类地貌中的地位。第二就是申报世界遗产名额有限，特别是进入2000年以后，由于凯恩斯决议、苏州决议等，对各国申报世界遗产的数量进行了限制，这就需要排队申报。

对于普通人来说，石林作为一个景区，主要是去领略它的美学价值，石林代表了一种独特的自然美。然而在科学方面，石林是一种独特的喀斯特地貌类型，称为"石林喀斯特"。我们中国南方有着三种世界上最好、最典型的喀斯特地貌，一个

石林申遗成功后，梁永宁教授（右二）等载誉归来

是云南石林，另一个是桂林山水，也叫"峰林地貌"，还有一个就是贵州的峰丛，也叫"锥状喀斯特"。云南的石林，就是最好的"石林喀斯特"的代表，它的科学价值就在于它是地球上少有的非常独特珍贵的一种地貌类型。它要是消失了，那么大自然也就可能永远地失去了这种地貌类型。世界上有石灰岩的地方超过了2000多万平方公里，整个中国，光在西南这一片就有50多万平方公里，但是能够发育出像石林这样的典型地貌，仅仅就在这300多平方公里，所以它非常罕见。这种地貌伴随着云南高原的整个地质演化过程，也是地球演化历史的一个见证，所以它的科学价值非常重要。

石林申遗前，梁永宁教授（左一）陪同国际专家在石林考察

它的美学价值就不必多说了，自古以来，无数文人墨客赞美石林之美的诗词歌赋比比皆是。另外，石林地貌的自然背景还与其他地方不一样，它伫立在红土高原上，与这里特有的植被水体，伴随着不同的气候，在一年四季展现了不同的景象。所以像石林这样的景观叫"大美不能言"，你非得到当地亲身去感受，才知道它的不同凡响之处。

"披荆斩棘，过关斩将"的
澄江帽天山申遗

问 曾经有人用"披荆斩棘，过关斩将"来形容澄江帽天山化石地的申遗难度，为什么这么说呢？是不是特别艰难？

梁永宁：的确是这样的。实际上每一项遗产的申报都很艰难，就云南的"澄江化石地"申遗来说也是非常艰难的。原因是化石类的世界自然遗产是一种特殊类型的世界遗产，在整个世界自然遗产里，它的数量非常少，要求也非常专业和严格。可以说化石在全球普遍存在，基本上有沉积岩的地方都能找到化石，重要的化石点也很多，但是能被列为世界自然遗产的，屈指可数。到现在为止，全世界也不过那么七八处。

化石地被列为了世界自然遗产，主要因为它是地球生命演化的重要记录。我们地球上的生物演化到今天，经历了30多亿年漫长的早期阶段，然后到了寒武纪，就是5亿多年前，生命在海洋里大爆发，地球生命开始从海洋到陆地，从陆地到天空，形成了今天这么一个生机盎然的世界。这个过程非常漫长，其中有几个"关键事件"。寒武纪生命大爆发就是其中之一，云南帽天山一带的澄江动物群化石就是寒武纪生命大爆发的最好例证。

在化石遗产地的选择方面，国际上的要求也非常苛刻。基本上是以大的地质时代和生物演化阶段为依据。比如说澄江化石的地质年代是距今约5.3亿年前，它代表了寒武纪早期地球生命的记录。这个记录非常重要，因为从这个时候开始，复杂生物在海洋中大量出现，并为以后的地球生物演化奠定了基础。问题是全世界具有寒武纪地层、有寒武纪生物化石的地点很多，要从这里面找到一个最好的化石代表地，就必须把云南帽天山化石地拿去跟全世界具有寒武纪地层、寒武纪化石的地点相比。

加拿大落基山脉有个地方叫布尔吉斯，它在100多年前就已经发现了寒武纪的软躯体化石，然后先被列为代表寒武纪生物演化的世界遗产地，后来被并入了加拿大落基山国家公园这个世界遗产中。但是作为化石的代表，它已经达到了一个寒武纪化石的高峰，一说起寒武纪的化石，人们都要说起布尔吉斯。

云南澄江动物群化石发现得比较晚，它是1984年被侯先光先生发现的。那么它要超越或者是与布尔吉斯进行比肩，就要进行大量非常专业的科学研究和对比。实际上它的难度就在于对它科学价值的确认，要让人信服它是地球生命演化的一个杰出代表，难就难在这个地方。

澄江化石地的科学价值非常高，是中国迄今为止唯一的化石类世界自然遗产地，也是整个亚洲迄今为止唯一的一个化石类世界自然遗产。可见它非常珍贵，非常少有，科学价值非常巨大。如果没有澄江化石，我们对5.3亿年前地球上海洋生命的认识，可能就只能停留在科学想象或者是一些神话传说的层

梁永宁教授在澄江化石地申遗时演讲

澄江化石地申遗时，梁永宁教授（左一）陪同联合国专家考察

梁永宁教授在澄江化石地申遗时演讲

面。有了澄江化石以后，我们能够实实在在地知道在5.3亿年前，地球生命演化到了什么阶段，这就是它的科学价值所在。

三江并流世界自然遗产之大美

问 2002年10月，世界自然保护联盟（IUCN）的专家曾经对云南的三江并流地区进行了实地考察。在那次考察过程中，您有什么比较难忘的一些经历？

梁永宁：对三江并流地区的考察是2002年进行的，当时来了两位国际专家，都是资深的世界自然遗产专家，一位是来自加拿大的吉姆·桑塞尔，还有一位是来自新西兰的莱斯·莫洛伊。这两位专家去过世界上很多地方，考察过很多世界遗产，所以他们有着全球的视角。我们一听说来了这么两位资深的专家，心里都有一点儿紧张，总是在想："我们准备得怎么样？我们的资源怎么样？" 还有一个原因让我们很犯难，就是三江并流的面积太大，而考察期限有限，只能考察十一二天，这么短的时间，我们又有这么多精彩的地方，三江并流的路线该怎么选择？这两位资深的国际专家的评价又会怎样？这些都是我们在考察期间很担心的问题。

后来终于确定了考察路线，不管怎么样，既然叫"三江并流"，就一定得"横跨三江，横越三山"才行。但是这样一条路线就很艰难了。当年有些大江之间并没有公路相连，我们要靠走路、靠骑马才能过去。真正实地考察开始以后，我们国内的专家组一行才发现我们的骑马技术还不如两位国际专家。桑塞尔早年是在加拿大落基山国家公园里从事骑警工作的，他的骑术很好。而我在连骑了三四天后，从马背上下来，直接坐到地上，都不会走路了，脚很僵直。没想到，国际专家对于骑马非常在行，还告诉我们身体的姿势应该是什么样的，脚应该放在哪里，所以考察三江并流时，我们倒是跟他们学会怎么骑马了，这个过程很有意思。

当时经过很多以少数民族为主的地区，比如说迪庆州就是以藏族为主，所以当地出动了很多藏族群众来为考察提供后勤保障，长长的马队和我们一起走，我们翻过了碧罗雪山以后，集体合影。那么多藏族群众的护送让国际专家很感动，中国人申遗，当地老百姓的这种热情参与给他们留下了很深的印象。

当时的考察经常靠走路和骑马，我们要想从澜沧江峡谷到怒江峡谷，只有选择相对比较好走的碧罗雪山。这是个两天的行程，第一天我们只能到达海拔约4000米的碧罗雪山的孔雀山垭口，到了以后安营扎寨。不过风景却是非常美的，到了傍晚的时候，在山顶看着满天的霞光和远处的雪山，真是体会到了三江并流的壮美。我们在帐篷里住了一晚，没料想到三江并流高海拔地区气候变化非常之快，半夜立马就变成了雪花飞舞的冬天。第二天早上起来一看已是白茫茫一片，我们的很多帐篷都被雪压倒了。

在翻过孔雀山垭口往怒江峡谷走的时候，已经是一片泥泞了，我们一路上是连滚带滑下来的，人打滑，马也打滑。三江并流那一趟考察是比较惊险和艰苦的，当时我们在前期准备路线的时候，曾有专家从马背上摔下来，有的摔碎了肩胛骨，有的受了其他伤，大家都非常的不容易。

三江并流地区考察，梁永宁教授（左一）与联合国专家及当地藏族群众

在三江并流地区考察

进入三江并流区域以后，我们到了梅里雪山一段，看到了明永冰川，看到了卡瓦格博峰，觉得梅里雪山非常有特点，它跟青藏高原上的雪山有所不同，是南北向展布的。隔着峡谷遥望对面的梅里雪山，它一字排开，非常的壮美，大家对梅里雪山油然感到崇敬。三江并流这个地方的景观跟其他地方的景观相比，我觉得这里有真正的大山、大水、大风景，你从中能够体会到大自然的雄浑壮丽。所以三江并流这块区域作为自然遗产，是实至名归的。

　　三江并流还有一点很难被超越，即它是中国唯一的一项满足全部四条自然遗产标准的世界遗产。

　　从事世界遗产相关工作的人都知道，满足一条标准都是难上加难的，三江并流能满足四条标准，可见是多么了不起的一个遗产。它全方位地诠释了什么叫世界自然遗产。像这样的遗产，目前中国只有这一项，而且在未来相当长的时间内，我认为它都很难被超越。放到全世界来看，能满足四条标准的世界自然遗产，全球一共也就20多个。从这个角度来看，这也是云南人应该感到非常自豪的一件事情。

　　这个区域很精彩，它的雪山、冰峰就不必多说了，超过5000米的山峰就有100多座，很多山峰甚至都还没有名字。此外，里面的森林、草甸，还有无数的高山湖泊，都非常美丽。这里的高山在1万多年前还全是冰雪，1万多年来全球气候变暖了，所以冰川融化了，高山上留下来大大小小无数个冰蚀湖。在三江并流中有一个区域叫"千湖山"，到了山顶上一看，遍地都是杜鹃花，品种数都数不清，全世界一共有400多种杜鹃，三江并流区域就有300多种。

三江并流区域山高谷深，缺少平地，所以每一块平坦的地方都有人类居住，形成了一些村落。人类不仅利用河谷，也利用河流阶地，在许多干热河谷里造就了一个个峡谷绿洲，形成了人与自然和谐相处的景观，这也是三江并流区域所特有的。所以这块区域无论是从地质地理的角度，还是从少数民族文化的角度看，都有很多值得欣赏的地方。

世界自然遗产的四条标准

问 刚才您讲到三江并流是中国唯一一项满足四条标准的世界自然遗产，请您跟我们介绍一下这四条标准。

梁永宁：申报世界遗产，简单地说，就是申报对象要具有世界遗产的价值，这是前提条件。但是世界遗产价值不好掌握，所以就把遗产价值转化成四条标准，能满足任何一条标准，就代表具有世界遗产价值。这四条自然遗产的标准跟文化遗产的标准放在一块，排序为：标准（Ⅶ）、标准（Ⅷ）、标准（Ⅸ）、标准（Ⅹ）。

标准（Ⅶ）是关于自然美和美学重要性的标准，是指世界上具有非凡自然美的区域。也就是说，全世界最具自然美的地方可以列为世界自然遗产。举个例子，像中国的九寨沟和三清山就是以自然美这条标准列为世界遗产的。那么三江并流的美体现在什么地方？三江并流区域不仅具有独特的"三山并列、三江并流"世界地理奇观，而且汇集了众多的地貌类型和自然美景。这里有壮观的雪山冰川、险峻的峡谷急流、开阔的高山草甸、明澈的高山湖泊、秀美的高山丹霞、壮丽的花岗岩和喀斯特峰丛、多样的植被生态景观……展示着独特的自然美。

标准（Ⅷ）是涉及地球历史、地球演化主要阶段，典型地质地貌演化，以及生命记录等方面的标准。那么三江并流是怎么样满足这条标准的？其实在地质学上三江并流区域最大的特点是它展现了地球的动力之美，在这里各种内力地质作用和外力地质作用都尽情地表现，造就了高差巨大、高山与峡谷相间排列的地貌格局。它见证了地球5000万年来，印度板块和欧亚板块碰撞这一重大地质事件所造成的青藏高原隆升和横断山脉形成，为解读这一重大地质事件打开了重要的窗口。丰富的地质证据也为深入探索研究提供了强有力的支撑。怒江峡谷的石月亮、丽江老君山的高山丹霞、梅里雪山的冰川地貌等各种各样的地貌类型和构造行迹异常丰富，还有许多未解之谜。所以三江并流是完全满足这条世界遗产标准的。

标准（Ⅸ）是关于生态系统和生态过程的标准。三江并流这个区域由于巨大的高差、复杂的地形和多样的气候，形成了众多小的生态环境，也造就了分布在不同的环境里的众多生物群落。三条山脉相隔很近，但特征很不一样，比如西侧的高黎贡山，是绿色一片；中部的怒山，跟高黎贡山明显不同；再到东边的云岭，特征又不同。具体再看三条峡谷，怒江峡谷这里的高黎贡山每年的降雨量甚至可以达到4000多毫米，因此峡谷内郁郁葱葱；然而再往东，每一道山脉都是一道屏障，在金沙江河谷，每年的降雨量就急剧降到了400毫米，所以河谷里面就像火焰山一样，只有稀稀落落的灌丛。这样急剧变化的山地生态系统在世界上是很少有的。另外，在垂直方向上，三江并流地区由于海拔高差达4000多米，具有多种气候类型，因此形成了大跨度的垂向植被类型。这里有10个植被型、23个植被亚型，从干热河谷的稀疏灌丛，往上到常绿阔叶林，再往上到针阔混交林、针叶林，再到亚高山灌丛、高山流石滩，最后到冰雪覆盖、完全不能生长植物的冰雪带。在三江并流区域内这样的层次类型是非常明显的，它是地球上同纬度山地生态系统最丰富的地区，所以它非常充分地满足生态系统这条标准。

最后一条标准是标准（X），是关于生物多样性和濒危物种的标准。三江并流区域生物多样性非常显著，它所包含的动植物种类远远超出了它所占的面积比例。三江并流遗产地占中国国土面积的比例不到0.3%，但拥有中国20%以上的200余科、1200余属、6000余种的高等植物。大家知道，一个地区的高等植物能够达到3000种，就是很丰富了，能达到6000多种，那是多么的了不起。除了植物，动物种类也很丰富，包括哺乳类、鸟类、爬行类、两栖类、凤蝶类、鱼类等。

三江并流区域不仅动植物种类丰富，还包含许多特有和濒危物种。特有物种是指一个地方独有的动植物种类，这个物种如果在这里消失了，那么地球上就没有了。濒危物种是指数量很少、濒临灭绝的动植物种类。无论是特有物种，还是濒危物种，三江并流区域都有很多。比如一些杜鹃种类，只有云南才有。再比如标志性的滇金丝猴，数量很少，只有三江并流区域才有。现在三江并流地区的很多特有和濒危物种都被列为了保护物种。因此三江并流也充分满足这条世界遗产标准。

像前面所说的，三江并流就是这么一个能够满足全部四条世界自然遗产标准的非常了不起的世界遗产。这样的遗产不仅在中国少有，在世界上也少有，这就是三江并流的珍贵之处，它是非常值得我们骄傲，值得我们倍加珍惜的区域。

云南为什么是世界自然遗产大省？

问 云南2021年有5项世界遗产，其中包括3项自然遗产，在全国居于前列。您觉得云南为什么会有这么多的世界自然遗产？

梁永宁：自然遗产跟文化遗产实际上是有很大区别的。文化遗产是指人的创造物，而自然遗产是大自然形成的。云南的世界自然遗产多，主要归因于云南得天独厚的自然禀赋。如果用一个词来形容云南的自然特征，那就是"多样性"。云南在中国，乃至在全世界，它的地质地貌多样性、生物多样性、景观多样性都是非常突出的。

地质地貌方面，由于长期的内外力地质作用，云南形成了种类繁多的岩石类型，以及典型的喀斯特区域、红层区域、火山岩区域、变质岩区域等，这些岩石经历了造山运动的抬升，构造的挤压切割，流水、冰川等作用的侵蚀雕琢，形成多种多样的地貌形态和景观。如云南的石林属于喀斯特地貌，怒江的石月亮属于变质岩地貌，而丽江黎明的千龟山属于高山丹霞地貌等。

生物多样性方面，云南的突出地位早已众所周知。多样的地形和多样的气候造就了云南的生物多样性。云南不仅拥有数量众多的动植物种类，而且拥有许多濒危和特有物种，因此云南被生物多样性保护组织列为中国17个生物多样性关键性地区第一位。而生物多样性保护正是世界遗产所注重的内容。

景观多样性方面，云南地势大起大落，从梅里雪山到红

梁永宁教授（右）与联合国专家在云南考察

河河口，云南境内的高差达6500多米，这巨大的立体空间，展现了多种多样、异彩纷呈的自然景观。"一山分四季、十里不同天"是云南的真实写照，云南也借此成为旅游大省。在云南，我认为最精彩的地方就是三江并流区域，这里有大山水、大风景，这里巍峨的高山、深邃的峡谷、壮美的冰川、奔腾的激流……无不展示了地球的动力之美。我也问过很多外国的专家，比如当年申报遗产时来三江并流地区考察的桑塞尔，我问："你去过世界上100多个国家200多个遗产地，你去看了那么多的地方，也来中国很多次，你觉得中国最精彩的自然遗产是哪里？"他想了一会儿说道："三江并流。"

问 这么多年的申遗过程中，您几乎走遍了云南的山山水水。

梁永宁：只能说大部分地方都去了，在这期间我自己也经历了一个提升的过程。参与世界遗产工作就是一个不断学习的过程。我最大的体会就是从事世界遗产工作的人必须有全球视角，他脑子里想的要是整个地球是个什么面貌，所要申报的遗产在全球又是什么位置。我很幸运，由于工作的需要，跑了全国10多个省市的遗产申报地，云南的3个自然遗产申报我也都参与了，世界上美洲、欧洲、大洋洲、非洲的一些自然遗产地也都有幸去看了，确实领略到了地球的精彩、世界的多样。

所以我衷心地希望，如果有条件，大家多去世界自然遗产地看一看，每一个遗产地都很精彩。我在学校里还开设了一门课程"世界遗产概论"，主要介绍世界遗产的方方面面。正如国际上所公认的：世界遗产体现了地球多样性和人类成就，代表了地球美好之最。其中，自然遗产是我们地球上最好的自然区域。曾经有一个专家说："如果外星人想了解地球长什么样，你就把世界自然遗产给他看一看，它能最好地代表我们地球。"所以从事世界自然遗产工作，能让一个人有全球视角，对整个地球有更全面的了解。对我来说，的确是这样，世界遗产让我开阔了视野，所以我觉得自己是很幸运的。

问 在您看来，目前云南还有没有可以继续申遗的地方？

梁永宁：有，但是有限。主要是文化遗产还有潜力。我认为云南最有潜力、在未来几年最有可能实现申遗成功的，是茶文化的代表地，这个地方很有希望，也很有意义。茶文化是1000多年以来人类与大自然共同创造的。在世界文化遗产的申报中，有一条原则就是要优先申报空白和欠缺的遗产类别。从全球角度看，文化遗产中酒文化的代表有了，但是茶文化的代表还没有。在世界上，云南普洱景迈山的茶文化很有代表性，从原始的野茶树到驯化栽培的古茶林，再到茶叶的制作、茶叶的运输、茶叶的消费……景迈山都提供了一个很好的典范，而且经过了多年论证和准备。我认为云南下一个最有可能成为世界遗产的就是茶文化代表地，也就是景迈山的古茶林。

问 那您觉得申遗为云南带来了什么？有没有有效地提升了云南在国际上的知名度？

梁永宁：那是肯定的。云南的自然和文化遗产多，这跟云南的自然禀赋、云南少数民族文化丰富的实际情况是相吻合的。另外，申遗以后云南的知名度也提高了，所有的世界遗产都在联合国教科文组织世界遗产网站上展示着。世界上有许多人研究世界遗产，还有许多人专门冲着世界遗产去旅游，许多国家还出版世界遗产方面的书籍，所以一旦被列为世界遗产，它在全球的知名度就会大大地提高，而且这种热度是长久的。

列为世界遗产的好处，简单地说，有两方面：一是它作为全人类的共同的财富，须按国际标准进行有效保护；二是可以极大地提高知名度，促进当地社会经济的发展。所以，云南应该好好地珍惜，保护好这些世界遗产。随着社会的发展，云南的这些遗产会更加显示出它的价值。在保护好这些珍贵遗产的同时，也会促进当地的经济和旅游发展。

参与全国多项世界自然遗产申报工作

问 除了云南的3个申遗项目以外，全国其他地方的申遗项目您还参与过哪些？

梁永宁：以前中国的世界自然遗产申报主要是由原来的建设部（后改为住建部）负责的。而文化遗产的申报是由文化部和国家文物局负责的。我从事的主要是自然遗产申报，所以多年来主要是在住建部的领导下开展工作。

住建部负责中国世界自然遗产的申报和管理，从下至上，先从各省市的申请名单中选出优秀的，进入国内的预备名单，然后从中选出条件比较成熟的作为国家的预备名单呈送教科文组织世界遗产委员会。然后按照申报程序，根据遗产申报地的准备和完善程度，由国家决定每年具体申报哪一项遗产。一旦明确了申报哪一项遗产，国家主管部门就会组织相关专家，成立专家组，然后专家组按技术规范和程序进行相关工作。

我这么多年来主要还参与了"中国南方喀斯特"遗产申报项目，这是一个跨省市的联合项目。"中国南方喀斯特"包括了云南、贵州、重庆、广西等地区的申报地，遗产申报分两期进行，第一期3个遗产地，包括云南石林、贵州荔波、重庆武隆，于2007年完成。第二期4个遗产地，包括广西桂林、贵州施秉、重庆金佛山、广西环江，于2014年完成。分布在不同省市的7个片区组成了一项世界遗产，申报过程中每个片区都要跑很多趟。

再有就是"中国丹霞"项目，这个项目是六省的一个联合项目，叫作"系列遗产"。遗产组成地包括贵州赤水、湖南崀山、广东丹霞山、江西龙虎山、福建泰宁、浙江江郎山。这是一个艰难的项目，遇到许多问题，首先在概念上什么是"丹霞"，国外很多人都不清楚，因为"丹霞地貌"是中国人先提出来的；其次还有组成地的数量问题、完整性问题等。总之经过方方面面的共同努力，"中国丹霞"还是于2010年列入了世界遗产名录。想起那几年，一出门就得跑6个省，从贵州到福建，很是辛苦。

还有就是"新疆天山"项目，这个项目给我留下的印象很深刻。新疆有着非常好的自然遗产，但是由于新疆位于中国西部，申遗工作起步比较晚。新疆的主要地理格局是三条大山脉，中间两个大盆地。三条大山脉都有着世界自然遗产的价值。问题是这三条山脉都是国际山脉，在申报世界遗产方面存在着国际竞争。按照"世界遗产战略"的"代表性"宗旨，同一条山脉的自然属性大致相同，不宜设立多项遗产，而可以由多个组成地联合形成一项"系列遗产"。新疆在申报遗产的时候才发现北边的阿尔泰山和南部的昆仑山都已经被其他国家捷足先登，申报了世界遗产了。唯独剩下中部的天山，还没有被列入遗产。天山东西走向，延伸1700多公里，分布在包括中国在内的4个国家。查询得知，其他国家已先于中国在积极准备申报。所以，我2008年去新疆的时候，有一种紧迫感。在随后的日子里，政府主管部门、专家组以及申报地的人员紧密协作，争分夺秒、夜以继日地工作，终于于2003年将"新疆天山"（包括博格达、库尔德宁、喀拉峻、托木尔4个片区）列入了世界遗产名录。像天山这样的大型遗产，从开始论证到最后申报成功，只用了四五年的时间，这在国际上也是少有的，所以我印象非常深，直到现在还经常怀念那条位于荒漠中的宏大山脉。

其他参加的项目还有江西三清山、山西五台山、湖北神农架、贵州梵净山等，每一个项目都有它的独特之处，都有精彩的故事，那些人、那些事、那些情景……都给我留下了难以磨灭的记忆。

自然遗产，中国真的很精彩

问 您参与了全国那么多世界自然遗产的申报工作，有哪些体会？

梁永宁：走了中国很多地方以后，我对中国的自然风貌有了更深的认识。从全球和自然遗产的角度看，中国真的是很精彩。中国960万平方公里的土地上，地质地貌的多样性丰富，从世界最高峰珠穆朗玛峰到东南沿海高差巨大，三大台阶上各种地貌类型繁多，这种地质地貌的多样性，在世界上也是很显著的。

在生物多样性方面，中国是世界上少数几个生物多样性"巨丰"的国家。相对而言，中国的世界自然遗产在反映中国的生物多样性方面还显得不够充分，所以今后的遗产申报应加强这方面的内容。

在景观多样性方面，中国同样是非常精彩的。从南到北，从东到西，中国拥有丰富多彩的自然景观。像秀美的九寨沟、斑斓的丹霞地貌、诗意的漓江山水，还有壮美的三江并流、青藏高原……数不胜数。中国的景观，从自然美的角度看，是美丽地球的重要组成部分。

地质地貌的多样性、生物多样性、景观多样性为我们申报世界自然遗产提供了基础。多年的申遗经历，使我行走山水之间，对美丽中国有了特别深刻的认识，同时也为自己庆幸。

问 从申遗的角度看，国家对世界遗产的保护工作还是比较重视的，您从事申遗工作那么多年，您是怎么看的？

梁永宁：你说得很对。申遗是一个国家行为，它有一个国际公约，所以每一个国家在申报遗产的时候，也代表了这个国家向国际社会的承诺，要保护好遗产。在世界遗产领域，中国可以说是一个后来者，1972年有了《世界遗产公约》，1976年建立了世界遗产委员会，1978年建立第一批世界遗产，而中国是1985年才加入世界遗产公约的。我们的第一批遗产是1987年才被列进去的，所以中国世界遗产的起步是相对较晚的。但是中国在世界遗产领域的发展速度是非常快的，到现在，中国的世界遗产数量已经排在世界前列了，是名副其实的世界遗产大国。

世界遗产大国，不仅是荣耀，也意味着责任。世界遗产如果保护管理不好，就会被列为"濒危世界遗产"，如果失去了突出普遍价值，就会被除名。庆幸的是到目前为止，中国还没有一项遗产被列为"濒危世界遗产"，这就很好地证明了中国在世界遗产保护方面做得是非常好的。但从长远看，更加注重保护管理好中国现有的世界遗产将是今后工作的重点。

问 目前您主要的工作是什么？

梁永宁：目前我已经退休了，但仍然在关注世界遗产的发展。另外现在时间多了，我很想去看看那些以前想去而没能去的世界遗产地，无论是自然的还是文化的，无论是国内的还是国外的，都想去。只要是世界遗产，那一定是精彩的。

梁永宁教授签名

2020.12.

蒋志龙

云南省文物考古研究所研究馆员
考古学家

蒋志龙，男，汉族，中共党员，研究馆员（正高级）。

1966年1月，出生于四川安岳县。

1983—1987年，吉林大学历史系考古专业学士。

1987—1990年，吉林大学研究生院历史学硕士。

1990年至今，云南省文物考古研究所考古部。

1993年，被国家文物局特批获个人田野考古领队资格。

1997年，被破格评为文博系统研究馆员。

2004年，被聘为云南省文物局专家组成员。

2005年，被国家文物局高级专业技术职务评审委员会评为研究馆员（正高级）。

2008—2013年，吉林大学研究生院攻读（在职）博士学位。

2012年，被云南民族大学聘为硕士研究生导师。

2019年，被云南省委宣传部评为"云岭文化名家"。

从事文物考古工作32年来，蒋志龙常年坚守在野外考古第一线。他的足迹不仅遍及云南的山山水水，还远涉东南亚国家。

他先后主持完成了云南省内的几十项文物影响评价工作，领队主持了晋宁石寨山第五次发掘（1996年）、个旧黑马井古墓群发掘（1995年）、会泽水城古墓群发掘（2002—2004年）、晋宁小平山遗址发掘（2006年）、澄江金莲山古墓群发掘（2008—2010年）、澄江学山遗址发掘（2009—2010年）、晋宁河泊所遗址发掘（2014年，2016—2021年）、晋宁金砂山墓地发掘（2015—2017年）和石寨山古墓群大遗址考古调勘工作（2014起至今）；受重庆市文化局三峡办的邀请主持了2001—2003年重庆三峡库区万州老棺丘墓地和武陵中嘴遗址的发掘；2014—2019年，与老挝人民民主共和国国家社会科学院历史研究所和老挝国家遗产局开展合作，对老挝的古代文化开展考古调查、发掘和研究工作。

他主持发掘10余处遗址和墓地，获取了大量的文化遗产信息，丰富了对云南省古代文化和文明的认识。

在完成繁重的田野考古工作之余，蒋志龙还十分注重学术研究，他先后在《文物》《考古》《考古与文物》《华夏考古》、ANTIQUITY（《古物》）等国内外期刊上发表了《再论石寨山文化》等70余篇文章，出版个人学术专著2部（一部与他人合著）、考古发掘报告6部，其个人学术专著《滇国探秘——石寨山文化的新发现》入选《云南文库·当代云南社会科学百人百部优秀学术著作丛书》。

蒋志龙长期致力于云南青铜时代考古学文化的探索和研究。近半个世纪以来，滇文化研究中出现了瓶颈而难以突破，从1996年的晋宁石寨山第五次发掘开始，他就注重对滇文化聚落遗址的寻找，使一大批滇文化和汉文化的遗址陆续呈现在大家的面前，极大地推动了滇中地区，尤其是石寨山文化地区（俗称"滇文化"）和古滇国的深入研究，形成了对滇文化和古滇国的独到见解，成为这一研究领域的领军人物之一。

为何选择考古专业

问 您学的是考古专业，为什么会选择这个专业？

蒋志龙：1983年我高考的时候，我的高中历史老师和我交流得比较多，他的一个82级的学生考上了川大的考古专业，他觉得挺好，就推荐我去。20世纪80年代，考上考古专业非常难，那个时候大家主要考虑经济、法律、政治、经济学这些非常热门的专业，但我作为一个农村孩子，也没有考虑太多，觉得只要有学上就可以了。

恰巧1983年西南地区川大等学校没有招考古专业，又因为我想离家远一些，我就误打误撞地考进了吉林大学的考古专业。但在报考吉大考古专业之前，我还不了解它在全国的情况，只知道吉大是教育部的重点大学，就是老师的一句话："你就到考古专业去吧！"机缘巧合就这样发生了。

问 您刚上大学的时候对这个专业不太了解，但一直读到了研究生，说明您对考古还是很喜欢的，请您跟我们聊一聊具体是学一些什么内容。

蒋志龙：我上大学的时候，吉大已经形成了一个教学体系，除了日常教学以外，还有大学二年级开始的实习。实习主要是让学生到野外考古、发掘，尤其是我上的那一届比较特殊。1984年我大二的时候，东北的五一节还在下雪，五一节后我到农安去实习，在那一次实习时我喜欢上了考古。

2018年10月，陈全家老师在工地做指导

大学时的蒋志龙（中）与同学合影

说起原因，首先是在一次野外实习中捡到了汉代的五铢钱，还有一些陶片；其次是带队的老师言传身教，当时带队的陈全家老师非常受学生喜欢，在野外考古调查之余的讲课及课余时间师生同吃同住，我们在此过程中把对考古行业基本的了解慢慢地建立了起来。

　　在吉大的时候，实习培养考古技能，在毕业的时候还有一个半年左右的毕业实习，也就是4年时间将近有一年时间是考古实习，所以在那个时候，吉大学生的田野考古能力在全国是公认的，全国很多省和高校都愿意招吉大的考古专业学生，那时吉大的考古水平都是这么苦干出来的。

到云南省文物考古研究所工作

(问) 研究生毕业后，您是如何到云南省文物考古研究所工作的？当时对这个工作有什么认识？确立了怎样的奋斗目标？

蒋志龙：其实我来到云南省文物考古研究所是一个非常偶然的机会，1989年我在北京房山进行研究生毕业实习，当时带我们的叶先生（叶学明，国家考古局专家组专家）问我："你要不要去云南？"我说："可以啊，反正我家是四川的，离得也挺近。"就这么决定了。

不瞒大家说，当时云南省文物考古研究所从省博物馆分出来不久，各个方面的条件都不太好，曾经有一段时间我思想动摇了，不太想继续干，就和张忠培先生（时任中国考古学会理事长、故宫博物院院长）联系，说想到其他省市去，当时还联系过甘肃省考古研究所，所长也答应接收我了。刚来云南省文物考古研究所的时候我不熟悉环境和工作，也年轻，思想上有一些波动。后来张先生给我来了一封信，信中写道："你现在的情况，到全国各地都差不多，到哪一个地方都是慢慢起步的过程。"之后我才静下心来继续做研究。

我还是有一些自己的想法的，既然我来到这儿，就想做一些事情，但是有一个情况是，我在硕士阶段学的是新石器时代考古，后来到了云南，熟悉完材料发现，就目前云南的材料来看，要想在这个方面有深入的研究和分析，难度比较大。首先是资料不全，比较零散；其次，原来认为是新石器时代的材

大学时蒋志龙（右一）与张忠培先生（前排右二）和同学合影

料，后来发现不是，所以深入研究存在很多困难。我深入地看
云南已有的材料，发现在云南青铜器考古上还可以做一些事
情，所以我就把研究方向从新石器时代转到云贵高原青铜时代
上面来了。

问 考古工作主要内容和方法是什么？

蒋志龙：实际上，考古终极目标是复原历史——过去人类
的生活。我们要复原，肯定是有一套理论和方法的，现在已有
的就是地层学和类型学，用来搞清所研究对象的时代，要进行
分类，明确它属于什么文化或者什么类型。从地层学的方向上
要把研究对象的相对年代比较出来；从类型学的角度，我们不
仅要知道它的文化特征，同时要通过这些文化特征了解背后的
人群之间的一些关系。所以，用现代的话来说，考古就是发现

上百万年的人类起源史、上万年的人类文化史和五千年的文明史，总结来说，就是了解中华文化多元一体的（形式）过程。

问 您参加工作时，云南考古工作的条件怎么样？

蒋志龙：那个时候的条件和现在相比差得可不是一两个等级，比如说，我们租住在当地村民的房子里面，摆的钢丝床下面都是发掘出来的人骨，包括一个个人头骨。当时水也非常珍贵，冬天要等到雪化了以后流下来，所以水不是很充裕，可能一个星期都不洗脸。你上工完回来得晚怎么办？就拿一点纸擦一擦手再吃馒头，只能这样了。而且也没有多少蔬菜，我印象中那时绿菜非常非常少，只有一点韭菜。

问 现在云南考古条件怎么样？

蒋志龙：现在的条件好太多了。我记得1993年我去腾冲西山坝做南诏城址勘探，那个时候我们从昆明坐夜班车到腾冲要三四天，等到了腾冲脚都是肿的。所以中国这二三十年的发展真的是突飞猛进，我们是很有感触的。那个时候的考古研究所条件还是非常简陋的，在当时老博物馆的四楼和五楼，几十个人挤在几间办公室里，大家都是这样过来的。当时好多考古研究所没有自己的资料，图书也是和博物馆共用。

云南石寨山发掘工作

问 您曾领队主持了1996年石寨山第五次发掘工作，这项工程开启至今（2022年）已26年，为什么会持续这么长时间？

蒋志龙：这个从两个方面来说，石寨山1996年的抢救性清理是一个非常偶然的事件。20世纪90年代以后，由于石寨山墓地大量地被盗，经过1955年到1960年的发掘工作以后，我们想要了解石寨山上面到底还有没有墓葬，盗墓的行为到底对墓葬的破坏程度有多大？这就是1996年的抢救性清理工作最初的目的。

通过清理被盗区域，首先确定有没有墓，其次是确定这个区域是否需要进行保护。所以1996年我们在这个300平方米的区域清理了36座墓葬。前四次的发掘工作才清理了51座，但1996年第五次发掘，我们在300平方米窄的地区清理了36座墓葬，而且36座里面还有2座大墓，其中第一个是69号墓，可惜的是早年就被盗，导致只剩下玉器等东西；另一个是71号墓，出了几百件器物，可以说是琳琅满目，像一些金器、玉器、大件的青铜器、贮贝器，如果亲眼看见绝对会很震撼，绝对非常难忘。

但是71号墓，1992年被盗，盗洞洞口仅仅离71号墓半米左右，如果当时盗墓者挖的时候稍微偏半米，这个墓就被盗了，而且石寨山的墓挖得非常浅，就是一两米的样子。

所以我们1996年的抢救性清理，受到了（晋宁）县里和

1996年，蒋志龙参
与石寨山发掘工作

石寨山M71清理

（云南）省文化厅的重视，从那以后石寨山古墓群就得到了有效的保护。后期开始打围栏，政府专门拨出经费安排专人24小时看守，同时配套相关监控设施，从那以后石寨山墓葬就再也没被盗过。做这个挖掘工作是非常有必要的。

我在石寨山挖了几十年，田野工作早在1996年就结束了，我们为了清楚整个墓地到底有多大，里面的墓葬怎么分布，2000年左右又做了一次调查，才知道石寨山上还有好多墓，包括大型墓葬。现在石寨山得到了很好的保护，因此我们对它下面的情况心中有数，清理出来的墓葬大概就是十分之一，我们对石寨山的研究还没有中断。

另外，在考古学里相互之间的比较研究也是非常重要的环节。我们通过分析石寨山的材料发现，它在整个云南青铜时代的地位是很重要的，证明了云南这方面的发展水平很高。这几年在河泊所区域发掘，发现《史记》里记载的"古滇国"确实是存在的。包括置益州郡所设的一些县，我们也很清楚了。

通过不断的考古，可以检验文献里的记载是否可信；同时，可以获取一些新的材料，丰富我们对历史事件的认识。

问 您的考古生涯中，有哪些难忘的记忆，发生过什么有趣的事情？

蒋志龙：搞考古的人每一次见到不同的器物或者不同的迹象都会感到非常兴奋，就会去研究为什么会出现这种现象。所以我觉得，考古的乐趣是非常浓的。比如说，原来我们做石寨山第一到五次发掘，都会去猜测墓葬上面是不是有封土——我们现在的墓葬都是在上面堆一个坟堆，在地下挖一个土坑把人埋了以后用土堆起来，在清理过程中会特别注意这种现象。虽然并没有发现封土，但是在墓的一侧发现了一种石头垒起来的用来隔离的东西，很特殊，给后面的研究者提供了一种迹象，至于说现象背后反映了什么，再与其他材料对比才能够得出一些东西，给人的感觉类似于拆盲盒。

另一个有趣的事是，本来我们的第六次发掘工作很快都要结束了，已经清理了三十几座墓葬了，雨季马上就要来了，我们去刮探方壁，要把分层搞得清清楚楚，在用手铲刮壁的过程中发现里面有一个金属器，而且是立凿的，感觉很新奇，好奇是什么东西，于是马上开始扩方，扩方之后就把71号墓给发现了。扩方以后发现原来这个立凿是一个斜立在这里的纸伞铜俑的伞把，当时没有刮就结束了。所以说就差一层纸的距离，如果没有发现，很有可能未来命运会怎么样就不清楚了。

在清理被盗区域的时候，我们原计划是把71号墓涵盖进来，但因为那附近有一座现代坟，涉及现代坟会有很多很麻烦的事情，比如说迁坟等，所以我们往南退了一米，结果正好就把纸伞铜俑刮了一个边儿。如果不是这样的情况，71号墓也发现不了。所以立马引起了各级有关部门的重视，前四次发掘后已经认为石寨山上没有墓了，早年既没有围栏，也没有保护设施，谁都可以上去挖，还在上面埋一些当代坟。如果不是这个事情，那我估计石寨山上的器物没法儿保证了。

问 在野外考古过程中有没有遇到过危险？最大的困难是什么？

蒋志龙：危险我们碰到过。1993年或1994年的时候我们做南昆铁路沿线的考古调查，那里有很多山地和沟壑，那天有大雾，我们背着照相机，背着行李，身上还带了两三千块钱，如果碰到歹徒就不好说了。这个时候回想当时的过程感到有些后怕。

后来有一次真正遇到危险。大概零几年，我们做梨园电站蓄水淹没区的考古调查，这是我碰到过开展的考古调查中最难的一次。梨园电站从丽江石鼓镇，通过虎跳峡往北到四川建设，正好是金沙江峡谷最陡的一段，好多地方是根本没有人走的路。那个地方早期发现一些岩画。我们进到峡谷里面，只能手脚并用往石缝里面爬过去，稍微一不注意就坠到金沙江里了。这就是我经历过的最危险的一次考古了。

基本上国家有这些大型的建设任务，都需要提前去勘探，譬如水电站、铁路、公路、机场，人要下到高山峡谷、水里面去。还有一次我们去元磨高速勘探，走到元江南溪河的一个农场，需要过一条河，涉水过去的时候碰到蚂蟥了。基本上大家都比较有经验，会把裤腿扎起来，但有一位同志就穿了一个短裤。所以野外会碰到很多事情。

困难随时都有，但不一定表现在某些方面。比如说，我们想做一些课题，但是没有经费，这也是一种困难，或者是做项目的时候有些地方不配合。但我自己觉得最大的困难就是失去信心，失去好奇心，因为对什么东西都有兴趣，才会有无穷的

在野外勘探

蒋志龙（左二）和同事在野外工作

动力去支撑，去坚持下去。

我们在东南亚也有项目，像老挝，现在都还埋着一大部分没有清理完的地雷，所以勘探的时候，老挝方面一定是会给大家指出一条可以走的路的，别看这些地方到处都是草和洞穴，可能一不注意上面就有炸弹。我们在调查过程中旁边就有炸弹，而且有些炸弹还是没有爆炸过的。所以确实考古还有好多未知的困难。

（问）您觉得云南的考古工作在全国属于一个什么样的位置？取得了什么样的成就？

蒋志龙：客观来说，新中国成立几十年来云南的考古工作确实取得了不少成就，比方说石寨山、李家山的发现发掘，还包括楚雄万家坝等，摸清了云南的古代文化发展的脉络，从青铜时代、新石器时代云南的古代文化发展状况，更远的涉及元谋人、丽江人等，到古人的旧石器、到古代云南的人群分布和整个社会发展的程度。后期，秦汉以后整个云南就更不用说了，我们有历史文献的记载。考古发现，不断把历史时期的内容充实起来，把一个更具体化的有血有肉的社会描绘出来。我们通过考古来了解云南过往的历史，云南（考古）方面确实做了一些工作。

但是与一些先进的省市比，仍然存在一些差距。云南有自己的特色，在整个中国文化里，云南正好处在中国内陆向东南亚、南亚过渡的关键带上，具有区位优势，所以文化和文明方面有自身的特色，这一块我们还有相当多的工作要做。希望未来把我们自身架构得更加地完善，尤其是把我们缺的一些时段和文化补足起来，使我们对云南几千年以来的文明史认识得更全面。对我们整个西南来说，已经有了一些发现，但对我自己来说，还有很多不足。比如说墓葬的发掘工作，其实墓葬很吸引人，有很多精彩的文物，长期以来我们忽略了对居落的发现。我们现在已经做了一部分相关工作了，但未来留给年轻人的还有相当大的一部分（工作）要做。

将来云南的考古，要了解这一区域几千年以来的发展。考古其实也是文化自信的一部分，国家发展到一定程度一定要在文化自信方面有充足的资源，考古实际上就是一个寻根的过程。

问 考古工作风餐露宿，十分辛苦，是什么样的动力支撑您几十年如一日地奋斗在云南考古工作一线的？考古带来的快乐是什么？

蒋志龙：就是热爱，是人生中另外一种阅历，如果觉得，唉，我吃不了这个苦，迈不过这个坎儿，我可能就会停滞不前或者去其他行业了。我觉得考古不只是认识一个地方，去了解一个地方的山川地貌，还有任务压在那儿，比如说给我3个月时间完成任务我得按时完成，考古还必须得有责任感。

说起快乐的话，主要还是了解古代吧，在某一个方面有一些突破让我觉得有收获。举个例子，2008年我们对澄江金莲山被盗墓地进行发掘和清理，在这里发现了大量的人骨，初期我们因为时间紧迫没有对这些人骨进行鉴定。但我觉得现在条件也具备了，不能就这么结束，于是开始对人骨进行鉴定。

这个墓地非常的特殊，墓框里不是埋一个人，有些甚至是埋几十个人，我们想知道这些人是男的还是女的，多大岁数，这些人之间是什么关系。通过现场的检测鉴定，发现最晚死的那个人，是全尸完整地放在上面，其他的早期的就把头骨顺着墓坑边缘砌起来，再把其他大的骨头如股骨、盆骨等，放在中间，到一个阶段以后把这一层埋起来，后期的在这个基础上再埋。所以金莲山出现一个叠层障，中央电视台专门派人来做过一个节目，叫《叩问金莲山》，可以去看一下这个节目。但除了叠层障，还发现一些空墓，这又是怎么一回事?

发现以后解决了好多问题，我们不是这方面的专家，不知道哪几个部分是同一个人的，是男性还是女性的，但他们之间肯定是有某种关系才埋在一起的。通过了解、对比，研究他们是哪一个年代的，根据墓葬旁边的动物骨头判断是否存在祭祀行为，从而判断是哪一个民族的，去了解这群人精神层面的一些东西。同时，通过古DNA、古病理从遗传信息去了解这群人，群体或者个体又是因为什么原因死亡的，等等。这里面的问题多得很，只要想去研究，恐怕这辈子也研究不完。我们还会寻找其他的墓葬，除了云南的，还有国际上和国内其他地区的，去对比有没有相似的现象，他们又如何去解释这个现象?所以了解金莲山的整个过程，有无穷的魅力。

问 您在考古工作中取得了诸多的成就，您是如何看待这些成就的？又是用怎么样的心态去面对工作的？

蒋志龙：谈不上是成就，既然我做了这个行业，就为这个行业做点事情。实际上从事科学研究，没有8小时这一说，研究是随时随地的，很有可能做梦梦到了就有突破，是没有时间限制的，除非是倒下的那一天。

从我自己的体会来看，如果把工作当事业来做，就没有时间限制了。比如说，我们做某一个课题，可能长期在思考一个问题，反复地琢磨，某一个假设具不具备。我记得我做博士论文的时候，有一段时间非常的苦闷，在反复比较、反复的分析这些材料的过程中，某一天豁然开朗了，我所要解决的问题就突破了。用我们张先生（张忠培）的话来说就是"达到了忘我的程度"，我估计是这样的，做科学就是如此。张先生是我的硕士导师，给我的影响非常深刻，他非常的严厉，很有思想，有些时候给你安排事情，你没有做好，先生很可能就劈头盖脸地一顿骂，不会给你留情面的，但是他给了我坚持考古的信念，让我持续不断地去发现。当你觉得是事业的时候，所有的困难都不是困难了。

（问） 回顾您的考古之路，您有哪些经验（或有哪些话）想对现在的年轻人说？

蒋志龙：我个人觉得，第一个是做什么事都要专心，实际上人生是非常短暂的。现代社会诱惑非常的多，好多年轻人其实很聪明，就像我们进入花园一样，如果我们定好目标，就会径直地朝着目标去奋斗，但可能旁边有些花鸟，不断地分散你的注意力，可能行动就慢了，到一定时候还没有收获，所以坚持、专心做某一件事情很重要。

另一个就是要勤奋，用习近平总书记的话来说就是"撸起袖子加油干"，实际上幸福都是奋斗出来的，对绝大多数人而言没有随随便便的成功。所以，大家选定一个目标，就朝着它不断地奋斗，我相信都会有收获。我们每天坚持做一件事情，进步一小步，可能短期看不太出来，到一定时候，一个星期、一个月乃至是一年、三五年，人与人之间的距离就拉开了，你坚持专心做一件事，差距很快就见分晓了。

所以坚定方向，持之以恒。当你做到一定程度，有一些收获的时候，自己的自信心、成就感，慢慢就培养起来了，做科研其实也就是做自己。

蒋志龙在外考察时

蒋志龙研究馆员签名

蒋志龙

2024年4月16日

王继华

云南省农业科学院院长
云南省花卉苗木产业技术体系首席专家

王继华，男，1973年5月出生，中共党员，云南省农业科学院院长，云南省花卉苗木产业技术体系首席专家。从事花卉及观赏园艺植物遗传育种、良种繁育、标准化生产及示范推广工作。

1995年，南京农业大学植保系农业昆虫专业学士毕业，同年进入云南省农业科学院园艺作物研究所工作。

2004年，云南农业大学植保学院植物病理专业硕士毕业。

2006年，任云南省农业科学院花卉研究所所长。

2011年，云南农业大学植保学院植物病理专业博士毕业。

2018年，任云南省农业科学院副院长。

2022年，任云南省农业科学院院长。

获得云南省科技进步奖一等奖6项，入选"国家特支计划"第一批"国家万人计划"科技创新领军人才，全国农业科研杰出人才，云南省中青年学术和技术带头人。先后承担"国家科技支撑计划"等国家级和省部级重大科研项目30余项；发表论文100余篇，其中SCI论文50余篇；出版专著15部；获授权发明专利23项；获植物新品种权保护37个，其中获日本与欧盟保护各1项。

打造国际化创新人才团队。团队科技人员62名，成员基本为博士和硕士，大部分有中长期国外学习经历。其中，研究员27名、副研究员23名，入选"全国农业科研创新团队"，核心成员有"云岭产业技术领军人才"4人、云南省"两类人才"23人，是全国最大、学科最全的花卉创新团队，获2018年"云南省创新团队奖"。

王继华带领团队争创一流创新业绩，推动云南花卉产业的高质量发展。团队以"建设世界一流千亿花卉产业"为目标，建立产学研合作机制，创新和推广绿色生产技术，服务云南绿色"三张牌"。在新品种培育、标准研制、成果转化、平台建设、团队与人才培养等方面作出了突出的贡献。

曾经以为自己入错了行

问 您为什么要学农并且选择成为一名"花卉人"？

王继华：俗话说："男怕入错行，女怕嫁错郎。"1995
年我进入云南省农业科学院的时候，我想我可能是入错行了。
因为我成长在一个教师家庭，以前也没种过地，父母还经常嘲
笑我分不清韭菜和小麦。当初高考填志愿糊里糊涂报了南京农
业大学，后来分配到了（云南省）农业科学院，想着应该是做
做实验，写写论文。没想到，进入到花卉课题组，天天挖地栽
花、架棚拉网。还要当卖花郎，每隔两三天就坐着（云南省）
农业科学院的早班交通车或骑自行车到尚义街，把生产的鲜花
卖出去。我从小都没干过这些事，真是心里面一百个不愿意，
加之当时工作条件的确很艰苦，既是脑力工作者又是体力工作
者，因此总是梦想找个机会，换个工作。

但是我觉得最大的幸运就是进入了熊丽老师带领的花卉
课题组，在熊老师和课题组老师的关心帮助下，我坚持了下
来，学会种花和卖花，学会经营与管理，也慢慢喜欢上了花卉
科研。当我种的花因品质好卖了高价，得到领导同事表扬的时
候，自己真是满满的幸福感。

现在每当遇到困难的时候，我总会想起我们在创业初期，
加班到深夜，大家煮一盆土豆吃得满足的表情；想起我们开着
微型车不分白天黑夜送苗到田间地头，给花农带来我们的技术
和种苗，带来科技的力量，让他们开上了车，盖起了新房时的

喜悦；想起我们进城卖花，把美丽带给市民，收获效益时的成就感。想起这些，我就会觉得一切的辛苦和付出都是值得的。留在记忆里的，没有辛苦，都是花卉人一张张充满激情、热情和自豪的脸庞，以及农民朋友对我们的深情厚谊，这就是我们工作的意义，这就是我们工作的价值。在这一桩桩、一件件的事例和感悟中，我逐步树立了爱农为农的情怀。

问 花卉团队是如何帮助企业和农户种花的？

王继华：我们会定期派团队到企业提供技术服务，与他们共同开展新品种的研发，在绿色生产技术上面为他们提供全产业链的技术支持。同时我们打造"种花帮"科技服务平台，帮助企业和农户把花种好，把花卖好。我们的团队为多个企业提供技术支持，孵化了一批省内乃至全国有名的花卉企业，为云南省花卉产业的发展注入了新的活力。比如，国家观赏园艺工程技术研究中心云南省农业科学院花卉研究所宝峰基地，标准化的花卉温室大棚年产300万盆出口花卉，成为云南乃至全国的规模化优质企业。

问 您所在的花卉团队是如何成长起来的？

王继华：我有幸参与了花卉团队的发展，在熊老师和花卉所第一代的创业科技人员身上，我领悟到的第一点就是强烈的使命担当和艰苦奋斗的精神。整个课题组从5万元起步，用很简陋的设备，为农民研发和生产组培苗，每天晚上加班到十一二点，无怨无悔，有的同志第二天要生小孩，头一天还在大棚里育苗。第

20世纪90年代，王继华（右一）所在的花卉团队，前排左二为熊丽老师

王继华在介绍花卉

二点是我学到了强烈的团队意识和合作精神。熊丽老师曾经跟我们说："吃得了亏打得了堆，花卉团队不管干什么工作都要把单位和团队利益放在前面，将自己的个人利益放在后面。"学到的第三点是要有梦想。不管条件再艰苦，我们都有长远的目标，而且一直都在坚持，虽然有挫折，但不轻言放弃。我想这就是花卉团队之所以能够发展壮大的内在基因。我们从一个小小的课题组到2004年成立（云南省）农业科学院花卉所，发展成为一个省级研究所，实现了第一步的跨越。

2006年，我担任了花卉所的所长，团队有了一个新梦想：我们云南鲜切花全国第一，能不能从一个地方的研究所发展成为国家级的研发中心。得益于国家和云南省的支持，依靠着团队共同努力，我们在10年里没有辜负产业快速增长带来的机遇，2017年我们建的国家观赏园艺工程技术研究中心，通过了科技部现场验收，实现了从地方研究所向国家研发平台的第二步跨越。

团队入选农业农村部的"全国农业科研杰出人才及其团队"，获一系列创新成果，包括国家科技进步奖二等奖1项、云南省科技进步奖一等奖6项等，在新品种研发、绿色高效生产方面获得了重大突破。形成了以国家工程中心为代表，包括国家地方联合花卉工程研究中心、农业农村部花卉产品质检中心（昆明）、国家级云科爱园艺众创空间等7个国家级科技创新平台和8个省级研发平台的花卉科技创新体系。我本人入选国家科技创新领军人才、国家中青年科技创新领军人才、云南省科技领军人才、云南省花卉苗木产业技术体系首席专家。

问 花卉团队将来的目标是什么?

王继华:2017年,云南省打造绿色食品牌,发展国际一流的千亿云花产业。我们又有了一个更大的梦想,那就是成为有全球影响力的国际化的团队,实现第三步跨越。虽然我知道这个梦想很大很远,但在当今中国,已经有很多看似不可能实现的梦想变成了现实,我们的这个目标也一定能实现。为此我们把所有的年轻人都派到国外去学习交流,并引进一批海归人才,充实我们的团队,提高我们的国际化水平。云南省委、省政府更是为我们立项了"国际花卉创新中心",在资金、土地等方面都给予了前所未有的支持,使我们向前迈进了一大步。

问 从团队成长和个人成长中您感受到了什么?

王继华:回顾我个人和花卉团队的经历,大家可以看出来,科技人员的成长与团队的发展、行业的发展和国家的发展是密不可分的。从上个世纪(20世纪)80年代末至1994年云南产业起步期,我们团队实现了从无到有。1995年至2008年花卉产业数量扩张期,花卉团队实现从一个课题组向一个研究所的蜕变,实现了由小变大,我个人也从普通的科技人员成长为研究员、研究所的所长。2009年云南花卉产业进入质量提升期,花卉团队从研究所发展成为国家级的创新平台和创新团队,我个人也成为国家的科技创新领军人才。因此,科技人员的命运,是与国家的发展紧密地联系在一起的,国家好,产业兴,个人和团队才会好。

"花卉带给我满满的幸福感"

问 为什么云南适合发展花卉产业？云南建设"世界花园"有什么样的优势？

王继华：云南是全球公认的"植物王国"和"世界花园"，与非洲的肯尼亚、南美洲的哥伦比亚和厄瓜多尔并称为世界三大最适宜花卉种植的地区。可以说，云南是花卉产业的福地、圣地和高地。

云南是全球花卉种植的"福地"。云南地处低纬高原地区，全年光照时间是世界花卉育种中心荷兰的1.6倍，有效积温约为荷兰的2.2倍，气候生长期比荷兰多116天。同时，地球上几乎所有花卉都可以在云南找到最佳的生长环境，相对于欧洲、中非、北美、南美等地的世界花卉主产区，云南是唯一能实现花卉科技"全品类研发"、花卉产品"一站式采购"的地区，是世界上最佳的花卉种植基地。另外，生产相同质量和产量的花卉产品，云南设施投入是荷兰的1/3，运行成本为荷兰的1/2。

云南是全球花卉资源的"圣地"。云南野生花卉和观赏植物超过5000种，是全球公认的"植物王国"，在西方国家更是有"没有云花不成花园"之赞誉。全球约1/3商业观赏花卉的亲本来自云南，成千上万的月季、百合、杜鹃商业品种有云南原种的贡献。现如今，中国科学院昆明植物研究所和云南省农业科学院保存有亚洲最多的野生花卉种质资源，这为下一步的开发利用打下了坚实的工作基础。

云南是行业公认的花卉产业"高地"。规模上，云南是主要的盆花生产中心，是全国最大的鲜切花生产中心，是世界三大花卉生产区之一，占有全国65%以上的鲜切花市场份额，花卉出口全国排名第一，是世界第二、亚洲第一的鲜切花交易中心。科研成果上，1998年，第一个鲜切花育种项目在云南起步，经过20多年的发展，云南已建立起全国领先的花卉种业创新体系，鲜切花知识产权全国第一，主栽鲜切花自育品种实现从无到有、从有到优，市场占有率不断提升，种苗自给率增长了4倍，部分鲜切花商品苗实现本地化生产，并大量外销；成功研发并推广高山杜鹃、特色兰花、云南山茶、滇丁香等本土野生花卉的商业品种，实现野生资源从"0到1"的技术突破。科研能力上，国家观赏园艺工程技术研究中心、观赏园艺国家专业化众创空间等科技创新平台相继落户云南，全国花卉育种杰出人才团队、国家科技创新领军人才等一批优势科研力量不断涌现。

问 作为亚洲第一，云南的花卉品质如何？

王继华：第一，质量好。云南的气候优势奠定了花卉品质，云南花卉花色更加艳丽。第二，在省委、省政府及科技厅、农业农村厅相关部门的支持下，云南的花卉科技创新能力不断在加强，开发了一系列绿色高效的种植技术，在保证绿色和环保的同时，实现花卉高产。2020年，以玫瑰为主的云南鲜切花质量进一步提升，A级以上花交易数量较上年增加了8.3%，占比增加了1.83%。A级优质花均价为2.57元，较上年增长23%；B级优质花均价为1.88元，较上年增长38%。大类交易均价达到0.99元/枝，创历史新高。据统计，全省鲜切花亩均产值由2016年的3.5万元增加到了2020年的4.4万元，为广大花农增收致富作出了积极贡献。

问 云南花卉产业是如何发展起来的？

王继华：云南鲜花种植经历了三个发展时期。上世纪（20世纪）80年代至90年代是起步期，从斗南开始有鲜切花，逐渐扩大到滇中地区。90年代到2008年为数量扩张期，在省委、省政府的支持下建立了花卉拍卖交易中心和嵩明园区。随着城市化的进程，斗南主要承载的是交易功能，花卉种植逐渐从滇中向周边延伸，比如玉溪、红河、楚雄以及曲靖等地。还在香格里拉种植喜冷凉的花卉，在西双版纳种植热带花卉等等。云南从此成为中国第一的鲜切花生产基地和教育中心。第三个阶段是2008年到现在，是质量提升期，在原有基础上加强自主创新，从鲜切花拓展到了盆花、园林观赏植物和实用花卉，在这个阶段，云南成为亚洲第一、世界第二的花卉交易中心，成为世界三大主要花卉的生产基地之一。我们的花卉科技创新实力也跃居到全国前列。目前主要做科技引入，品种和质量的提升，研发了许多具有自主知识产权的品种，在省政府打造"绿色三张牌"的政策支持下，云南花卉产业也开始从传统的种植方式向绿色高效种植方式发生质的转变。我们自主研发的月季中，金辉和翡翠这两个品种受到市场的欢迎。它们不但具有独特的颜色，适应中国的消费市场，还是云南本地研发的，生产适应性非常好，产量和抗性都比较优异。

问 请您介绍一下云南花卉的产业规模。

王继华：经过多年的努力，云南花卉产业已逐步形成了集科研、生产、加工、交易、运输、销售和社会化配套服务于一体的全产业链体系，综合实力全国领先，国际影响力日益提升。2020年，全省花卉种植面积达到190.1万亩，同比2019年增长8.3%；综合总产值830.1亿元，同比增长10.5%。其中，鲜切花种植面积29.1万亩，同比增长16.4%；产量146.6亿枝，同比增长5.5%；产值115.9亿元，与2019年持平。云南鲜切花的生产面积、产量和出口额已连续27年位列全国第一，拥有亚洲第一、世界第二的鲜切花交易中心，是全国乃至亚洲地区的鲜切花种植栽培中心、交易流通中心和科技创新中心，为打造"世界花园"提供了有力支撑。云南主要特色品种包括玫瑰、百合、康乃馨、非洲菊和洋桔梗五大鲜切花，大花蕙兰、蝴蝶兰、多肉等盆花在全国也具有竞争优势。除此之外，万寿菊及食用玫瑰等食用花卉的种植面积也非常大。

问 能否从科技创新的角度简单叙述一下云南如何建设"世界花园"？

王继华：建设"世界花园"是花卉科研工作者梦寐以求或努力提升的方向。主要有以下三个方面：

一是建立"库""圃"相结合的种质资源保存体系。依托科研单位和龙头企业，对于种子、基因组和离体材料以建设种子库、离体库为主；对于多年生作物、观赏性强的作物以建设资源圃、专类园为主。目前，已建成的专类园有滇东南的木兰园和苏铁园、滇西北的高山植物园、滇西南的兰园、大理的茶花园和普洱的竹藤博览园等，直观地展示了"植物王国"的缤纷色彩，让云南省的种质资源保得住、看得见、摸得着、用得上、有成效。

二是建立世界一流的花卉创新中心。云南花卉产业与世界发达国家相比仍有差距，究其原因是科技创新能力不足，未能将资源优势有效地转化为产业优势。云南花卉产业要发展成为世界级的花卉产业，就得抓住前沿生物技术迭代引发的全球花卉种业格局重构的历史机遇，使我国的制度优势和市场优势得到充分发挥，同时要善于利用国际国内两种创新资源，走一条自主创新与合作研发同步、科技创新与机制创新并重的跨越发展之路，建设世界一流的花卉创新中心，高水平地开展资源评价、种质创新和品种选育，让"云花"走入千家万户，走向世界。

三是加大花卉知识普及与宣传力度。使花卉贯穿生产、生活、生态，联动一二三产业，服务于农业、农村、农民，打造助力乡村振兴、创建生态文明最亮丽的品牌。各地应根据自身气候条件，科学规划建设以乡土植物和观赏花卉为主的花园城镇或美丽乡村，让居民和游客随处感受"世界花园"的魅力。同时深挖云南花卉文化故事，书写特色花卉名片，把云南打造成为中国向世界传播生态文明理念的窗口，让世界人民共享生态福祉。

问 云南在推动产业发展的过程中，如何保护生物多样性？

王继华：花卉的市场需求一直都是"新、奇、特"，我们叫作"新奇特"的花卉资源开发。但是在传统的开发过程中，大量非法采挖造成了资源的破坏，云南一些野生兰花就遭到了破坏。花卉产业发展，科技创新，能够在保护野生资源的基础上实现有效利用，不仅能减少对环境和濒危植物的破坏，还能支撑云南花卉产业高质量发展。

20世纪90年代，王继华（左一）与以色列花卉专家（左二）在云南省农业科学院科研基地

王继华和高山杜鹃

问 云南的野生花卉是如何实现人工育种和产业化推广的？

王继华：云南野生花卉资源非常丰富，我们的高山杜鹃、百合、滇丁香都很有名气。全球约1/3的商业观赏花卉来源于云南，假如没有云南花卉基因资源，全球花卉将失去1/2的产值。据统计，云南的花卉和观赏植物总共有5300多种，以云南八大名花为代表的云南特色野生花卉享誉世界。作为全球重要的花卉起源和分布中心，云南开展野生特色花卉驯化和开发利用工作的条件得天独厚。

我们在高山杜鹃的研发方面取得了一些突破。完成了云南省所有高山杜鹃的调查和资源收集，在此基础上，在世界上首次完成了高山杜鹃的基因组测序工作，发掘了耐寒、高产和特殊花型等优势基因，再利用这些资源与现代的商业品种开展杂交育种工作，从中选育出一些具有云南特殊基因的高山杜鹃新品种。通过研发，已经获得了30多个具有自主知识产权的高山杜鹃新品种，而且在标准化生产方面获得了一些重大的突破，实现了高山杜鹃的快速繁殖和花期的人工控制，丰富了花卉市场。同时，为满足高山杜鹃小型化、走入千家万户的需求，我们经过改良和选育，研发出一些小型化的适合家庭生产的高山杜鹃新品种。这也是我们在种质资源选育上的一个重大突破。这些从野生资源里选育和开发出来的系列品种，在市场上具有很强的竞争力，目前市场占有率已经达到30%以上，实现从资源优势到产业优势的转换。

截至2020年，我省自主培育花卉新品种400余个、引进推广新品种600余个，推广种植面积达到5万亩以上，新品种引进及自主研发数量居全国第一。在主栽鲜切花方面，自育品种实现从无到有、从有到优；在野生特色花卉方面，成功研发并推广高山杜鹃、特色兰花、云南山茶、滇丁香等商业品种，实现从"0到1"的技术创新。花卉品种、技术、标准等的科技成果在我国西南、华东、华北、华中等花卉生产区及马来西亚、越南等地推广应用。同时，从事花卉产业的科技型、创新型企业不断涌现，企业自主培育的月季、菊花、绣球新品种受到市场青睐，部分花卉新品种已在欧盟注册、推广，实现了花卉新品种由输入向输出的历史性突破。

问 您所在的花卉团队为什么需要到市场上去卖花？

王继华：我们研发、引进了花卉新品种，但不知道市场的适应性如何，这些新品种需要进行市场测试，根据客户接受程度来调整研发。比如市场对哪些特殊的花色、花型或者新品种有喜好，以市场为导向建立研发体系，同时带动生产端的农户和企业改进技术，为市场提供优质和新颖的花卉品种。

花卉团队从上世纪（20世纪）90年代初经历二三十年的发展，实现了三步走的历史跨越，很重要的原因是建立了以市场需求为导向的产业链创新体系。这种创新不但满足了花卉市场的需求，还能保持花卉新品种选育和生产技术研发的持续开展。

问 请给我们介绍一下在斗南建立的国际花卉技术创新中心。

王继华：经过30多年的发展，斗南花卉产业已形成了以全国唯一一家国家级花卉交易市场和全国第一、亚洲第二的花卉拍卖中心两家龙头企业为核心的产业集群。在省科技厅的支持下，我们在斗南建立了花卉技术创新中心。创新中心有4个技术平台：第一个是国家观赏园艺工程技术研究中心共享实验室，第二个是绿色高效种植基地，第三个是观赏园艺国家专业化众创空间，第四个是云南省花卉技术创新中心培训基地。斗南是亚洲第一、世界第二的交易中心，在斗南建立创新中心可以及时收集和反馈市场需求，贴近产业并为产业提供强有力的技术支撑和服务。以前说技术服务要近距离，而现在在斗南，我们实现了零距离的技术服务。创新中心将助力斗南在花卉上实现产、学、研一体发展，打造花卉产业发展新高地。

💬 作为国家"万人计划"科技领军人才、云南"万人计划"科技领军人才，您一直走在花卉产业路上，您有什么感受？

王继华：我在北京挂职的时候，同事知道我在研究花卉后都感到新奇和羡慕，他们对云南花卉产业的认同，让我作为花卉产业的从业者和科技人员，倍感骄傲和自豪。在我看来，花卉研究是全世界最好的工作，带给我满满的幸福感。

一代人有一代人的担当，我相信，我们团队的年轻人有更宽广的国际视野、更扎实的科研知识，必将能够把我们的产业和团队带到一个新高度。

我是幸运的，因为人对行了。我赶上了一个最好的时代，从事着最喜欢的职业，与优秀的人一起前行。国家强，花卉兴，花卉人一直会有梦想，我们都是追梦人，我们永远在路上。

王继华研究员签名

张敖罗

中国科技开发院云南分院院长
云南省科学技术委员会原党组书记、主任

张敖罗，男，汉族，中共党员，江苏省镇江市句容市人。
1935年2月18日出生。

1958年，北京农业大学园艺系毕业，同年进入中国科学院昆明植物研究所（历任业务秘书、植物园主任、副所长）工作，其间到美国农业部华盛顿树木园做为期一年的访问学者。

1984年，任中国科学院昆明分院院长、书记。

1985年，任云南省科学技术委员会（现云南省科技厅）主任、书记。

1995年，任云南省18生物资源开发工程指导小组组长。

1999年，退休后任中国科技开发院云南分院法人代表至今。

《云南及西南地区杜鹃花属资源应用的分类和区系地理学基础》获1992年云南省科技进步奖二等奖，《云南省生物资源开发战略研究》获1992年云南省科技进步奖三等奖，《西南地区资源开发与发展战略研究》获1993年中国科学院、国家计划委员会科技进步奖二等奖，《云南省志·科学技术志》获1997年云南省科学技术进步奖二等奖，《云南医药生物技术产业化研究》获1997年云南省科技进步成果奖三等奖。

到祖国最需要的地方去

问 您在江苏长大，大学毕业后为什么选择来云南工作？

张敖罗：我10岁时没有了弟弟，12岁母亲得伤寒去世，家里剩下我和父亲，没办法，我到上海投奔爷爷。爷爷是理发师，在上海开理发店，还跟别人合伙开澡堂。投奔爷爷后我有条件读书了，小学没有毕业我就跳级考上了初中。1952年我再跳级考入上海郊区的高行农校学习园艺。我从小就在农村，对农村比较熟悉，也喜欢，在高行农校上学不仅免学杂费还吃饭不要钱，这也吸引了我，高行农校后来并入苏州农校。我在苏州农校学习好，获得考大学的机会，1954年考上北京农业大学，就是现在的中国农业大学。在大学我学的也是园艺，加上中专总共学了7年园艺。为什么大学后会来云南工作？我1956年在北京农业大学读书时加入了中国共产党，毕业时学校党委调查个人志愿，我明确表态：服从祖国需要，愿意到边疆从事科研。学校问我：中国科学院植物研究所在昆明有个工作站，去不去？我说行，这个决策让我觉得这一辈子走对了。

吴征镒先生
在写一首"植物之诗"

问 您当过植物学家和中国科学院院士吴征镒先生的秘书?

张敖罗:1958年,担任北京植物研究所副所长的吴征镒向中国科学院申请调到云南,后举家迁往昆明,任昆明植物研究所所长。我也在同一年进入中国科学院昆明植物研究所。吴老比我大19岁,却叫我老张,让人感觉很亲切。

吴征镒1937年毕业于清华大学生物系;1946年加入中国共产党;1955年当选为中国科学院院士;2008年获得2007年度国家最高科学技术奖;2011年12月10日,国际小行星中心将第175718号小行星永久命名为"吴征镒星"。吴征镒参加并领导中国植物资源考察,开展植物系统分类研究,发表和参与发表的植物新分类群1766个,是中国植物学家中发现和命名植物最多的一位,改变了中国植物主要由外国学者命名的历史。他系统全面地回答了中国现有植物的种类和分布问题,摸清了中国植物资源的基本家底。提出"被子植物八纲系统"的新观点。

1974年,我有幸成为吴老的秘书,和他在一个办公室,主要是作为业务助手并协助他整理资料。1975年,吴老是植物所所长,蔡希陶蔡老是副所长,要选一个新的副所长。我在地州做科研蹲点时,单位通知赶紧回来,我被中国科学院昆明植物

1982年，张敖罗和吴征镒（左一）合影

1982年，张敖罗（右一）与吴征镒（右二）在美国参加学术会议

研究所任命为副所长。当了副所长后，我和吴老还是在一个办公室，兼做吴老的业务助手又有好几年。

问 在您的眼里，吴征镒先生是个什么样的人？

张敖罗：我和吴征镒吴老都是江苏人。虽然我不是他带的研究生，但他很爱护我。吴老来昆明植物研究所时已经是院士，平易近人，对年轻人很有亲和力，不管你是初中生，还是大学生，他都一视同仁。他特别爱才，跟有共同爱好的人聊得来，大胆放手培养，把年轻人放到主要岗位锻炼。我是先当昆明植物园秘书，后当植物园主任，进而被提拔成吴老助手的。

跟他相处期间我很崇敬他，他实事求是，看问题很敏锐，不是只会搞业务的书呆子。他政治觉悟很高，新中国成立前加入了中国共产党。吴老1955年被选聘为中国科学院学部委员（中国科学院院士）时，国家困难，他主动提出不要国家补贴。

吴老知识面也非常广，是植物生态学家、植物地理学家和植物分类学家。他做研究有个做小卡片的习惯，凭着十年磨一剑的毅力编制了3万多张植物卡片。吴老记忆力惊人，云南的植物种类分布，包括邻近国家的植物种类分布都在他脑子里，他被称为"中国植物活词典"。同时他对动物、考古也有兴趣，吴老订了几十年的文物杂志，我经常帮着整理这些资料。考古和他研究植物并不矛盾，化石里有非常多的古代植物。他还有个爱好，喜欢收集贝壳，也制作贝壳卡片，把每一个贝壳的学名都写得清清楚楚。

我印象很深，他说对待研究工作要痴、迷、呆，要有深厚的感情，要有坐一辈子冷板凳的精神。一位美国著名植物学家对吴征镒在植物学上的成就赞叹不已，发出了一句由衷的评价：吴征镒先生是在写一首"植物之诗"。一个人做事做到这个境界真是不多见。

他做事非常有毅力，只要认定方向，什么事情都无法动摇他。在"文革"烧锅炉劳动间隙，吴老也没放下工作，他研究中草药，找机会收集样本。植物研究所的李恒和武素功也帮吴老收集过中草药样本。吴老多年研究《本草纲目》，里面记载的两三千种药用植物，他都记得名字、形象、产地和用途等。那个时候，吴老没有稿纸记录这些中草药研究，就找来包烟的白纸之类能写字的纸，一年多的时间做了四大本笔记。他花了极大的功夫把同物异名、同名异物和图物不符等错误，一一加以订正。这些笔记本后来成为他出版《新华本草纲要》的底本。吴老就是这样，几十年如一日，在个人的志趣和应用相结合中走完了自己的人生道路。

吴老的成长和家庭教育氛围有关，吴妈妈很重视家庭教育，陪伴孩子们读书学习。勤奋好学的吴家孩子都取得了很大的成就。吴家五兄弟出了三个院士，分别是植物学家吴征镒、医学家吴征鉴和物理化学家吴征铠。还有著名文史学者、戏曲学家吴白匋（征铸），以及资深工程师吴征莹。吴家孩子谨遵"博学之，审问之，慎思之，明辨之，笃行之"的家训，家里的藏书楼"测海楼"是他们最喜欢的地方，他们从中获益颇多。

问 吴征镒先生对您有什么影响？

张敖罗：我把吴老看作老师，不一定要他手把手教我，在他身边看着就知道自己应该怎么做。他的做人风范、治学精神令人钦佩，对我有潜移默化的影响。

我从1962年开始经常在野外出差。有一次跟吴老一起去哈巴雪山采标本，后来我在哈巴雪山留下来等杜鹃花种子成熟。住在雪山下的纳西族寨子里，看书，上山，都是一个人，也不管什么野兽不野兽的，每隔一段时间上山看看种子成熟了没有。云南的花卉资源太丰富。你们有没有到过高山？那上面的花美得让人不想回来。最后我很高兴地运了一卡车种苗回植物所。

1978年和1979年我有两年时间在怒江研究杜鹃花的种类和分布。高黎贡山特别陡，几十年前野外工作条件有限，当天来不及下山，只有找个山洞过夜。在吴老的影响下，为了科研工作，这些真的不算什么。

问 您还记得有关吴老的哪些往事？

张敖罗：人老易怀旧，不仅怀念童年、少年，见到发小，总有说不完的话，也容易触景生情，忘不了一起工作多年的同事老友。虽不少人已离我而去，但影像常现脑海，更是想念昆明植物研究所的老领导蔡老和吴老。吴老是2013年97岁去世的，在去世前两年，有一天叫我去吃饭，我有点意外，进门才听他夫人讲那天是吴老的95岁生日，想我了，请我来陪陪他。平日里，吴老除了亲朋好友，从来不请外人到家里吃饭的，想起这事我很感慨。吴老年纪大了，由于一辈子用放大镜看标本，最后眼睛看不见，耳朵也听不见。他吃饭由女儿照顾，勺子碰到嘴才张开。令人伤感不已。但他思维很清楚，还让女儿到市场上买老母鸡炖猪肚汤吃。病危时我去医院看望，他已不能讲话，我握着他的手说"吴先生，张敖罗来看你了"，他捏了我一下。我看着他躺在那里，听不进他喜欢的昆曲，看不了文物杂志，看不见亲朋好友和与他相随半个世纪的部下、学生。想起来真让人淌眼泪。

在植物研究所工作26年

问 请问您在中国科学院昆明植物研究所工作了多长时间？

张敖罗：我在中国科学院昆明植物研究所工作26年。1958年进入昆明植物研究所，1984年离所到中国科学院昆明分院，1994年因个人关系转到云南省科学技术委员会。

虽然过去那么多年，但我22岁大学毕业到植物研究所报到，第一眼见到新修的三幢二层红砖楼的心情，现在还记得。我和植物研究所一起成长，对植物研究所有感情。经常想起苦乐相伴的野外生活；足踏元宝山顶，面对一片荒山，手握锄头植树建设昆明植物园的欢乐和劳累；生儿育女的幸福以及领导的培养、关怀、批评与教育，虽时隔数十年，思念犹新。

1981年10月，我作为访问学者去美国一年，在美国园艺学刊发表了一篇有关山茶的论文，在英国权威刊物《爱丁堡笔记》上发表了怒江河谷杜鹃花的分布以及生态相关的文章。美国访问结束回国，我没带当时最想要的电视机，而是带了几十公斤的纸。我在美国看到很多杜鹃的资料，很开心，拼命复印，运费贵我也愿意拿回来。1983年还在任副所长的我，以为会一直做我喜欢的研究，谁想到年底组织通知我去接吴老的班，当中国科学院昆明分院院长。虽然我喜欢搞研究，丢不下植物研究所，但我是党员，得服从命令。1985年，我又被任命为（云南）省科学技术委员会主任，（中国科学院）昆明分

年轻时的张敖罗（1964年）

院和省科学技术委员会两边岗位一肩挑，不得已离开植物研究所，一直挺遗憾的。

我对植物研究所的这种感情，是个人事业发展与单位发展在一条线上相互依存的感情。顾方舟对脊髓灰质炎的预防及控制的研究长达42年，是中国组织培养口服活疫苗的开拓者之一，被称为"中国脊髓灰质炎疫苗之父"。他一辈子研究小儿麻痹药，觉得人生很有意义，他对事业的痴，是爱，也就是我说的感情，他永远也离不开事业，直至去世。因为有爱才会不离不弃，我跟吴老多年，在他身上也学到了这个道理。

“18工程”是这辈子做得最满意的工作

问 离开昆明植物研究所后，除了担任中国科学院昆明分院院长和云南省科学技术委员会主任，您还担任过18生物资源开发工程指导小组组长。请您和我们讲讲什么是“18工程”。

张敖罗：我这辈子做过最满意的事，就是担任18生物资源开发工程指导小组组长，助力云南生物资源的开发，为云南经济、社会发展作出贡献。

云南省18生物资源开发工程目的是在全省推广18类生物资源，变资源优势为经济优势。我们根据云南生物资源（动物、植物与微生物）的性质、功能与类别，把生物资源分成18大类，又从全省历年应用基础、攻关、火炬、星火、推广等计划所取得的成果中筛选出49项作为“18工程”的首批推荐项目。同时按18大类生物资源，较详细地介绍其背景资料、开发前景及发展方向。

例如，1801项目是现代生物技术产品开发，包括基因工程产品、脂质体与低分子肝素等；1802项目是天然药物开发，包括抗癌药物紫杉醇及红豆杉和三七皂苷等；1805项目是微生物产品开发；1818项目则是传统农产品深加工产品开发。

我在（昆明）植物研究所从事植物资源的利用研究，对生物资源的开发利用有特殊感情。当省领导让我担任18生物资源开发工程指导小组组长时，我当然高兴了。学农7年，在（昆明）植物研究所工作26年，积累的知识我完全用得上，毫不犹豫就应承下来。

20世纪50年代以来，云南省重点发展烟、糖、茶、胶，取得了辉煌成就，矿产资源中非金属矿的潜力大于金属矿，而最有潜力的还是生物资源。云南省生物产业开发提出得比较早。1972年，昆明植物研究所编著出版了《云南经济植物》。1981年，吴征镒院士在省科技讲座上作了《植物资源的利用与保护》报告。1987年，省科委、省科协、中国科学院昆明分院联合出版了《云南生物资源合理开展利用论文集》。1988年，昆明植物研究所专门在《云南植物研究》出版论述植物资源利用的专集。1987年，省政府对省科委下达了"云南生物资源开发战略研究"课题。省内40多位专家，经过2年的努力，于1990年由省科委与中国科学院昆明分院联合主持、吴征镒院士主编出版了《云南生物资源开发战略研究》，我是这本书的副主编之一。

20世纪90年代，生物产业的开发条件基本成熟，一是全省150个独立科研单位，近70%为从事生物有关的研发机构，2万多人的科技人员中有55%从事生物研究。在"18工程"首批推荐的49个项目中有37个为省各类科技计划所得的科研成果，占75%。二是改革开放后，云南省经济有了较大、较快发展，具备了开发生物产业的经济实力。

1995年4月26日，云南省18生物资源开发工程工作会议召开。大专院校科研院所、有关省厅局、重点地州市来了200多人参加工作会议。我把我在"18工程"启动会上的报告发言提纲写在4张卡片上，讲了一个半小时。这卡片我一直保留到现

《云南生物资源开发战略研究》（1990年）

云南生物资源开发战略研究

- 云南省科学技术委员会
- 中国科学院昆明分院
- 云南科技出版社

口述
云南

科学家
系列

张敖罗

1995年4月26日，云南省18生物资源开发工程工作会议召开

1995年，张敖罗（左二）在云南省18生物资源开发工程工作会议上

在，有20多年了。

1995年开始实施的"18工程"，在全省受到各市县区的欢迎，大家都说省委、省政府这一决策抓到了点子上，符合省情、县情。不到一年时间，大部分要建立贸工农结合开发生物资源的州、市、县都建立了"18办公室"。探索在市场条件下以企业为主依靠科技开发本地区资源优势。大家期待着生物产业开花结果。省委、省政府于1996年发文《关于加快四大支柱产业建设的决定》，明确18生物资源开发工程是在探索、示范和开拓，是科技成果转化为产业的重要途径，按三种产业（特色产业、高新产业、支柱产业）的特点来推进"18工程"；要与县城经济相结合，追求3个效益（经济、生态、社会）的统一平衡。在"特"字上做文章，努力做到"人无我有，人有我优"。寻找农业经济发展的新增长点，把产业链联结起来，进行深度开发。

"18办公室"的一帮人日夜埋头苦干，上传下达，组织协调，做了大量具体细致的工作。由于"18工程"得到全省各地热烈响应，省级、区级项目上了很多。1997年3月，根据省领导要突出重点、抓好十大重点产业的指示，依靠各类专家组织了10个课题组，并于1998年10月完成了花卉、三七香料、外销蔬菜等10个产业的规划，于1999年8月又完成了"云南省新兴生物资源重点产业发展规划和政策意见"（1999—2005），大力宣传"18工程"，有计划、有目的、有步骤、有重点地开发生物资源。建设生物产业支柱的局面，已初步形成。

从1995年至今，当初"18工程"所列的一些重大项目已经开花结果，如花卉产业、生物医药、澳洲坚果、小粒咖啡、螺旋藻等，并已形成优势产业。

生物医药中的多种疫苗、三七系列产品、甾体激素原料药、紫杉醇、灯盏细辛、排毒养颜胶囊及由工程带动的其他医药项目等系列产品成功开发。世界知名的澳大利亚坚果专家评价云南省芒市的坚果示范园，说这是世界上坚果长得最好、产量最高、品质最好的坚果园。谁能料到一直认为主产北方（华北、西北）的葡萄酒，却在红土高原上异军突起，云南成功发展了葡萄酒事业，更为新奇的是德钦高山深谷开发出全球名贵的"冰葡萄酒"产业。世界三大天然生长螺旋藻湖泊之一的永胜程海，"18工程"立项发展螺旋藻后，已形成举世闻名的最大藻类生产基地，"绿A"成知名品牌。咖啡项目也持续发展，茶叶、食用菌、绿色蔬菜、马铃薯深度加工等等就更多了。

现如今，我碰到当时在"18工程"共事过的同事或当时的地、州、市领导，回忆起那段红红火火的日子，还津津乐道，难以忘怀。我到云南来一辈子，一生不说做大事情，能做一件对人民有好处、让自己满意的事就足够了。

还有愿望要实现

问 张老师，您87岁还在担任中国科技开发院云南分院法人代表，这是为什么呢？

张敖罗：我担任中国科技发展院云南分院法定代表人从1999年到现在20多年了，搞了很多项目。云南分院是自主经营，自负盈亏，坚持到现在不容易，但我还有个人念想，人活着不易，时间有限，有条件就要做事，我闲不住。我还有三件事要做。首先出一本书，叫《云南生物资源产业化的重要探索——记述云南18生物资源开发工程的实施》，作为"18工程"参与者，我要把它的实施过程记录下来。其次，在云南中部建一个澳洲坚果种植样板，让滇中农民享受到澳洲坚果的好处。澳洲坚果树4年开花，七八年左右有收益，盛果期长达50年，100多年的老澳洲坚果树在澳大利亚也有很多，种植它能带来长久的经济效益。澳洲坚果喜欢热地方，在云南弥勒和永仁也试种成功，2014年种下去现在满树都是花。我想把这个基础工作做好，让后来人接手发展。最后，我想发展云南佤族中草药，这些经过多年传承的中草药如果能利用科技的力量形成产业，是我十分想看到的。我清楚研发佤族中草药需要的时间很长，我也许看不到结果了。但没关系，趁我现在身体好，头脑清醒，手脚灵活，能做多少算多少，打个基础就行。

找到人生方向并为之痴迷

问 张老师，您在云南工作了一辈子，想对年轻人说点儿什么？

张敩罗：我大学毕业选择来云南是选对了，这辈子很满意自己在云南工作。

我想对年轻人说，一个人到这个世界上来拥有的时间有限，要利用好时间，多做事。不追求有多大贡献，真正的贡献应该是干一行，爱一行，专一行。做事情要会根据个人特点和水平选方向，可以听听父母和老师的意见。这个方向只要符合国家的需要、人民的需要及自己的需要，就是好方向。方向选好后，勤动脑筋，多考虑如何实现它。

年轻人，想让人生有意义，就要像吴老一样，找到人生方向，并为之痴迷，一生一世永远不分离。就是这样。

张敩罗先生签名